KB177139

전태일평전

전태일평전

조영래 지음

아름다운전태일

전태일 50주기에 『전태일평전』 개정판을 내며

2020년은 전태일이 세상을 떠난 지 50년이 되는 해입니다. 1970년 11월 13일 오후 2시경, 불덩이가 된 당신은 마지막 숨을 토해내는 순간까지 "우리는 기계가 아니다!"라고 외쳤습니다. 정녕 사람이라면 두 손을 모으고 고개를 숙여야 할 의로운 분신 항거 앞에서, 우리는 그저 아득하기만 합니다. 어떻게 하면 그의 넋을 어루만지고, 그의 길을 따를 수 있을까요?

군사독재정권이 국민의 입에 재갈을 물리던 시절, 조영래가 답했습니다. 그는 당시 쫓기는 신세였습니다. 시시각각 좁혀오는 포위망, 피를 말리는 일상. 수배자 조영래는 골방에 웅크리지 않고 평화시장으로 나가, 필사적으로 전태일의 흔적을 모읍니다. "대학생 친구가 하나만 있다면⋯." 배움의 길에서 밀려난 노동자의 처연한 독백이 양심적 지식인의 가슴을 때렸기 때문입니다.

이소선 어머니와 전태일의 친구들을 만나고, 일기와 수기를 찾았습니다. 전태일이 남긴 육필 한 자 한 자에 눈을 고정하고 되새겼을 터입니다. 그리고 발견합니다. 이름을 날리는 학자들이 외면했던, 배운 자들의 말장난으로는 결코 밝힐 수 없는 삶의 진실이 거기에 담겨 있다는 사실을. 그리고 깨닫습니다. 전태일의 선택은 절망의 끝이 아니라 희망의 시작이라는 진실을.

1976년 여름에 완성된 원고. 훗날 『전태일평전』으로 독자와 만나게 될 그 원고는 여러 해 동안 책으로 나오지 못했습니다. 그저 필사본으로 혹은 복사본으로, 몇몇 사람의 손에서 손으로 전해졌을 뿐입니다. 조영래는 이렇게 썼습니다. "모든 것을 빼앗기고, 모든 것으로부터 거부당하고 밀려난 소외된 인간의 아픔을, 그 시대의 모순을 이렇듯 정확하게, 생생하게, 절실하게 지적한 표현을 우리는 알지 못한다." 그런 전태일의 이야기가 세상에 나오도록 정부당국이 가만히 보고만 있었겠습니까.

1980년 5월 광주의 영령들이 출판인들을 다그쳤습니다. 그들은 판매금지나 등록취소 따위의 탄압에 굴하지 않고 용기를 냈습니다. 수많은 양서(良書)들이 쏟아져나왔고, 마침내 1983년 6월 20일, 『전태일평전』 초판이 『어느 청년노동자의 삶과 죽음』이라는 제목으로 출간되었습니다. 돌베개 출판사는 물론이고, 인쇄소와 서점 역시 문 닫을 걸 각오했으며, 책을 갖고 있다는 이유만으로 독자가 경찰서에 끌려가던 때였습니다. 저자의 이름도 숨겨야 했습니다.

하지만 역사의 물결은 거스를 수 없는 법입니다. 출판사에는 밤새워 눈물 흘리며 읽었다는 독자들의 편지와 전화가 끊이지 않았다고 합니다. 캠퍼스에는 『전태일평전』을 읽고 토론하는 모임이 셀 수도 없이 열렸고, 야학에서는 '전태일수업'이 진행되었습니다. 공단의 벌집에서, 산동네의 판잣집에서, 어린 노동자들은 먼저 가신 선배에게 길을 물었겠지요. 그 초롱초롱했던 눈망울들이 오늘의 민주주의를 이끌었습니다.

『전태일평전』은 출간 자체가 하나의 역사적 사건이자 분수령이었습니다. 누구보다도 맑고 밝고 굳셌던 청년노동자의 이야기는 동시대 젊은이들의 영혼을 일깨웠습니다. 수많은 노동자, 학생, 지식인, 문화예술인들이 그를 따라 노동의 긍지와 인간의 존엄을 되찾기 위한 행동에 나섰습니다. 당신처럼 희생도 마다하지 않았습니다. 그 헌신과 열망이 1987년 6월 항쟁과 그해 여름 노동자대투쟁을 끌어내고, 2016년 겨울의 촛불광장으로 이어졌습니다.

전태일이 떠난 지 50년, 조영래가 원고를 완성한 지 44년, 『전태일평전』 초판이 나온 지 37년이 되었습니다. 이 책에 실려 있는, 오늘의 독자는 상상도 하지 못할 평화시장의 비참한 장면들은 그 시대 우리 사회의 자화상이었습니다. 이제 그 기억을 잊어도 될까요? 국민소득 3만 달러의 뒤안길에서 비정규직과 청년실업자, 영세자영업자들이 울고 있습니다. 어제의 전태일이 학교에서 밀려났다면, 오늘의 전태일은 직장에서 밀려나고 있습니다.

전태일의 시대를 떠올릴 때, 우리는 기성세대로부터 보릿고개는 넘겼지 않느냐는 소리를 흔히 듣습니다. 그것으로 지나간 모든 일이 양해될까요? 성장은 사회를 구원하지 못했습니다. 인간은 밥 없이는 살 수 없습니다만, 그 만고의 진리가 인간더러 밥의 노예가 되라고 가르치지는 않을 겁니다. 만 스물두 살 젊은 육신에 불을 댕기며, 전태일이 이루려 했던 것. 그것은 바로 인간의 나라였습니다. 전태일의 외침에 귀를 기울여야 하는 까닭입니다.

초판이 나온 이래 『전태일평전』은 세 차례 개정이 이루어졌습니다. 첫 번째 개정판은 1991년 1월 돌베개 출판사에서 나왔습니다. 초판 발간 당시 원고 유실로 빠진 부분을 되살리고, 검열 때문에 에둘러 표현한 대목을 바로잡았습니다. 두 번째 개정판은 2001년 9월 출간되었습니다. 표지와 내지 디자인은 민진기 님이 수고해주셨습니다.

2009년 4월 세 번째 개정판부터 전태일재단의 전신인 전태일기념사업회가 『전태일평전』을 발간했습니다. 세월이 흐르면서 한글 표기법이나 띄어쓰기 등이 변했기에, 원본과 저자의 뜻이 더 정확하게 전달되도록 문체를 다듬었습니다. 김상보 님이 디자인을 맡아주셨습니다.

이번 전태일 50주년 기념 개정판은 가독성을 높이는 데 주안점을 두었습니다. 본문은 2009년의 세 번째 개정판을 따랐으며, 전태일의 일기와 수기를 별색으로 처리했고, 요즘에는 거의 쓰이지 않는 단어(특히 봉제산업에서 쓰이던 일본식 외래어)나 젊은 세대에게 생소한 사건에는 주를 달았습니다. 아울러 전태일이 걸어간 삶의 맥락을 더 넓게 이해할 수 있도록, 연표에 역사적 배경이 되는 사건과 사후 이소선 어머니와 동료들의 활동과 관련한 사항을 보강했습니다. 50주년 기념 개정판 출간 자문위원회 위원님들이 큰 도움을 주셨습니다. 디자인은 오필민 님이 힘을 써주셨습니다.

이 지면을 빌어, 조영래 변호사님에게 두 손 모아 감사의 말씀을 올립니다. 전태일 50주년 기념 개정판을 낼 수 있도록 허락해 주신 조영래 변호사님의 부인 이옥경 님, 고맙습니다. 그리고 초판부터 이번 개정판까지 30년이 넘는 세월 동안 한결같은 마음으로『전태일평전』을 지켜주시고 가꿔주신 모든 분과 독자 여러분에게 감사드립니다.

2020년 9월
전태일재단

차례

그림 최호철

전태일

1948. 9. 28 ~ 1970. 11. 13

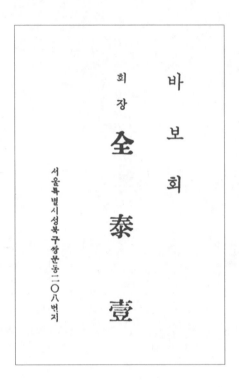

바보회 회장으로 선출되고,
전태일이 평화시장 동료들에게 나눠줬던 명함
(1969년 여름~가을)

서序

우리가 이야기하려는 사람은 누구인가?

전태일(全泰壹).

평화시장에서 일하던, 재단사라는 이름의 청년노동자.

1948년 9월 28일 대구에서 태어나 1970년 11월 13일 서울 평화시장 앞 길거리에서 스물둘의 젊음으로 몸을 불살랐다.

그의 죽음을 사람들은 '인간선언'이라고 부른다.

인간선언. 가난과 질병과 무교육의 굴레 속에 묶인 버림받은 목숨들에게도, 저임금으로 혹사당하고 있는 노동자들에게도, 먼지구덩이 속에서 햇빛 한번 못 보고 하루 열여섯 시간을 노동해야 하는 어린 여공들에게도; '인간으로서의 최소한의 요구'가 있다는 것을 밝히기 위하여 그는 죽었다.

그는 말하였다.

인간의 생명은 고귀한 것이라고. 부자의 생명처럼 약자의 생명도 고귀한 것이라고.

그는 고발하였다.

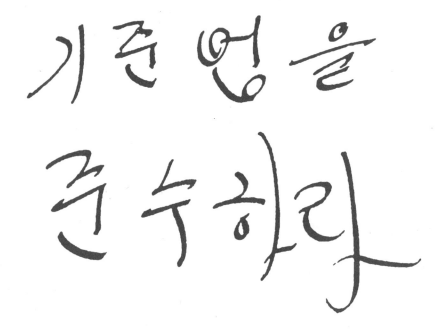

〈평화시장 피복제품상 종업원 근로개선 진정서〉에
전태일이 써놓은 글귀
(1970년 10월)

이 사회의 밑바닥에는 인간이면서도, 짐승이 아닌 인간이면서도 "그저 빨리 고통을 느끼지 않고 죽기를 기다리는, 그리고 죽어가고 있는 생명체들"이 있다고. 이들은 "모든 생활에서 인간적인 요소를 말살당하고 오직 고삐에 매인 금수처럼 주린 창자를 채우기 위하여 끌려다니고 있다"고.

그리하여 그는 맹세하였다.

"인간을 물질화하는 세대…… 한 인간이 인간으로서의 모든 것을 박탈당하고 박탈하고 있는 이 무시무시한 세대에서, 나는 절대로 어떠한 불의와도 타협하지 않을 것이며, 동시에 어떠한 불의도 묵과하지 않고 주목하고 시정하려고 노력할 것이다"라고…….

그는 싸웠고, 그는 죽어갔다.

……

오늘 전태일은 어디서 불타고 있는가?
전태일은 이 시각에 어디서 무엇을 하고 있는 것인가?
그 대답은 이렇다.

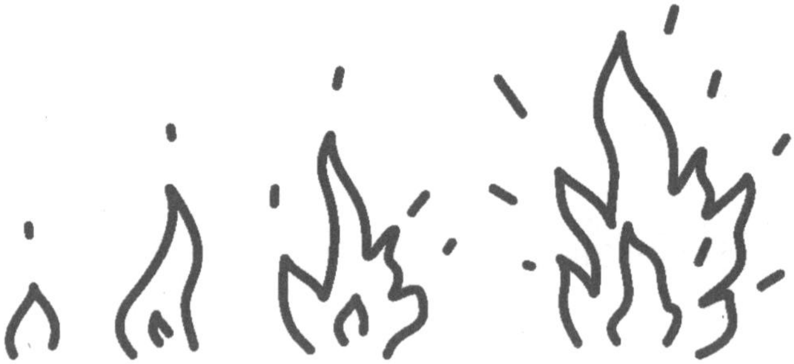

전태일은 자신을 낳아준 어머니 속으로 되돌아가 그 안에 살아 있다. 아들이 죽은 이후 오늘에 이르기까지 숱한 세월을 하루같이 병약한 체구를 이끌고 노동자들의 선두에 서서, 모든 잔학한 탄압에 맞서 투쟁하고 있는 그의 어머니 이소선 씨. 이분은 후일 역사에 반드시 기록될 것이다.

또 전태일은 더욱더 심해지고 있는 억압 아래 인간 이하의 생활을 강요당하고 있는 민중의 숨결 속에 눈물 속에 죽음 속에 살아 있으며, 역경 가운데서도 생존권과 인간다운 노동을 할 권리를 쟁취하기 위해 투쟁하는 우리 노동자들의 뜨거운 가슴속에 살아 있다.

전태일은 부패와 특권과 빈곤과 폭압이 없는 내일을 위하여 투쟁하고 있는 청년학생들을 비롯하여 자유와 정의와 진리와 평화와 통일의 새 역사를 창조해가고 있는 모든 이들의 손길 속에서 살아 움직이고 있다.

그리고 마지막으로, 이제 전태일은 여러분에게로 간다.

이 결함투성이의 책자에 전태일에 관한 약간의 진실이라도 담겨져 있다면, 당신이 이 지구상의 어느 곳에 사는 어떤 인종·계층·신조·사상의 사람이라 할지라도 전태일은 반드시 당신에게로 가서 당신의 심장을 두들기며 "내 죽음을 헛되이 말라!"고 소리칠 것이다.

1

어린 시절

나는 언제부터인지 모르지만 감정에는 약한 편입니다.
조금만 불쌍한 사람을 보아도 마음이 언짢아
그날 기분은 우울한 편입니다.
내 자신이 너무 그러한 환경들을
속속들이 알고 있기 때문인 것 같습니다.

— 전태일의 수기에서

과거가 불우했다고 지금 과거를 원망한다면
불우했던 과거는 영원히 너의 영역의
사생아가 되는 것이 아니냐?

— 전태일의 1969년 12월 31일 일기에서

밑바닥에서

1962년 여름, 뙤약볕이 쨍쨍 내리쬐는 어느 한낮에 전태일은 아무도 반겨줄 사람 없는 부산의 거리를 걷고 있었다. 이때의 모습을 그의 수기는 이렇게 그리고 있다(전태일은 1969~1970년에 걸쳐서 자신의 어린 시절을 회상한 방대한 분량의 수기를 썼는데, 이 책 속에 따로 출처를 밝히지 않은 인용문은 모두 그의 수기에서 인용한 것이다).

태양은 마른 대지 위의 그 무엇이라도 태워버릴 것 같이 이글거린다. 열네 살의 한 소년이 허기진 배를 달래면서, 옛날 그가 살던 영도(影島)다리 쪽으로 무거운 다리를 끌면서 이글거리는 태양 아래 국제시장 어느 양화점 쇼윈도 그늘진 곳에서 잠시 갈증 나는 더위를 피하고 있다.

소년은 누구에게도 무엇에도 반항함이 없이 생각한다. 아, 저 사람들은 무엇이 그렇게 재미있기에 전부가 다 행복한 얼굴들일까? 나는 왜 이렇게 배가 고파야 하고, 항상 괴로운 마음과 몸, 그리고 떨어진 신발에 남이 입다 버린 계절에 맞지 않는 헌 때뭉치 옷을 입어야 할까? 누구 하나 그 소년의 의문을 풀어줄 사람은 없다.

바로 이러한 것이 전태일의 어린 시절이었고, 짧은 평생의 기록
이었다.

항상 굶주려 있는 허기진 배, 항상 지칠 대로 지쳐 있는 몸과 마
음, 가난으로 이루지 못한 학창(學窓)의 서러운 꿈, 부유한 사람들의
세상으로부터 버림받고 천대받고 거부당한 소외감, 끝없는 노동과
방황. 그 지루한 20여 년 동안을 그는 이렇게 철저하게 빼앗기고 철
저하게 학대받고 철저하게 좌절되어 눈물마저도 메말라버린 '밑바
닥 인생'으로 살아야 했다.

1948년 9월 28일, 이제 막 일제로부터 해방된 우리 민족이 다시금
강대국의 싸움의 희생물이 되어 좌우대립 속에 소용돌이치고 있을
때, 전태일은 대구에서 태어났다.

아버지 전상수(全相洙) 씨는 피복제조업 계통의 봉제 노동자였는
데, 나이가 들면서부터는 집에다 미싱 한두 대를 차려놓고 자작(自
作)으로 피복제조업을 하거나 삯일을 하였다. 원래 소규모 피복제
조업이란 수요의 변동이나 외상 거래의 불안에 영향을 크게 받아
매우 투기성이 농후한 것이어서, 그는 여러 차례 실패를 거듭하는
사이에 좌절감이 쌓여 어느샌가 폭음과 술주정이 버릇이 되어버렸
다. 제조업에서 실패를 보면 가산집물(家産什物)을 다 팔아 빚을 갚
고 나서, 빈털터리인 가족들을 길바닥에다 버려둔 채 휙 집을 떠나
몇 달이고 떠돌아다니면서 하기 싫은 임시노동자 생활을 하고, 그
러다가 또 미싱 한 대라도 차려놓을 기회가 생기면 다시 가족들에
게로 돌아오고, 그러다가 일이 뜻대로 잘 되어나가지 않으면 폭음
과 술주정을 일삼으며 죄 없는 아내와 자식들에게 욕설과 매질을

퍼붓는……. 이것이 그의 어두운 평생이었다.

어머니 이소선 씨는 연약한 몸이었지만 매우 명석한 두뇌와 강인한 정신을 가진 사람이었다. 그녀의 친아버지는 그녀가 세 살 때 농촌에서 항일독립운동에 가담하였다는 혐의로 일제경찰의 손에 끌려가 동네 뒷산에서 학살되었다. 그 뒤 개가한 어머니를 따라 의붓아버지 밑에서 자라면서 그녀는 온갖 설움을 겪고 농사일에 혹사당하였다. 처녀 시절에는 이른바 '데이신따이(挺身隊)'로 대구에 있는 방직공장으로 끌려가 강제노동을 당하기도 하였다.

8·15해방 후 고향에 돌아와 전상수 씨와 결혼하고부터는, 남편과 자식들을 먹여 살리기 위하여 문전걸식에서 광주리행상에 이르기까지 닥치는 대로 온갖 종류의 노동에 시달렸다.

의붓아버지가 낳은 자식들 틈에 끼어 구박을 당하면서 자라던 어린 시절부터 그녀는 "인간차별이라면 아주 치를 떨게 되었다"고 한다. 경찰이 판자촌을 철거하거나 광주리행상들을 거리에서 몰아낼 때에 그녀가 앞장서서 동료들을 규합하여 경찰과 싸운 일이 여러 번이었고, 그러다가 한번은 사흘 동안 경찰서 유치장에 갇힌 일도 있었다. 자존심이 강한 그녀였지만, 생활고로 눈이 보이지 않게 되었을 때 옆집 사람의 권유로 교회에 다니게 되었다. 특히 그녀는 자식들을 올바른 사람으로 키우기 위해 매우 엄한 교육을 하였다. 전태일은 어머니의 영향을 많이 받았는데, 그가 분신 항거하였을 때 그의 친척들은 입을 모아 "이소선이 결국 제 아들을 죽였다"고 하였을 정도이다.

전태일이 세 살 때 가족 사진
(가운데가 전태일, 왼쪽이 동생 태삼,
왼쪽부터 어머니 이소선, 큰아버지, 아버지 전상수, 1950년 초)

전태일이 태어난 곳, 분단된 한반도의 남쪽에서 그 무렵 강대국들을 배경으로 하여 벌어지고 있었던 치열한 좌우익 싸움은 그 뒤 우리 민중의 운명에 커다란 영향을 미쳤다. 생존의 권리를 요구하는 모든 밑바닥 인생들의 집단운동이 위험시되고, 그중에서도 특히 노동운동은 마치 공산주의 운동이나 마찬가지인 듯이 오인받아 철저한 제약 아래 놓이게 되었다.

　전태일, 그는 가진 것도 배운 것도 없는 민중의 아들, 억압의 아들로 이 땅에 왔다.

　1954년 전태일이 여섯 살 되던 해, 그때까지 부산에서 소규모 양복제조업을 하던 그의 아버지는, 어느 염색공장에다 염색을 맡긴 원단이 불행하게도 오랜 장마를 만나 다 상해버리는 바람에 재기(再起)할 수 없는 타격을 받았다. 기술은 있으니 서울 가면 어디든지 취직할 수 있으려니 하는 막연한 생각으로, 그는 그해 여름 가족들을 이끌고 왜정 때 잠깐 와본 일밖에 없었던 서울로 무작정 상경하였다.

　먹여 살려야 할 처자식들과 팔다리밖에는 아무것도 가진 것 없는 사람들이 날마다 몰려드는 곳이 서울이다. 땅 잃은 농민들, 흙에 묻혀 아버지 어머니가 겪었던 괴로운 무지렁이의 삶을 이어받기를 거부하는 젊은이들, 일자리가 없어서 멀쩡한 팔다리를 갖고도 입에 풀칠을 할 수가 없는 실업자들, 그밖에도 살길을 잃은 가지가지 사연의 사람들이 특권과 부귀의 식탁에서 떨어지는 빵부스러기를 주워 먹기 위하여 그들의 지친 발길을 최후의 종착지인 서울로 돌린다. 수만 수십만 수백만의 발걸음은 이렇게 해마다 서울로 향하였

고, 서울의 판자촌, 뒷골목, 이른바 '우범지대'는 때려부숴도 때려부
쉬도 더욱 늘어만 갔다.*

전태일의 가족들도 서울땅에 발을 들여놓았다.

이때 그에게는 태삼(泰三, 어릴 때는 홍태라고도 불렀다)이라는 남동
생이 하나, 순옥이라는 여동생이 하나 있었다.

태일의 아버지는 서울까지 오기는 왔으나 서울에 아는 사람이 없
었다. 해마다 몰려드는 그 많은 실업자들이 어떻게 다 서울에서 취
직을 할 수 있었겠는가? 양복 기술을 가졌다고는 하나, 그는 결국
망망한 서울바닥에서 2년 동안을 그때그때 생기는 일거리를 찾아
평화시장, 중부시장 등을 떠돌아다니며 실업자나 다름없는 생활을
할 수밖에 없었다.

실업자가 되어본 일이 있는 사람, 실업자인 아버지를 가져본 일
이 있는 사람은 알리라. 그 지루하고 짜증나고 불안하고 초조한 생
활. 그 생활에 으레껏 따르는 폭음과 주정, 자학과 좌절, 부부싸움과
부자간의 불화, 그 숨 막히는 절망……. 굶주린들 무엇으로 배를 채
울 것인가? 병이 든들 어디 가서 치료를 받을 수 있겠는가? 자식이
자란들 어떻게 가르칠 것인가?

태일의 아버지가 일자리를 찾아 헤매고 있는 동안, 어머니는 어
린 자식들과 함께 서울역 근처의 염천교 밑에서 노숙하면서 석 달
가까이 만리동 일대를 집집마다 돌아다니며 동냥을 하여 연명하였

---

* 정부의 공식 집계에 따르면, 1965년 말 서울에서만 판잣집이 28,000여 동, 천막집
이 2,900여 동이었으며, 이 숫자는 1974년 15만으로 늘어났다. 판자촌은 1970년대
말부터 사라지기 시작했지만, 경제개발 시대 불평등과 인권유린의 상징이었다.

다. 그러던 중 하루는 밤에 잠자는데 술에 잔뜩 취한 남편이 불쑥 나타나서 그때 돈으로 3,000원쯤 주면서 "몇 달 뒤에 돌아와서 천막집이라도 살 테니까 죽지 말고 있으라"는 한마디를 하고는 다시 어디론지 가버렸다. 이소선은 그 돈을 장사밑천으로 채소행상을 시작하였고, 나중에는 지게꾼들을 상대로 팥죽장사, 비빔밥장사, 찹쌀떡장사 따위를 했다. 물건 광주리를 이고 중앙시장, 남대문 육교, 중부시장, 미아리 등지로 순경들이나 시장 경비원들의 눈을 피해가며 떠돌아다니는 생활을 하였다. 그동안 그녀는 하루하루 번 돈에서 싸라기 쌀 반 되씩만 팔아먹고, 남는 돈은 10원, 20원씩 모조리 저축하였는데, 한 2년 동안 그렇게 하여 저축한 돈에다 남편이 때때로 번 돈을 합하니 천막집 한 채에 재봉틀 한 대를 살 만큼 되었다.

이리하여 태일의 아버지는 오랜만에 재봉틀 한 대를 사놓고 손수 삯바느질을 하면서 돈을 벌 수 있었다. 이때 여덟 살이었던 태일은 남대문초등공민학교*에 2학년으로 편입, 처음으로 짧은 학교생활을 하였다.

일단 안정된 생계를 갖게 되자 태일의 아버지는 그 잘 마시던 술도 끊고 부지런히 일을 하였는데, 원래 양복 기술이 좋은 편이었던지라 주위 사람들의 호평을 얻어 삯바느질을 시작한 지 1년도 채 못

* 공민학교는 1946년부터 생겼으며, 1949년 12월 31일 공포된 교육법에 따라 법적 근거를 확보했다. 공립과 사립 두 종류가 있었다. 가정 형편 때문에 정규 초등학교에 다니지 못하는 아동이 입학 대상이었고, 학력 인정이 되지 않아 중학교로 진학하려면 중입검정고시에 합격해야 했다. 2012년 폐교된 서울YWCA 기청공민학교를 마지막으로, 현재 남아 있는 공민학교는 없다.

되어 판잣집 한 채를 사고, 남대문시장 안에 있던 대도백화점 2층에
다가 가게를 장만해서는 재봉틀도 몇 대 더 늘리고 미싱사까지 두
면서 사업을 벌였다.

그러나 세상은 이 부지런한 가장에게 행복으로 통하는 문을 열어
주지 않았다. 1960년 4·19혁명이 일어나기 직전에 그는 브로커를
통하여 어떤 고등학교의 체육복 수천 벌을 단체주문 받았는데, 허
겁지겁 그의 아내를 친정으로 보내는 등 사방으로 뛰어다니며 자금
을 마련하여 일을 끝마치고 옷을 납품까지 하였다. 그리고 나서 곧
4·19혁명이 일어났는데 주문을 받아온 브로커는 학교에서 받은 옷
값을 떼어먹고 행방을 감추었다.

어디에 호소할 것인가? 그는 채권자들의 독촉에 견딜 수 없어 가
게와 재봉틀 일체를 양도하고, 살고 있던 판잣집마저 다 팔아 빚을
청산하고 하루아침에 빈손으로 거리로 나앉았다. 남대문시장에서
장사할 때 사귄 친구 몇 명과 또 그와 거래가 많았던 원단가게 주인
이 그를 동정하여 이태원 외인주택 근처의 산마루턱에다 판잣집 셋
방 한 칸을 얻어주었으나, 그는 낙담한 나머지 한동안 끊었던 술을
다시 폭음하면서 하루하루를 허송하기 시작했다. 태일의 어머니는
이 사태에 충격을 받아 정신이상자가 되다시피 하였다.

가출·노동·방황

그해에 태일은 남대문초등공민학교에서 남대문초등학교로 편입하

는 시험을 치렀는데, 여러 응시자들 가운데 그 혼자만이 합격하여 전학을 하였다. 식구는 여동생인 순덕이가 하나 더 늘어 모두 여섯 식구인데, 누구 한 사람 돈을 버는 사람은 없고, 게다가 정신이상자까지 발생하였으니…… . 어린 태일에게 어떤 영향을 주었겠는가.

밥 먹는 날보다 굶는 날이 많아졌다. 어머니의 병을 치료할 방도는 없었다. 몇 끼씩을 굶어가며 학교에 다니게 된 그는, 어느 날 학교를 마치고 집으로 돌아오던 길에 신문팔이 소년을 보고는 자신도 신문을 팔기 시작했다. 수기에 의하면 그는 이때 "다른 아이들이 다하는데 나라고 못할 것이 어디 있나?" 하는 생각으로 신문팔이를 시작하였다 한다. 이때 그의 나이 열두 살.

수업이 파하고 남는 시간에 신문을 팔아가지고서는 가족의 식비를 벌기가 어렵기도 하였거니와 또 너무 힘겹기도 했다. 그러다 보니 학교에 결석하는 일이 잦아졌고, 4학년 초에는 아주 학교를 중퇴할 수밖에 없었다.

얼마 후 식구들은 밀린 방세를 못 내어 이태원집에서 쫓겨나서 용두동 개천가의 천막촌으로 왔다. 처음 얼마간은 남의 천막들 사이에 비집고 앉아 한뎃잠을 잤는데, 그 뒤 어떻게 어떻게 하여 구한 낡은 비닐장판과 나무막대기들을 하나씩 하나씩 붙여서 비를 피하게 되었다. 이 무렵 아버지는 폭음이 더욱 심해졌고 어머니와 다투다가 집을 나가서 며칠씩 돌아오지 않기가 일쑤였다.

어머니는 건강이 다소 회복되었으나 하루하루 배를 곯는 자식들을 먹여 살릴 일이 큰 걱정이었다. 태일이가 신문을 팔아 가져온 돈으로 고물장수한테 빈 병을 사서 밤낮으로 닦아 청량리시장에 나가 팔았는데, 그것으로 보리쌀과 소금은 근근이 살 수 있었으나 반찬 살 돈이 없었다. 밤중에 개천으로 내려가서 개천물에 떠내려오는 무말랭이를 대야에 주워 담아 가지고 집에 와서 씻은 후 고춧가루를 버무려 청량리시장에서 팔고, 남은 것을 태일이 남매에게 주니 그렇게나 좋아하면서 먹을 수가 없었다. 그러나 이런 생활도 오래 계속되지는 못했다. 병약한 몸으로 너무 시달린 어머니가 다시 병이 악화되고, 게다가 가슴앓이까지 생겨 운신도 못 하는 산송장이 되었다.

여섯 식구의 생계를 어린 어깨에 전적으로 떠맡게 된 태일은 두 살 아래인 태삼이를 데리고 동대문시장에 나가 삼발이장사를 시작하였다. 부엌에서 쓰는 삼발이, 솥, 조리, 방빗자루, 적쇠(석쇠) 등을 어떤 위탁 판매소로부터 위탁을 받아다가 팔아서 물건값을 돌려주고 남는 이문을 먹는 장사였다. 삼발이는 만들기가 비교적 쉬웠기 때문에, 나중에는 동대문시장에서 재료를 사다가 두 형제가 밤늦게까지 용두동 논바닥에서 삼발이를 만들곤 하였다. 전태일의 수기는 이렇게 전한다.

"솥 사려! 조리, 방비, 적쇠요! 쓰레받기나 삼발이요!" ······식생활을 제대로 하지 못하고 영양분을 제대로 섭취할 수 없었기 때문에 키가 제대로 자라지 못한 말라깽이 두 형제는, 긴긴 여름날을 이렇게 외치며 아침부터 씨레이션* 박스에 솥, 조리 등을 담고 시내 여러 골목과 시장들을 해가 지고 밤이 늦도록까지 헤매었다. 그 길만이 그들이 할 수 있는 최대한으로 환경에 적응하는 일, 병중에서 완쾌를 보지 못하고 있는 어머니와 어린 동생들과, 낙심으로 마음의 안정을 얻지 못하고 자기 자신도 자기 마음대로 하지 못하는 그들의 부친을 위하는 길이었다.

물건을 팔아 원금을 입금하고 남는 이문만으로는 여섯 식구의 입에 풀칠하기도 어려웠다. 하루하루 입금시켜야 할 돈에서 식구들이 먹을 국수를 사는 일이 많아졌고, 위탁판매소에 전해야 할 미수금이 늘어갔다. 식구들에게 이런 사정을 말할 수가 없었던 태일로서는 이미 적지 않은 금액이 되어버린 미수금이 어린 가슴을 태우는 큰 고민거리가 되었다.

1961년 5·16 군사쿠데타가 나던 무렵 어느 날, 월말 계산일을 하루 앞두고 그는 위탁받아 팔던 물건들을 모두 차곡차곡 싸서 동대문시장 안의 어느 손수레보관소에다 맡겨놓고, 그대로 서울을 떠나 남쪽 지방으로 향하였다. 첫 번째 가출이었다.

그렇지 않아도 불쌍한 나의 어머니, 언제 한번 그렇게도 잡수시고 싶어하시던 고깃국도 못 끓여드리고……벌써 언제부터인가 보리밥에 쓴 된장찌개밖에 못 잡수시고, 긴긴 여름날 화로 속같이 뜨거운 천막 안에서 불쌍하기만 한 두 형제를 생각하면서,

* C-ration. 제2차 세계대전과 한국전쟁에서 배급된 미군의 전투식량. 해방과 한국전쟁 이후의 궁핍한 시절, 씨레이션은 암시장으로 흘러나와 현물화폐처럼 거래되었고, 식생활에 큰 영향을 끼쳤다. 1일 3식 8일분(무게 약 18kg)이 담긴 납작하고 커다란 직사각형 나무 박스는 물건을 담는 상자나 판잣집 건축자재, 땔감 등 온갖 용도로 쓰였다.

이젠 가슴앓이 병마저 생겨 밀치고 올라오는 속을 쓸어내리기 위하여 그 한더위 속에서도 기왓장을 불에 달구어서 배 위에 올려놓고* 산송장같이 하루 이틀을 이어나가는 나의 어머니.

전태일은 내일이면 물건값을 떼어먹힌 것을 알고 노발대발할 위탁소 주인 앞에서 어머니가 고개를 숙이고 닦달질 당할 것을 생각하니, 차라리 그 꼴을 보지 말고 집을 나가버리자는 심정이었다.

집을 떠난 그는 첫날은 하루 온종일 걸려 영등포에서 수원까지 걷고, 그 다음날 밤 수원역에서 열차 검표원의 눈을 속여 무임승차를 하여 큰집이 있는 대구로 갔다. 큰집에서는 서울서 온 조카를 놀러온 줄만 알고 며칠 묵게 했다가 차비를 주어 되돌려보냈다. 막상 집을 떠나오긴 했으나 달리 갈 데도 없었던 그는 큰집에서 다시 서울로 돌아왔다.

서울로 돌아온 태일은 집에 들어갈 엄두가 나지 않았다. 위탁소 주인을 다시 대한다는 것도 끔찍한 일이었지만, 그보다 더욱 두려운 것은 불같이 노여워할 아버지의 모습이었다. 하루 이틀 서울거리를 방황하다가 구두닦이가 되었다. 수기에 의하면, 그는 "돈을 벌어가지고 돌아가면 아버지가 야단치지 않겠지 혼자 생각을 하고" 일거리를 찾아다녔다. 한 번 해본 경험이 있는 신문팔이를 시작했으나 밤에 길거리에서 잘 때 순경들이 와서 잡아갔다. 태일은 구두통

---

* 뜸(炙)을 대신했던 온열(溫熱) 치료법. 기왓장을 불에 달군 뒤 무명천 등으로 돌돌 감싸 환부에 올려놓는다. 위장병, 부인병, 치질 등에 효과가 있다고 믿어졌다. 가난한 백성의 민간요법이었으나, 그나마 기왓장과 못 쓰게 된 옷감을 구해야 가능한 것이었다.

만 있으면 잡혀가지 않는다는 사실을 알고서 구두닦이를 시작했다.

낯선 거리는 아니었으나 누구 하나 의지할 곳 없는 서울, 같은 하늘 아래 가족을 두고도 만나보지 못한 채, 밤이면 돌아갈 곳 없는 잠자리를 걱정하며, 낮이면 세 끼니의 밥과 순경의 제복과 '구역' 아이들의 행패질을 걱정하면서 남대문시장 일대를 구두통을 메고 방황하기 1년. 그 1년 동안 돈을 벌기는커녕 저 한 몸도 추스를 수가 없어서 지쳤다. 그리하여 1962년 여름, 그는 집 떠난 지 1년 만에 무작정 부산으로 내려갔다.

있는 힘을 다하여 필사적으로 애를 써도 겨우 혼자의 안정된 생활도 하지 못한 채 지친 나는, 같이 구두통을 메고 남대문시장 골목을 헤매던 친구 하나와 같이 부산까지 온 것이다.

부산에서 그를 기다리는 것은 아무것도 없었다. 있다면 영도섬이 있을 뿐이었다.

나는 부지런히 걸었다.

영도섬에라도 가면 누가 기다린단 말인가? 한 그릇의 쉰밥이라도 쓰레기통에 내버려져 있단 말인가? 그렇지만 가야만 한다.

……아, 마침내 저 그리운 영도다리가 보이는구나! 애타게 보고 싶던 아버지, 어머니, 동생들을 보는 느낌이다.

바로 이것이 그가 부산에 내려간 이유였다. 1년이 넘도록 부모형제를 만나지 못하고 차가운 세파에 시달려온 열네 살 소년이, 외로움에 지친 넋을 달래보려고 지금은 만날 수 없는 부모형제 대신에 그들과 함께 살던 기억이 서린 옛 동네를 찾아온 것이다.

태일은 남이 입다 버린 새까만 학생복 겨울옷 윗도리를 입고 있었다. 그 옷은 훅훅 내리쪼이는 불볕의 열기를 빨아들여 피부병을 앓고 있는 그의 육신을 금방이라도 익혀버릴 듯이 괴롭혔다. 땀이 나면 더욱 가려운 것이 피부병이 아닌가? 그는 너무나 가려워서 마치 지랄병 환자의 발작 때처럼 온몸을 비틀었다.

영도다리를 지나 방파제로 향하였다. "저 조그마한 방파제 끝에는 무슨 조갑지라도, 굴새끼라도, 생식(生食)할 수 있는 그 무엇이라도 있겠거니 하는 기대를 품고."

바닷가에 선 그의 지친 몸 위로 짠 바닷바람이 스쳐갔다. 비릿한 바다냄새가 머리를 띵하게 만든다. 부산바다, 바닷물이라기보다는 도회지의 개천물이라고 하는 것이 더 알맞은 쓰레기투성이의 썩은 구정물. 그러나 그 구정물이야말로 지금 허기진 배를 안고 넋 잃은 듯 서 있는 태일의 모든 희망이었다.

핏발 선 눈동자 속에 얄팍한 파도에 흔들리면서 한 작은 물체가 떠내려오고 있는 것이 보인다. 그것이 "사면을 빼어버린, 나무 속처럼 허연, 주먹보다 약간 큰, 캬베츠의 속고갱이"라는 것을 알아본 순간 그는 정신없이 바닷물 속으로 뛰어들었다. 바닷물은 너무 깊었으며 양배추 속고갱이는 너무 먼 곳에 있었다. 물속으로 뛰어든 순간 죽음의 공포가 전신을 휩싸고 지나갔다. 사흘 동안을 굶어 지칠 대로 지쳐 있었던 그의 의식은 잠시 어머니의 얼굴을 어렴풋이 떠올리다가 곧 까마득하게 멀어져갔다.

얼마나 지났을까? 한 어부에게 구출되어 바닷가 모래사장에 길게 뻗어 누운 태일의 주위에 수많은 구경꾼들이 몰려들었다. 소년의 감겨 있던 눈이 떠지고 저무는 저녁 해가 온 천지를 뉘엿뉘엿 물들일 무렵, 구경꾼들의 호기심에 찬 눈동자에는 하나 둘 동정의 빛이 어리기 시작했다.

모두가 떠나버린 뒤 소년의 곁에 남은 것은 "십 원짜리 지폐 석 장과 오 원짜리 동전 한 닢, 끝이 조금 누런 색으로 상한 뾰족한 카베츠 속고갱이와, 그리고 누가 늘어놓았는지 알 수 없는 약간의 조개껍데기와, 아직도 물이 조금씩 흘러내리고 있는 검은 윗도리, 무릎도 없는 바지, 바닥만 겨우 매달려 있는 검은 운동화 한 짝" 뿐이었다.

철조망을 넘다

우리들은 대개 어렸을 적에 제각기 어떤 종류의 철조망을 넘은 기억을 가지고 있다. 그리고 많은 사람들은 평생을 통하여 끊임없이 철조망을 넘나든다. 남의 과수원에서 풋사과를 따먹기 위하여 탱자나무 울타리를 넘어 들어가다가 팔다리에 온통 가시자국이 나 본 사람, 돼지먹이의 맛을 잊지 못하고 미군부대의 철조망에 개구멍을 내고 기어들다가 등에 총탄을 맞고 죽어간 어떤 아이의 슬픈 소문을 들은 기억을 가진 사람들은, 철조망을 넘는다는 것이 무엇을 뜻하는지를 잘 알 것이다.

무엇엔가에 이끌려 또는 떠밀려 거기까지 온 우리들을 가로막고 버티고 선, 저 완강한 철조망 앞에서 어떤 사람들은 풀죽어 되돌아 선다. 그러나 어떤 사람들은 그것을 넘는다. 아니, 넘을 수밖에 없다.

철조망, 그것은 법이다. 질서이다. 규범이며 도덕이며 훈계다. 그리고 어떤 의미에서는 억압이다. 겹겹이 철조망을 둘러치고 그 속에서 무엇인가를 지키려고 하는 사람들은, 철조망을 넘어서려는 사람을 짓밟고 그 쓰러진 얼굴 위에다 침을 뱉는다. 쓰러져 짓밟힌 인간의 이지러진 얼굴 위로 고통스런 죄의식의 올가미가 덮어씌워진다.

철조망을 넘는 과정은 무뢰한으로 전락하는 과정, 법과 질서의 테두리 밖으로 고독하게 추방되는 과정, 양심과 인류를 박탈당한 비인간으로 밀려나는 과정이다.

그것은 동시에 인간으로 회복되는 과정이기도 하다. 그것은 오직 스스로의 힘으로, 그 어떤 법률과 질서와 도덕과 훈계로도 가로막을 수 없는 자신의 삶의 권리를 주장하는 과정이다. 그것은 철조망 앞에 결박당하여 의식이 마비되기를 거부하는 인간의 생명력, 인간 의지의 표현이다.

부산에 내려온 첫날에 부산 토박이 구두닦이들에게 붙잡혀 몰매를 맞고 구두통까지 빼앗겨버린 후, 끝내는 바닷가에서 죽음의 공포를 맛보아야 했던 전태일은, 다시 서울로 돌아가기로 작정했다.

그의 수기에는 철조망을 넘고 무임승차로 서울길에 오르는 자신의 모습이 생생하게 그려져 있다.

그렇다. 가야 한다. 한시 바삐 서울로 다시 가자. 죽더라도 서울에 가서 죽는 편이 나을 게고, 살더라도 서울에서 사는 것이 부산보다 조건이 나에게 유리하다. 내일 새벽차로 가자. 돈은 없지만 또 가는 거다. 내가 언제 돈 가지고 다녔나?

이렇게 생각한 나는 부산진역 뒤 3부두 앞의 하수도 공사용 댓깡* 속에서 밤이슬을 피할 겸, 내일 아침 4시에 출발하는 열차 시간에 늦지 않게 홈으로 몰래 들어가는 데 필요한 사전답사도 해 둘 겸, 겸사겸사해서 역 뒤로 가기로 한 것이다.

새벽 4시도 되기 전에 벌써 역전 근방은 자동차의 소음과 기관차의 웅장한 맥박소리에 악몽 속을 헤매던 나는 발작적으로 눈을 뜨고 말았다. 확성기는 서울 방면 여행객의 개찰을 시끄럽게 알리고 있다. 별들은 전부가 선잠을 깬 것처럼 껌뻑거린다. 나는 마침내 철조망을 넘었다.……

나는 끝에서 네 번째 객차에 올랐다. 오르자마자 맞은편 승강구에서 나와 같은 처지라고 생각되는 빡빡머리 녀석이 사방을 조심스럽게 경계하면서 열차에 오르다가 나를 보자 얼른 되돌아 내렸다. 아마 내가 꽤 심술궂은 인상을 했던 모양이다. 사실, 너는 나에 대해서 좋지 못한 여건이 되는 것이다. 열차 안에 나 같은 녀석이 많으면 많을수록 차장이나 승무원은 심한 단속을 하는, 그러니까 그 녀석은 내가 서울까지 가는 덴 방해물이 아닐 수 없다. 승강구에서 좌석 있는 안으로 들어서자 이번에는 뒤쪽 맞은편 도어를 열고 승무원 2명이 기록첩을 들고 오는 것이 아닌가. 순간 나

* てっかん, 철관(鐵管)의 일본어. 우리의 일상생활, 특히 건설이나 산업 현장에는 아직도 많은 일본어가 남아 있다.

는 생각할 틈도 없이 무의식적으로 의자 밑으로 기어들어갔다. 가슴은 참새처럼 두근거리면서 어서 빨리 승무원이 통과하기만 기다렸다. 내 바로 위에 앉은 할머니는 치마를 밑으로 내려서 나를 감추어주셨다. 나는 할머니의 말 없는 인간애에 어머니에게만 맛볼 수 있었던 감정을 느꼈고, 나도 모르게 두 눈엔 뜨거운 눈물이 야윈 볼을 적셨다. 순간 어머니가 얼마나 그리웠는지, 그리운 동생들을 생각할 때 슬픔은 내 작은 가슴을 온통 그리움으로 변하게 했다. 그 무엇이 섞이지 않은 순수한 감정을 마음껏 느끼고 있을 때, 기차의 발차신호가 순수한 감정을 빼앗아 가버리고 또다시 차가운 현실에 나를 내동댕이치고 말았다.

허기진 배를 끌어안고 곧 잠에 곯아 떨어졌다. 먹다 버린 쓰레기들로 인해서 객차의 바닥은 온통 냄새투성이다. 거기에 코를 대고 엎드려서 얼마를 잤을까?……사람들의 시끄러운 소리에 눈을 뜨고 직감적으로 종착역에 다 온 것을 느꼈다. 그러나 그곳은 뜻밖에도 서울이 아니라 영천이 아닌가? 대구까지 가려고 해도 80리 길인 영천……. 서울이라면 어떠한 수단을 부리더라도 10원짜리 수제비 한 그릇은 먹을 수 있을 텐데, 영천역이 웬 말인가?

허기와 실망에 빠져 이젠 개찰하는 역원이 겁나지도 않았다. 그 역원이 나를 붙잡아가면 따라가서 매를 맞더라도 무엇이든 먹을 것을 구한다는 생각 아래 표도 없는 나는 떳떳하게 개찰구로 빠져나가고 있었다. 순간적인 조그마한 희망은 이내 실망을 맛보지 않을 수 없었다. 개찰구를 지나치자 수표원(收票員)은 나를 한 번 쳐다보고는 빨리 나가라고 뒷머리를 밀어버리는 것이 아닌가? 사실 나는 그때 전형적인 거지였으니까. 아예 나라는 인간은, 잡혀갈 가치조차도 없었던 것이다.

잡아갈 가치조차 없는 인간, 그는 한낮의 찌는 더위 속에서 한산한 시골 정거장 대합실의 긴 의자 위에 넋 잃은 듯 누워 몇 시간 후에 떠날 대구행 기차를 기다리고 있었다. 그는 아까 타고 온 객차 안에서 주웠던 수건을 베개 삼아 베고 있었는데, 이제는 거의 배고픈 것도 느껴지지 않고 그저 졸음만 쏟아졌다. 얼마를 잤는지, 그는 어린아이 울음소리에 잠에서 깨었다. 4~5미터 떨어진 맞은편 의자에서 웬 새색시 하나가 볕에 까맣게 그을린 야윈 얼굴을 찡그리며 사내아이를 달래고 있었다. 잠시 후 아이를 달래다 못한 새댁은 밖으로 나가버렸는데, 그녀가 앉아 있던 벤치 위에는 아까 우는 아기를 달래려고 깎아둔 듯한 큼직한 사과 하나가 누렇게 변색된 채로 놓여 있었다. 벌떡 일어난 그는, 단숨에 그 사과를 집어들고는 심한 허기를 느끼며 벤치 밑으로 굴러떨어졌다. 몽롱한 의식 속에서도 미친 듯이 사과 하나를 다 씹어먹고 다소 활기가 돌아온 것을 느끼며 일어선 그는, "그만 가슴이 딱 멈추는 것 같았다." 바로 그가 굴러떨어졌던 바닥에 100원짜리 지폐 다발이 있는 것을 발견하였다. 그는 어떻게 하였을까?

일어설 무렵, 나는 그만 가슴이 딱 멈추는 것 같았다. 바로 내가 엎어졌던 바닥에 돌돌 말린 백 원짜리가 떨어져 있는 것이 아닌가? 한 장도 아닌 꽤 많은 부피의 백 원권*이.

나는 **생각할 겨를도 없이** (그 돈을) 손에 잡는 순간 역 앞 음식점
으로 달려갔다(강조는 지은이).

정말이지 그는 그 순간 아무것도 생각할 겨를이 없었다. 꼬박 이
틀 동안을 조금 전에 주워 먹은 사과 한 알 외에는 아무것도 먹지 못
하였던 그, 파리를 날리고 있는 역전 식당에 뛰어들어가 두 접시의
떡을 물 한 모금 안 마시고 또 고물도 남기지 않은 채 다 먹고 난 그
는, 식당을 나와 훅훅 지열을 뿜어내는 철길 위를 걸으면서 비로소
돈 임자 생각이 났다.

다섯 시가 되려면 아직도 두어 시간은 기다려야 되고, 그동안
에 어디 물 있는 데 가서 세수나 하고 발도 씻고, 대구까지는 차비
가 충분히 되니까 차표를 사가지고 오래간만에 마음을 놓고 검표
원들을 쳐다볼 수도 있었다. 내 수중에 아직도 5백원하고 10원짜
리가 석 장이나 있는 것이다. ……이때까지 까맣게 생각 안 했던
돈 임자가 누구일까를 생각할 때 나는 몹시 마음이 괴로웠다. 이
돈은 분명히 아까 그 새댁의 돈일 것이 틀림없기 때문이다. ……
그 순진하고 마음씨 곱게 생긴 새색시가 이 돈을 잃어버린 것을
알면 얼마나 찾을 것인가를 생각하니 너무 불쌍했다. ……이 돈
이 없어서 차를 못 타면 어떡하나를 생각할 때 돈을 도로 돌려주

---

* 1960년대 중반, 쌀 20kg이 1,100원, 쇠고기 1근이 300원이었다. 당시 100원은 쌀값
상승률을 대입해 현재 가치로 환산하면 약 5천원, 쇠고기값(한우) 상승률로 따지
면 약 2~3만원에 해당한다.

고 싶은 생각도 있었으나 정말 돌려주고 싶은 생각은 없었다. 이 돈을 돌려주고 나면 또 당장부터 차를 숨어 타야 되고 언제까지고 또 기약도 없이 굶주려야 되는 것이다.

청옥 시절

영천역에서 주운 돈으로 기차를 탄 태일은 그날 밤 대구역에 내렸다. 큰집이 역에서 가까운 곳에 있었으나 그는 남은 돈으로 반바지와 남방셔츠 그리고 검정운동화를 사 신고는 먼 곳에 있는 외갓집으로 갔다. 밤 깊어 뜻하지 않게 불쑥 나타난 지친 모습의 외손자를 끌어안은 외할머니는 눈물을 줄줄 흘리면서 이런 말을 하였다.

"그래 사람이라카는 것은 부모를 잘 만나야지. 집에서 한창 학교에 다닐 니가 팔도강산을 다 돌아다니며 험한 고생을 하다니…….내일 당장 가자. 느그 애비에미는 지금 대구에 산단다."

"예? 대구에 있어요? 엄마가?"

큰집에는 태일이가 오면 붙잡아두라는 연락이 서울 아버지로부터 와 있을 것이 틀림없다고 예상하고, 그것을 피하기 위하여 일부러 외갓집으로 왔던 그였다. 그러나 외할머니로부터 막상 집 소식을 들었을 때 그의 마음은 온통 반가움으로 설렜다.

이때처럼 반가울 때가 또 어디 있었을까? 설레는 마음을 안고 밤을 새웠다. 하지만 아버지의 엄한 얼굴과 어머니의 야윈 얼굴이 교차되면서, 머리 한구석에 숨어 있던 아버지의 무서운 꾸중이 뭉게뭉게 피어오르면서 나의 가슴은 순식간에 어두운 그림자가 짙게 파동친다. 그렇지만 가야 한다. 1년 이상을 못 본 동생들, 어머니, 아버지. 아무리 아버지가 무서워도, 지금은 무척이나 그리웁다.

태일이 두려워하던 아버지는 1년 만에 집에 들어온 아들을 보고 말없이 눈물을 흘리며 머리를 쓰다듬어주었다. 방에 들어선 태일은 고개를 푹 숙인 채로 한참 동안이나 말이 없었다. 어머니의 눈에는, 그가 삼발이장사를 하면서 동대문 일대의 골목골목을 돌아다니던 1년 전의 모습보다도 훨씬 자란 것처럼 보였다. 그날 밤 어머니는 몹시 울었다.

그때 아버지는 작은집의 도움으로 집에서 재봉틀 한 대를 놓고 삯제품 일을 하고 있었는데, 술을 딱 끊고 착실한 가장 노릇을 하고 있었다. 집 나간 아들 걱정으로 얼굴이 무척 야위어 있었던 어머니도, 아들이 돌아온 지 한 달이 못 되어 건강이 많이 회복되었다. 수기에 의하면 태일은 이 모든 것이 너무나 기쁘고 고마워서 "힘이 닿는껏 집안일을 돌보리라고 마음속으로 굳게 다짐했다" 한다. 하루하루 아버지의 일을 도와가는 사이에 그는 어느덧 재봉틀을 돌리는 데도 제법 익숙해졌다.

1962년의 가을과 겨울은 이렇게 지나갔다. 해가 바뀌어 1963년, 태일의 나이 열다섯이 되었다. 그는 온종일을 집에서 아버지의 일을 거들고 있었다. 길고 지루한 겨울이 가고 앞산의 흰 눈이 녹기 시작할 무렵, 꿈같은 일이 생겼다. 어느 날, 큰집에 다녀온 어머니가 태일이의 학교 입학 이야기를 꺼냈다. 태일은 이때 "뛸 듯이 기뻤다"고 수기에 쓰고 있다. 1963년 5월, 신학기가 2개월가량 지났을 때 태일은 당시 대구 명덕국민학교 안에 가교사를 두고 있었던 청옥고등공민학교˙에 입학하였다. 고등공민학교란 가정 사정 등으로 중학교에서 진학하지 못했던 학생들이 다니는 학교이다.

청옥고등공민학교. 아마도 여러분은 이 이름을 들었을 때에 초라한 건물에서 배워봤자 크게 '성공'할 가망도 없는 답답한 인생 지각생들이 다니는, 한 평범한 학교를 머릿속에 떠올리는 것 외에는 별다른 감흥을 느끼지 못할 것이다. 그러나 불탄 전태일의 원통한 넋이 지금도 소리치고 있는 저 모란공원 묘지 한구석에 자리 잡은 그의 무덤, "삼백만˙˙ 근로자 대표 전태일"이라고 새겨진 비석 앞에 서서 누군가가 가만히 소리내어 '청옥고등공민학교'라고 말한다면, 아마도 잡초가 우거진 무덤 위로 전태일의 은은한 미소가 떠오르는 것을 느낄 수 있을 것이다. 청옥에서 보낸 1년도 채 못 되는 학창 시절, 그것을 뒷날 전태일은 "내 생애에서 가장 행복하였던 시절"이라고 회상했다.

청옥고등공민학교는 야간학교로서 남녀공학이었다. 선생님들은 주로 사범대학의 3, 4학년생들이었으며, 학생은 한 학년에 한 학급

˙ 　중학교 과정을 가르치는 공민학교. 1970년대 초반, 고등공민학교 학생 수는 7만에 달했다. 중학교 의무교육은 2002년부터 시행되었다.

˙˙ 　"취업자 총수에서 광공업이 차지하는 비중은 1963년 8.7%에서 1971년 14.2%로 두 배 가까이 높아져, 그 숫자가 150만 명에 육박하기에 이르렀다." 이원보, 『한국노동운동사』

씩 모두 세 학급밖에 안 되었다. 태일의 학력은 그때까지 초등학교 4학년 중퇴가 전부였다. 게다가 그가 청옥에 입학했을 때는 진도가 이미 2개월가량 나가 있었으므로 진도를 따라가기가 무척 힘이 들었다. 태일은 다른 학생들이 놀 때에도 영어단어와 수학공식을 외워야 했으며, 또 학교에서 배우는 시간 외에는 집에서 아버지의 재봉일을 도와야 했다. 쉴 새 없는 고달픈 생활이었다. 그러나 그에게는 생전 처음 맛보는 즐겁고 보람찬 나날이었다. 전태일의 수기를 찬찬히 읽어가노라면, 그가 청옥 시절의 한순간 한순간을 다 기억하다시피 하고 있었으며, 그 순간들을 두고두고 가장 아름다운 추억으로 간직하고 있었다는 것이 느껴진다.

나는 기초지식이 없어 영어와 수학 과목은 이해하는 데 무척 힘이 들었다. 그렇지만 다른 과목은 다 재미있고, 50분 수업시간이 너무 짧은 것 같았다. 정말 하루하루가 나를 위해 존재하는 것 같았다.
우리 반에서도 나는 인기 있는 학생이었다. 국민학교를 졸업하지 못한 처지였지만 잠시나마 서울에서 다녔고 말을 조금 재미있게 하는 재능이 있었기 때문이다. 우리 반 실장은 낮에는 철공소에 다니고 밤에는 학교에 다니는 모범학생이었다. ……부실장은 김예옥이라는 예쁘게 생긴 여학생으로서 반에서는 1, 2등을 다투는 수재였다. 나는 이 부실장이 좋았다. ……피나게 열심히 공부에 공부를 더한 나는 노력의 보람이 있어 우리 반 실장이던 박천수가 학교에 못 다니게 되자, 담임선생님인 손선생님께서 나

청옥고등공민학교 동창들과 남산에 처음 오르던 날
(왼쪽이 전태일, 1969년 초)

에게 실장의 임무를 주셨다.

  하루 일과가 마치 기계처럼 꽉 짜여서 조금이라도 쉴 시간이
없었다. 아침 6시에 기상하면 같은 반 학생인 재철이네 집에 원섭
이와 셋이 모여서 아령을 들고 역기를 들고 앞산 비행장까지 마
라톤 연습을 했다. 앞산까지 뛰어갔다가 집으로 돌아와 밥을 먹
고, 그때부터 아버지께서 하시는 재봉일을 도와가면서 벽에 써붙
여둔 영어단어를 열심히 외웠다. 뜨거운 다리미질을 하면서 영어
단어를 외우다가 손끝이 다리미에 닿으면 깜짝깜짝 놀라는 일이
한두 번이 아니었다. ……점심을 먹고나서 다시 오후 4시 반까지
일을 계속하고 학교에 가면 그때가 하루 일과 중 제일 즐거운 시
간이었다. ……1학년 2학기 접어들어서는 한 달가량은 어떻게 허
둥거렸는지 아침마다 세수할 때는 코피로 세숫대야를 벌겋게 물
들였다.

  그렇게도 마음 설레면서 기다리던 고등공민학교 대항 체육대
회가 경북대학교 사범대학에서 열리는 날이 왔다. 너무 흥분한
나는 4시도 되기 전에 일어나서 준비운동을 하고 부엌에서 설쳤
다. 사대 운동장에 모인 우리 선수들은 너나 할 것 없이 가벼운 기
대와 흥분에 가슴이 설렜다. 다른 학교 학생들과도 같이 사진도
찍으며 내가 출전할 종목인 마라톤 경기 시간이 오기를 기다렸
다. 이윽고 나는 가슴에도 선명하게 다이아몬드형의 청옥 마크를
달고……빤쓰는 우리 집에서 아버지께서 손수 만들어주신 것을

입었다.

아버지께서 그때 우리 삼총사인 철이, 원섭이, 나 셋에게 똑같은 모양의 빤쓰를 만들어주시고 꼭 일등하기를 당부하셨다. …… 원섭이 성격은 잔잔하고 입이 무거운 편이고 웬만한 일이면 절대로 입을 안 여는, 아주 친구로서는 A급에 속하는 친구이다. 거기에 반해 재철이는 노래도 잘 부르며 그 홀쭉한 허리를 흔들면서 어색하지 않은 몸짓과 한참 유행하는 맘보춤을 춘다고 여학생의 마후라를 빌려 쓰고 웃길 때는 정말 배가 아프고 눈물이 날 정도로 성격이 명랑한 아이다. 나는 아마 재철이와 원섭이의 중간 성격이라면 그런 대로 어울릴 그런 행동을 했다. 이를테면 노래는 못 부르는 편에다가 듣기는 좋아하고…….

전태일의 추억은 끝이 없다. 여러분은 아마도 이제 오랫동안 방황과 굶주림과 세상의 험난함을 거쳐온 어린 태일의 짓눌릴 대로 짓눌렸던 작은 가슴이, 청옥에서 배움의 나날을 맞아 얼마나 싱싱하게 자랐는가를 어렴풋이 짐작할 수 있을 것이다. 구두통을 메고 오가는 학생들을 곁눈질하며 거리를 서성일 때 그것이 얼마나 부러웠겠는가? 내일의 인간다운 삶을 약속하는 배움의 보람, 친구들과 어울림, 푸른 하늘 아래 가슴을 활짝 펴고 함께 소리치며 함께 뛰놀며 함께 폭발하는 억눌렸던 젊음들의 축전……, 체육대회장에서 느꼈던 환희를 그는 이렇게 기록하고 있다.

아홉 번째 서브까지 성공시키고 게임이 끝났습니다. 시합장엔

요란한 박수갈채와 승리의 개가가 퍼지고 나는 일약 오늘 이 게임에서 마스코트가 되었습니다.

맑은 가을하늘은 구름 한 점 없이 깊었으며, 그늘과 그늘로 옮겨다니면서 자라온 나는 한없는 행복감과 인간만이 누릴 수 있는 특권인 서로간의 기쁨과 사랑을 마음껏 느꼈습니다. 내일이 존재한다는 것이 얼마나 즐거운 일인가. 나는 내가 살아 있는 인간임을 어렴풋이나마 깨닫고 진심으로 조물주에게 감사했습니다.

작은 것인데, 참으로 작은 것인데, 그는 조물주에게 감사했다. 세상 사람들이 바라는 것은 청옥에는 없었다. 황금도 바캉스도 지위도 권력도 없었다. 코피가 대야를 물들이는 고된 노동과 배움의 나날뿐이었다. 그러나 전태일은 그것만으로 그가 "살아 있는 인간임을" 진심으로 고마워했다. 그 고된 나날 속에서 벗들과 어울리며 서로서로를 사랑할 수 있었던 기쁨, 그 '인간만의 특권'을 마음껏 누릴 여유를 참으로 오랜만에 가질 수 있었던 전태일의 청옥 시절.

청옥에서 그가 꿈꾼 것은 내일의 출세, 내일의 자가용차, 내일의 호화주택이었을까? 아니었다. 전태일은 이미 열다섯 살이었다. 그는 결코 잊어버리지 않았다. 그가 '그늘과 그늘로 옮겨다니면서' 자라왔다는 사실을. 그와 마찬가지로 숱한 그의 이웃들이 아직도 그늘과 그늘 사이에서 절망의 나날을 짊어지고 있다는 사실을.

'서로간의 사랑'이 그에게 가져다준 기쁨은, 곧 그로 인한 슬픔과도 통하는 것이었다. 중생이 병들었으므로 그도 여전히 병들어 있었다. 그는 이렇게 말하였다.

나는 언제부터인지 모르지만 감정에는 약한 편입니다. 조금만 불쌍한 사람을 보아도 마음이 언짢아 그날 기분은 우울한 편입니다. 내 자신이 너무 그런 환경을 속속들이 알고 있기 때문인 것 같습니다.

전태일은 그의 짧은 생애를 통하여 아마도 최고의 기쁨을 맛본 순간이었을 청옥 시절의 체육대회, 그 순간에도 오로지 기쁨에만 사로잡힐 수가 없었다. 그는 이런 생각을 하고 있었다.

점심시간에 나는 학교 주최 측에서 제공하는 식당에서 다른 선수들과 나란히 자리를 같이하면서 남녀선수들과 같이 즐거운 대화를 나눌 때 문득 내가 아직도 서울에서 방황하고 있었으면 어떻게 되었겠나를 생각하였다. 그 순간 가슴이 뭉클하면서 ⋯⋯어떻게든지 공부를 끝까지 해서 지금도 서울에서 고생하고 있는 친구들을, 그리고 거리에서 허기진 배를 움켜쥐고 5원의 동정을 받고 양심까지도 다 내어보여야 하는, 언제든지 밑지는 생명을 연장하려고 애쓰는 불쌍한 사람들을 위해 일하리라고 막연하게 생각했었다.

바로 이것이었다. 전태일이 그 지독한 가난과 서러움 속에서도 절망하거나 타락하지 않고 당당하고 정의롭게 살 수 있었던 것은 그 험난한 생활에서 비롯된 인간에 대한 사랑과, 그 사랑에서 비롯된 사회개혁의 높은 꿈과 사명감 때문이었다.

꺾인 배움의 꿈

언제부터인지 대학을 우골탑이라고 불렀다. 소 뼈다귀로 이루어진 건물. 농사꾼들은 뼈가 휘도록 일하고, 술 담배를 절약하고, 아플 때도 약 한 첩 못 쓰면서도, 심지어는 빚을 내고 소를 팔고 생명인 땅까지 팔면서도, 기어이 기어이 자식을 학교에 보내려 했다.

우리는 안다. 자식의 등록금을 마련하지 못해 쥐약 먹고 죽어간 어느 어머니의 슬픔과 원한을. 아들의 입학시험 합격 소식을 듣고도 기쁨보다는 오히려 큰 걱정이 가슴을 짓누르는 숱한 어머니 아버지들의 기막힌 심정을. 어린 동생들을 공부시키기 위하여 노처녀로 늙도록 생명을 갉아먹는 듯한 고통스러운 여공 생활을 해야 하는, 심지어는 몸까지 파는 누나들의 이야기는 얼마든지 있다.

우리 사회에서 한 인간이 배우지 못한다는 사실이 뜻하는 것은 무엇인가? 그것은 끝없는 가난과 질병, 중노동과 멸시의 굴레에서 벗어날 수 없게 되는 것을 뜻하는 것이며, 평생을 통하여 아무런 희망도 가질 수 없는 밑바닥 인생으로 살아가야 한다는 것을 뜻하는 것이다. 무슨 이유에서건 상급학교에 진학할 수 없었던 사람은 그 순간부터 평생을 열등의식 속에서 살아간다. 학교를 다닐 수 없었던 소년소녀들이 학생복을 입고 거리를 오가는 같은 나이 또래들을 쳐다보는 그 쓸쓸한 눈망울에 담긴 패배감, 좌절, 자학, 절망……. 그것을 어떻게 다 말로 표현할 수 있으랴. 자식을 학교에 보낼 수 없었던 부모들이 학교에 다니는 남의 집 자식을 볼 때의 그 가슴 찢기는 괴로움을 무엇으로 표현하랴.

청옥에서의 꿈같은 학생 생활이 1년도 채 계속되지 못한 1963년 겨울 어느 날, 아버지는 태일에게 학교를 그만두고 집에서 전적으로 재봉일만 돌보라는 명령을 내렸다. 재봉틀 한 대를 놓고 온 가족의 노동력을 총동원하여 삯제품 일을 해야 근근이 생계를 유지할 수 있었던 태일이네 형편으로는, 애초에 태일이를 청옥에 입학시킨 것부터가 무리였는지도 모른다. 겨울이 되자 제품 만드는 일이 바빠졌다. 어차피 태일이를 고등학교, 대학교까지 공부시킨다는 것은 뻔히 불가능한 노릇이고……, 아버지의 생각은 그런 것이었다. 학교에 다닐 수 없게 된 태일이가 집을 뛰쳐나갔다가 사흘 만에 돌아왔을 때, 그의 아버지는 태일이를 주먹으로 치고 발길질로 짓밟으면서 이렇게 외쳤다.

　"네 나이 열다섯 살에 중학교 1학년인데 어떻게 공부로 성공을 한단 말이냐……어디 장관이나 국회의원들 되는 사람이 공부 가지고 하는 줄 알아. 돈 가지고 하는 거야, 돈! 이 병신 새끼야! 스무 살, 서른 살이 넘어도 돈만 있으면 공부는 얼마든지 할 수 있어. 이 병신들아, 지랄용천하지 말고 어서 못 나가!"

　그렇다, 지랄용천. 태일이 형편에 공부를 계속하겠다는 것은 어쩌면 분수를 모르는 주제넘은 '지랄용천'이었는지도 모른다. 그는 어쩔 수 없이 철저한 밑바닥 인생이었으니까……. 그러나 그는 너무나 공부가 하고 싶었다.

　어린 나이에 벌써 무겁고 냉혹한 사회현실의 짐에 짓눌려 허덕이며 멀고 지루한 고난의 길을 지나와야 했던 그는, 어떻게든 공부를 계속함으로써 바람 한 점 불지 않는 숨 막힐 듯한 길에서 벗어나고 싶었다. 내 한 몸의 허기진 배를 채우기에만 급급하였던 생활. 고통받는 밑바닥 인생들과도 서로 사랑할 수 없었고, 한 기차에 같이 무임승차한 거지아이를 보고도 반갑기는커녕 가슴이 덜컹 내려앉아야 했고, 역 벤치에서 초라한 시골아낙이 떨어뜨린 돈을 주워가짐으로써 그 여자에게 상처를 입혀야만 했던, 그러한 지난날의 생활 속에서 그는 도저히 그 어떤 희망도 보람도 느낄 수 없었던 것이 아니었던가?

학교를 그만두라는 아버지의 명령을 듣는 순간 그의 눈앞이 깜깜하였다.

아버지의 그 말씀을 듣는 순간 나는 뇌성 번개가 세상을 삼키는 것 같았습니다. 아버지의 분부를 거역할 수는 없습니다. 그렇지만 학업을 중단하기는 더욱 싫었습니다.

하루하루 나의 생활 속에서 배움을 빼버리면 무슨 희망으로 살아가겠습니까. ……정말 애가 타고 불안하기만 합니다. 내 나이 열여섯 살*에 중학교 1학년인데, 지금 또 학업을 중단하면 나는 영영 배움의 길이 막히는 것입니다.

태일은 아버지의 명령을 거역하였다. 아마도 이때가 처음이었을 것이다. 매일매일 아버지의 꾸지람과 호통과 매질을 받아가면서도 학교에 나갔다. 집안일도 그전보다 더 열심히 하였다. 어머니는 남

---

* 전태일은 1948년생이므로, 1963년 겨울이면 우리 나이로는 열여섯 살이다. 저자 조영래는 본문에서 전태일 열사의 나이를 만으로 계산했다.

편보다 아들 쪽을 편들었다. 이런 일이 빌미가 되어 아버지는 한동안 끊었던 술을 다시 폭음하기 시작하였고, 그의 가정에는 또다시 고함, 구타, 울음의 고통스런 소용돌이가 휘몰아치기 시작하였다.

그러나 태일은 굴복하기 싫었다. 공부를 계속하려면 다시 집을 나가는 길밖에 없다는 괴로운 결심이 싹텄다.

나는 하는 수 없이 또 무섭고 괴로운 결단을 내릴 때가 온 것입니다. 그렇다. 또 집을 나가자. ……지금 이 환경에서 내가 학교를 계속 다닌다고 하는 것은 우리 집안을 완전히 파탄의 구렁텅이에 빠지게 하는 일이고, 학업을 중단하기는 죽기보다 더 싫었습니다.

서울에 가서 고학을 하기로 결심했다. 태삼이도 데리고 올라가서 공부를 시켜야겠다고 작정했다. 아무도 없는 서울바닥에서 동생까지 데리고 고학한다는 것이 쉬운 일이라고 생각되지는 않았으나, 그런 것을 따지며 망설이기에는 그의 마음이 너무나 절박했다. 지금 이 기회를 놓치면 영영 배움의 길이 끊길 것이라는 생각이 머리를 깨는 듯이 짓눌렀다. 그는 며칠 밤을 뜬눈으로 새우고 궁리에 궁리를 거듭한 끝에 아버지가 만들고 있는 잠바제품 몇 장을 들고, 무작정 집을 떠났다.

찬 겨울바람이 문풍지를 때리는 어느 날 밤, 어머니와 아버지가 잠시 집을 비운 틈을 타서 태일은 동생 태삼의 손을 잡고 몰래 집을 나섰다. 어린 두 형제의 손에는 가방과 작은 이불 한 채, 그리고 아버지가 다 만들어 놓은 어른용 모직잠바 여덟 장이 들려 있었다.

그들은 바쁜 걸음으로 사람이 뜸한 길을 택하여 명덕로터리 버스정류장까지 갔다. 거기서 버스를 타고 원대 시외버스 주차장에서 내려 왜관 가는 시외버스로 갈아탔다. 대구역으로 나가서 바로 기차를 타면 아버지에게 붙잡힐 염려가 있었기 때문이다. 왜관에서 내린 태일은 안도의 한숨을 내쉬었다. 이제 아버지의 손아귀에서는 일단 벗어났다. 그러나 그 순간부터 서울행 열차를 기다리고 있는 몇 시간 동안 그는 다시 어머니 생각으로 가슴이 무겁고 답답해야 했다.

제일 안타까운 것은 어머니 생각이었습니다. 그렇게 무서운 아버지께 제일 많은 괴로움을 당하실 것이고 객지에 나간 우리 두 형제의 염려로 많은 나날들을 눈물 속에 보내실 것을 생각하니 마음은 그지없이 무겁고 막상 부모님 곁을 떠난다고 생각하니 눈물이 앞을 가렸습니다. 나라는 인간은 왜 이런 가슴 아픈 일이 많은지 혼자 서러워서 뜨거운 눈물이 줄기줄기 흘러내리고, 나를 형이라고 믿고 따라오는 동생을 보니 한층 더 처량했습니다. 그렇지만 이 시점에서 마음을 강하게 못 가지면 서울 가서 고학의 꿈은 깨어진다고 생각하니 동심에 젖지 말고 서울에서의 생활을 생각해야 했습니다.

두 형제는 밤열차를 타고 다음날 새벽 서울 용산역에 내렸다.

서울에서의 패배

그것은 처절한 몸부림이었다.

열다섯 살의 한 소년이 인간다운 삶의 기쁨을 찾기 위하여, 자신을 또다시 영원한 밑바닥 인생으로 얽어매려드는 저 무서운 현실의 힘, 현실의 굴레에 도전한 것이다.

그러나 현실의 힘은 너무나 컸고, 전태일의 힘은 너무나 약하였다. 현실은 도전해오는 어린 전태일 형제를 맞이하여 가소롭다는 듯이 그들을 정말 간단하게, 정말 냉혹하게 밑바닥으로 또다시 내동댕이쳐버렸다.

이제 그 과정을 살펴보자.

새벽 5시에 용산역에 내린 형제가 우선 부닥친 것은 심한 추위와 불안이었다. 그들은 역 앞 광장으로 밀려나와 부산하게 손님을 끌고 있는 식당 종업원들 가운데 한 사람을 따라 허름한 우동집으로 들어갔다. 한참 속이 시리고 떨리던 차에 뜨끈한 우동 한 그릇을 먹고 나니, 그 전날부터 긴장이 풀려서인지 온몸의 맥이 탁 빠지고 졸음이 쏟아져 연탄불 앞에 앉은 채로 정신없이 졸았다. 날이 밝자 그들은 우동집을 나와 버스를 타고 동대문시장까지 갔다. 집에서 훔쳐온 잠바를 팔아서 그 돈으로 우선 적당한 셋방을 얻고 조그마한 장사라도 해볼 심산이었다.

집에서 어머니가 팔 때에는 한 장에 도매로 1,200원씩 하던 것을, 여덟 장에 5,600원밖에 못 팔았다. 한 장에 700원꼴 친 것이다. 5,600원으로는 방을 얻을 수가 없었다. 궁리 끝에 사과궤짝 열두 개를 사서 두 형제가 그 속에서 발을 좀 오므리면 잘 수 있을 만하게 상자를 만들었다. 개집보다 좀 컸을까……. 그리고 그것을 탑골공원 뒤 낙원시장 손수레보관소가 있는 담 옆에다 바싹 붙여놓았다.

형은 동생에게 그 상자를 지키고 있으라고 일러두고는 하루 종일 일거리를 찾아 서울바닥을 헤매었다. 일거리는 없었다. 밤늦게 돌아온 형을 보고, 온종일 담벼락에 붙어 서서 추위에 떨었던 동생은 와락 울상을 지으면서 "형 오며가며 사람들이 쳐다보면서 이것이 무엇이냐고 물으면서 이상해하고, 아이들은 놀리는데 내일부터는 나도 형 따라 돌아다닐래" 하고 눈물을 글썽거렸다. 그렇지 않아도 하루 종일 마음이 울적하였던 태일은 기어이 동생을 끌어안고 울음을 터뜨렸다. 그의 수기는 이 광경을 이렇게 그리고 있다.

겨울의 짧은 해는 어둑어둑해오고 찬 북풍이 얼은 두 뺨을 갈기며 지나가고, 뼈에까지 스며오는 외로움과 부모님에 대한 죄책감으로 나는 동생을 끌어안고 소리 없이 울었습니다. 흐느끼던 동생도 내가 울자 기어이 큰소리로 목 놓아 우는 것이 아닙니까?

울다가 지친 형제는, 아침에 만들어두었던 잠자리용 상자 속으로 들어가 이불을 덮고 나란히 누웠다. 낮의 피로가 몰려와 곧 잠이 들었다. 얼마나 잤는지, 태일은 궤짝이 심하게 흔들리자 잠이 깨어 뚜껑을 열고 밖으로 나갔다.

야경꾼이었다. 길가에 아무렇게나 놓여 있는 궤짝 속에서 뜻밖에도 사람이 튀어나오자 놀란 야경꾼은 곧 사태를 깨닫고, 그제야 호기심 어린 눈초리로 궤짝 속을 찬찬히 들여다본 후 태일에게 말을 걸었다.

"임마, 왜 여기서 자니? 집이 없어?"

"예."

"집이 없어? 그럼 그전에는 어디 있었어?"

"……."

"너 시골서 올라왔니?"

"예, 대구서 왔어요."

"왜? 대구에는 부모님도 안 계시니?"

"……."

"너 이 새끼, 도망 온 모양이구나, 그렇지?"

"아니에요, 동생과 같이 고학하러 왔어요."

"그럼, 이 애가 동생이란 말이지?"

"예, 정말입니다. 여기 보세요, 교과서도 학생복도 다 있잖아요?"

"음, 그렇지만 이 길에서 잠을 잘 수는 없으니까 내일 당장 다른 데로 가지고 가라. 꼭 치워야지 잘못하다 자동차에라도 치이면 내 책임이란 말야."

어느샌가 동생이 깨어나 이 대화를 엿들으며 불안해하고 있었다. 다른 데로 옮기라니 어디로 옮기란 말인가? 야경꾼이 가버리자 동생은 형에게 매달리며 집에 가자고 졸라댔다. 태일은 입으로는 동생을 달래면서도 속으로는 불안한 마음을 억누를 수가 없었다.

이렇게 차가운 세상에서 더군다나 잠자리도 내일 당장 치우라고 하고 뚜렷한 일자리도 없고 돈도 이대로 가다간 며칠 못 가서 떨어질 텐데. ……걱정과 막연한 불안감이 온 골을 다 점령하고 괜한 짓을 했다는 후회와 아버지의 엄하신 얼굴과 어머니의 처량하신 얼굴이 교차되면서 정말 이대로 조용히 목숨이 끊어졌으면 싶었습니다.

다음날 아침 태일은 궤짝을 손수레보관소에 맡기고 태삼이를 데리고 남대문시장으로 가서 밀가루 수제비를 한 그릇씩 사먹었다. 남은 돈으로 구두통, 솔, 약 등 부속품 일체를 샀다. 태삼이에게는 신문팔이를 시킬 작정을 했다. 신문 나올 시간이 되기 전에는 동생을 데리고 같이 돌아다니면서 구두 닦는 것을 배우도록 하고, 오후에 신문 나올 시간이 되면 헤어져서 동생은 신문을 팔고 태일은 계속 구두닦이를 했다.

구두통을 메고 거리에 나선 태일은, 구두를 닦자는 손님을 만나는 시간보다도 이미 자기 구역을 차지하고 있는 아이들을 피해 다니는 시간이 더 많았다. 농사짓는 데 내 밭 네 밭이 있듯이, 바다에도 내 어장 네 어장이 있듯이, 구두닦이에도 '구역'이란 것이 정해져 있다. 손님이 많은 다방이라든가 도심지 고층건물 근처의 구두닦이 구역은 몇 십만 원, 몇 백만 원에 거래된다. 비록 나라의 법에 의하여 인정된 권리는 아니지만, 그것은 법보다도 더욱 가깝고 확실한 힘에 의하여 지켜지는 것이다. 구두통 하나만을 들고 거리에 나선 태일은 가는 곳마다 이 '구역' 아이들로부터 발길질을 당하고 큰 광솔(구두에 윤을 내는 솔) 하나를 빼앗기기까지 했다. 겨우 30원을 벌었을 때 해가 졌다.

태일이 보관소로 달려와보니 태삼이는 벌써 와서 형을 기다리며 떨고 있었다. 아까 형이 받아준 신문은 두 장밖에 못 팔았다면서, 다방에 들어가서 팔면 잘 팔릴 것 같은데 구두닦이 아이들이 못 들어가게 해서 못 팔았으니, 이따가 그 아이들이 다 돌아간 다음 팔러 가겠다고 하였다.

그날 밤, 태일은 동생이 팔다 남은 신문을 가지고 동생과 함께 미도파백화점 근처 다방을 돌아다니며 신문을 팔았다. 형이 다방에 들어가면 동생은 다방문 앞에 서서 기다리고, 동생이 들어가면 형이 밖에서 기다리고 하면서. 밤 11시가 다 되었을 무렵, 형제는 남은 신문 넉 장을 마저 팔기 위하여 추운 밤거리를 뛰어 서울역으로 달려갔다. 그들이 도착하였을 때 때마침 여행객들이 쏟아져 나오고 있었다.

동생은 쏟아져 나오는 여행객을 보자 발걸음을 떼지 않고 피곤과 추위에 지친 빛 잃은 눈동자로 나를 쳐다보면서, "형, 집에 가자. 엄마가 보고 싶고, 엊저녁엔 추워서 한잠도 못 자겠더라. 오늘 저녁에는 거기에서 못 자게 하니 우얄래." 이렇게 말하는 동생의 눈엔 눈물이 글썽이고 목소리는 한층 더 힘이 없었다. 동생의 힘없는 목소리는 남은 신문을 팔 의욕을 상실케 하고 물밀듯 밀려나오는 여행객을 부러운 듯이 쳐다보게 했다.

얼마를 정신을 놓고 쳐다보던 중, 하늘엔 한 송이 두 송이 함박눈이 내리고 있었다. 아버지, 어머니의 손에 매달려 기쁜 듯이 뛰어가는 동생 같은 아이를 볼 때 동생의 마음이 어떠했으랴.

태일은 말없이 동생의 찬 손을 잡고 남대문시장 쪽으로 발길을 돌렸다. 어느샌가 눈이 온 천지를 뒤덮을 듯 어지럽게 쏟아지고 있었다. 눈은 추위와 피로에 지쳐 마음까지 얼어붙은 어린 형제를 삼킬 것 같았다.

태일은 동생을 또다시 사과궤짝으로 데리고 들어갈 수가 없어서 남대문시장 자유극장 뒤 구둣방 골목 합숙소로 가서 하룻밤을 잤다. 이튿날 아침, 태삼이는 또 형을 졸라댔다. 서울에 와서 하룻밤은 사과궤짝 안에서, 또 하룻밤은 구두닦이·날품팔이·노동자·실업자 등 넓은 천지에 잠잘 구석 하나가 없어서 합숙소로 몰려드는 온갖 밑바닥 인생들 틈서리에 끼어서, 때 냄새 땀 냄새가 코를 찌르는 속에서 칼잠을 자고 이까지 옮은 어린 태삼이는, 이제 공부고 무엇이고 그저 집에 돌아가고 싶은 생각밖에 나지 않았다. 모진 결심을 하고 서울에 왔던 태일이도 이제는 마음이 흔들렸다.

이렇게까지 사정하는 동생을 더 데리고 있다가 병이나 나면 어쩌나 하는 생각이 나자 무엇을 해야겠다는 의욕이 사라지고 막연한 절망감만이 나의 작은 가슴을 압박해옵니다. 집엘 가야 하나 안 가야 하나.

절망감. 서울에 있자니 살아갈 방법이 없다. 집에 내려가자니 평생 공부는 다시 못한다. 그 뒤에 찾아올 어두운 나날.

하루 종일 마음의 결정을 못 내리고 번민하면서 태일은 동생을 데리고 발길 닿는 대로 시내 중심지를 몇 바퀴고 터덜터덜 걸어다녔다. 날이 어둑어둑해지자 형을 따라다니던 동생은 다리가 아픈지 남대문 지하도 속의 중앙 벽에 기대어 털썩 주저앉고 말았다. 그 순간 태일은 며칠 사이에 눈에 띄게 홀쭉해진 것 같은 동생의 얼굴과 힘없는 눈매가 무언으로 그를 향하여 빨리 집에 가자고 재촉하고 있는 것을 뼈저리게 느꼈다. 태삼이의 지친 얼굴 위로 지금쯤 집에서 두 형제를 잃고 비탄에 잠겨 있을 어머니의 고통스런 모습이 겹쳐졌다.

집에 돌아갈 수밖에 없다고 생각했다.

공부는 이제 평생 못한다. 아버지는 심하게 꾸중 또는 매질까지도 할지 모른다. 그러나 이제 돌아가면 깊게 팬 어머니의 주름살을 조금이라도 펴게 해줄 수 있고, 어린 동생을 잠시나마 기쁘게 해줄 수 있다. 그것이 지금 내가 해야 할 일이다. 태일은 깊고 캄캄한 절망 속에 몸부림치면서 마침내 이런 결정을 내렸다.

그날 밤, 형제는 대구행 야간열차에 몸을 실었다. 집 떠난 지 사흘. 전태일의 '서울 고학'의 꿈은 이렇듯 싱겁게 패배하였다.

식모살이 떠난 어머니를 찾아

집에 돌아온 태일은 아버지의 매질에 시달렸다. 태일이 형제의 가출 사건을 계기로 아버지는 울화가 치밀어서인지 폭음이 더욱 심해졌고, 그러는 통에 제품일까지 제대로 안 되어 집안 형편은 나날이 어려워졌다. 그뿐인가? 학교 친구들이 집으로 와서 학교 소식을 전할 때, 또는 길거리를 지나다가 같은 반 학생들을 만날 때 태일의 가슴은 납덩이처럼 무거웠다. 괴로운 나날이었다.

학교에 일찍 오는 우리 반 여학생들이 이쪽을 쳐다보고 있는 것이다.

나는 패배감과 부끄러움에 얼른 집으로 오고 말았다.

아버지께서는 매일 폭음을 하시고, 방세를 못 준 어머니께서는 안타까워하시고, 동생이 방학책 값, 밀린 기성회비 때문에 학교에 안 가겠다고 아침부터 울면서 어머니의 지친 마음을 괴롭힐 땐, 나는 하루가 또 돌아온다는 것이 무서웠다.

해가 바뀌고 늦겨울의 추위가 아직도 꽃샘바람을 날리고 있을 무렵, 밀린 방세를 내지 못해 쫓겨난 태일이네는 대구시 내당동 맹아학교 부근의 흙벽돌로 지은 토막(土幕)의 단칸방으로 이사를 했다.

아버지는 거의 술기운이 가실 새도 없이 폭음을 하고, 병약한 어머니 혼자서 여섯 식구를 먹여 살리기 위하여 맨손으로 장사를 하고 있었다. 며칠씩이고 불기가 끊어진 냉방에서 어린 자식들은 참새 새끼처럼 오돌오돌 떨면서 주린 창자를 안고 어머니가 돌아올 시간만 기다렸다. 어머니는 차가운 진눈깨비를 온몸에 맞으면서 서문시장 근처의 헌옷 파는 노점가게들 앞을 힘없는 발길로 헤매었다. 장사 밑천 단돈 몇천 원이 없어 남의 물건을 팔아주고 일이십 원씩 삯을 받으면, 하루해가 다 갈 무렵 손에 쥐어지는 것은 겨우 칠팔십 원의 때묻은 지폐. 그것이 온종일 굶고 기다리는 여섯 식구의 허기를 달랠 밑천의 전부였다. 그 피땀어린 돈을 들고 지칠 대로 지쳐 썰렁한 집구석에 돌아오면, 남편은 얼마 남지 않은 세간살이를 엿장수에게 내다팔아 술을 마시고 취해 있곤 했다.

"야, 이 쌍년아. 애새끼들 데리고 썩 나가! 니가 안 나가면 불을 싸질러서 몽땅 태워 죽여버린다. 죽일 년. 니년이 안 벌어가지고 오면 당장 굶어죽을 것 같애? 이 문둥이 같은 년아, 뒈져라!"

무력한 가장들이 자기 아내에게 퍼붓는 이와 같은 전형적인 욕설을 태일의 아버지도 어머니에게 퍼부으면서 때리고 차고 하는 광경이 거의 매일 저녁 그들의 단칸방에서 벌어졌다.

1964년 2월, 설날을 하루 앞둔 밤에, 어머니는 어린 형제를 앞에 두고 이런 말을 하였다.

"태일아, 홍태야, 너희들만은 내 마음을 알아줄 게다. ……내가 있으니 너희들까지 배를 못 채우는구나. 나 하나가 없어지면 큰아버지 작은아버지께서는 도와주실 분들이다. 나는 식모살이를 가야겠다. 이 다음에 돈 벌어서 다시 만나자. 그 길밖에 없다. 이젠 시장에 가도 돈벌이도 안 되고, 너희들 배고파하는 것을 더 이상 못 보겠다. 어디 가서 선불을 받으면 빨리 송금할 테니까 태일이는 동생을 잘 돌보고, 아버지한테 매 안 맞게 조심하고, 엄마 올 때까지 잘 있거라. 알았나……."

어머니는 이런 말을 하면서 자식들의 얼굴 하나하나를 자세히 들여다보며 흐느꼈다. 뒷날 전태일은 이때 "마음이 천 갈래 만 갈래로 찢어지는 것 같았다"고 수기에 기록하고 있다.

날이 밝았다.

새벽부터 차가운 진눈깨비가 내리고 있었다. 설날 아침 남들이라면 다 즐겁고 좋을 그 아침에, 어머니와 아들은 살을 깎는 듯한 생이별을 하였다. 아침밥도 못 잡수시고 떠난 어머니. 식모살이가 무엇인가를 대충 짐작할 만큼은 자라 있었던 태일이는 숨죽여 통곡하고 있었다.

간밤에 취한 술기운으로 잠에 곯아떨어져 있다가 정오가 가까워서야 부스스 눈을 뜬 아버지는 아내가 떠나간 것을 그제야 알고, 왜 진작 깨우지 않았느냐고 하면서 태일에게 마구 발길질을 했다. 태일은 이때 아버지의 발길에 걷어채이는 것이 차라리 속이 후련하였다고 회상하고 있다.

어머니께서 떠나가신 것도 서러운데, 아버지께서 또 매질을 하시니까 다른 날보다 몇 배나 더 서럽고 서러웠습니다. 나는 아버지께서 때리는 것을 조금도 피하지 않고, 일종의 반항심으로, 더욱 아프게 맞는 것이 괴로우면서도 한편으로는 속이 시원했습니다.

태일이가 죽은 듯이 누워서 아무 소리 없이 때리는 대로 맞고 있자, 아버지는 더욱 부아가 치미는지 부엌 살림을 다 부수고 밖으로 나갔다. 그날부터 엿장수를 집에 데리고 와서 가구들을 팔아먹기 시작하니, 보름이 채 못 가서 남은 세간살이라곤 덮고 있는 이불 하나뿐이었다.

정월 대보름날 태일이는 작은집에 가서 보름 오곡밥을 얻어먹으면서 틈을 보아 작은아버지의 손목시계를 훔쳐내어, 그것을 팔아서 돈 600원을 장만하고 식모살이 떠난 어머니를 찾아 서울로 올라갔다. 태일의 등에는 보름 동안 하루도 빠짐없이 "엄마한테 데려다달라"고 울면서 보채는 막내 동생 순덕이가 업혀 있었다.

얼마 전 태삼이를 데리고 서울에 올라왔을 때는 고학을 할 꿈이라도 있었다. 그러나 이번에는 단순히 집에서 도저히 견딜 수가 없어서 뛰쳐나왔다.

다시 온 서울은 언제나 마찬가지로 무섭도록 냉혹한 곳이었다. 수중의 돈 600원에서 차비를 제하고 몇 푼 남지 않았던 돈은 상경 하루 만에 다 떨어졌다.

"어머니의 얼굴이라도 한번 보고 죽겠다"는 심정으로 올라왔지만, 망망한 서울 하늘 아래서 어디 가서 어머니를 찾을 것인가?

정월 대보름이면 아직 늦추위가 살을 에일 때다. 태일은 서울 온 첫날 하루 내내 순덕이를 등에 업고, 이 음식점, 저 음식점을 돌아다니며 혹시 어머니를 찾을 수 있지 않을까 하는 생각으로 수소문을 했다. 그러나 그날 저녁부터 당장 먹을 것이 없게 되자 이제는 어머니를 찾는 것은 둘째 문제가 되고, 우선 어린 여동생을 굶겨 죽이지 말아야 한다는 것이 지상과제가 되었다. 이때부터 이 가련한 남매에게 일어난 일에 대하여는 전태일의 체험담(수기)을 직접 보기로 하자.

동생을 길바닥에 버리다

우리 두 남매는 살을 에는 듯한 추위에 떨면서 어두워오는 서울거리를 무작정 걷고 또 걷고, 등에 업힌 막내는 추위와 피곤함에 지쳐 하루 종일 잔다.

나 역시 지칠 대로 지친 관계로 막내가 등에서 울 때는 정말 짜증이 났다. ……따뜻한 곳을 찾아 남대문 과일도매상 옆의 땅콩 굽는 화로 옆에서, 약간 훈훈한 불기를 쬐면서 밤을 새우고 난 후, 새벽부터 시장 경비원에게 쫓겨 동생을 업고 남대문극장 뒤 시계방 골목으로 나갔다. 낮에는 의류를 팔던 점포에서, 이른 새벽엔 시골서 올라온 각종 화초를 도매하고 있었다.

"오빠, 배고파. 응?"

등에 업혀서 어깨를 흔드는 동생에게 무엇이건 얻어 먹이기 위하여 나온 나는, 그 화초들을 도매하는 옆에서 장사꾼들을 상대로 뜨끈한 팥죽을 파는 것을 보고 멍청히 서 있었다. 등에 업힌 동생은 "오빠, 저 죽 좀 사줘. 응, 오빠……."

꽃 파는 아주머니들이 동정의 말을 던지면서 동생과 나에게 팥죽을 사주고 점심 사먹으라고 60원의 돈을 걷어주셨다. 나는 팥죽을 먹고 있는 동생의 모습이 너무나 불쌍해서 목이 메어 팥죽이 넘어가질 않았다.

이제는 어머니를 찾는 것도 차후 문제고, 하루하루 생활이 큰 문제였다. 궁리 끝에 60원을 없애지 않기 위하여 신문장사를 시작했다. 몇 달 전 홍태와 다니던 때와 무엇이 다르랴. 동생을 문밖에 세워두고 다방에 들어가서 팔고, 또 등에 업고 다니면서 파니, 먼저보다 더욱 힘이 들고, 캄캄한 절망감을 밀쳐내려고 애써 나오지 않는 "신문이오! 신문이오!"를 연발해야 하는, 나의 지치고 애통한, 부(富)한 환경에서 거부당한 생활……

다른 아이들보다 빨리 뛰어다녀야 한 장이라도 더 팔 수 있을 텐데 여동생을 데리고 있어서는 그것도 할 수 없었다. 신문 10부를 가지고 밤 11시가 되어서야 다 팔고, 그제서야 잠자리를 찾아 다시 남대문시장으로 갔다. 10원짜리 밀가루 수제비를 한 그릇씩 먹은 후, 오늘밤도 땅콩 굽는 화로 옆에서 자기 위하여 과일시장에서 조금 주워온 짚을 땅바닥에 깔고 등은 화로에 기댄 채, 동생을 안은 채로 긴긴 겨울밤을 새웠다. 다음날 역시 아침 일찍 경비원에게 쫓겨난 나는 허리가 아파서 동생을 업지 못해 걷게 하고 서울역 뒤 중앙시장으로 갔다. 그 근방에도 음식점이 많기 때문에 신문이 나올 시간 전까지는 점포마다 다니며 어머니의 소재를 수소문할 수 있기 때문이었다.

어느 식당 앞에서, "아줌마, 말 좀 묻겠습니다. 요 이삼일 전에 대구에서 식모로 온 사람 없습니까?"

"그런 사람 없는데, 딴 데 가서 알아봐라. 딱하기는, 쯧쯧."

이러기를 수십 집, 추운 나에게는 하등의 도움이 되지 못하는 동정심과 부끄러움. ……큰 식당에서는 물어보기가 거북했다. 내가 동생을 업고 식당엘 들어서면 처음에는 손님인 줄 알았다가, 들어온 용건을 말하고 나면 이내 멸시와 동정의 눈으로 쳐다보기 때문이었다.

또 신문 팔 시간이 되어 신문을 받아다가 팔려고 하니까, 동생이 등에 업힌 채 내리려고 하지를 않으면서, 열이 많이 오르고 우는 것이었다.

"오빠, 머리가 아파, 어디 가서 좀 자자. 자부러버 죽겠다."

이렇게 졸라댄다. 열이 오르고 머리가 아프다는 동생을 데리고 신문을 판다는 것이 무리임을 느끼고 나는 다른 신문팔이에게 돈 10원을 밑지고 신문을 넘겨주고, 내가 입고 있던 학생복 상의를 벗어서 순덕에게 입혀놓은 후 어찌할 바를 몰랐다.

너무 추워서 감기가 걸린 것 같다. 남대문시장 약방에 가서 동생을 보이고 약을 지었다. 전재산인 50원을 다 털어주고 약을 먹이고, 춥지 않게 잘 들쳐업은 후 동생을 따뜻한 곳에 눕히려고, 지금의 뉴코리아 호텔 자리에 있던 신문팔이 소년들의 합숙소인 '받들회'로, 어떤 신문 파는 아이의 소개로 갔다. 무허가 하숙집과 비슷한 곳인데 숙박비는 안 받고 식대는 한 끼 30원이었다. 단 타인은 잠을 잘 수 없으며 '받들회'에 가입하고 신문을 파는 소년들만이 자는 곳이었다.……

나는 우선……동생을 한곳에 눕히고 이불을 많이 깔고 덮어주었다. 며칠 만에 편히 누워보는 동생은 이내 잠이 들었다. 나는 보증금도 없이 미도파백화점의 담당으로부터 신문을 받았다. 미도파 정문 일대를 나의 신문 파는 담당구역으로 위임받았다. 동생을 그곳에 눕히고 나 혼자 신문을 팔게 되자 한결 마음이 놓이고 조금 희망이 생겼다.……

며칠 동안이나 눈은 그칠 사이 없이 오고, 다른 아이들보다 신문을 팔아본 경험이 적었던 나는 동생과 나의 식대를 못 벌어서 마침내 '받들회'에서도 못 있게 되었다. '받들회'의 내 담당구역의 장에게 280원의 미수금을 남긴 채 찬 바람이 부는 미끄러운 거리로 나왔다. 어떤 환경이든 우리 두 남매를 거부하는 것이다.

나는 생각 끝에 동생을 불광동에 있는 미아보호소에 맡기기로 결심하였다. 파출소에 찾아가 사정 이야기를 하니까 직접 불광동으로 찾아가라고 하면서, 그러나 거기서도 잘 받아주지 않을 것이라고 한다. 동생과 같이 있다가 또 감기라도 걸리면 이제는 약 살 돈도 없고 같이 배를 곯아야 하기 때문에, 임시변통으로 보호소에 맡기려면 하는 수 없이 길거리에다 동생을 버리면 될 것이라 생각하고, 엊저녁부터 곯은 동생을 업고 서대문 적십자병원 앞까지 갔다.

"순덕아, 너 여기 있어. 오빠가 저어기 가서 밥 얻어올 테니까 다른 데 가지 말고 조금만 기다려, 응?"

순덕이는 내 울먹이는 소리를 듣고 조금 이상한지 아무 말 않고 고개를 끄덕인다.

"빨리 돌아와. 오빠 응?"

이렇게 대답을 하면서 내 얼굴에서 무엇을 찾아내려는 듯이 자세히 쳐다보는 것이었다.

서대문 네거리 적십자병원 앞, 남쪽 양지바른 담벽에 어린 동생을 세워두고 광화문 쪽으로 걸어오는 나의 마음은 그 무엇으로 표현해야 알 수 있을까? 가슴은 서러움으로 꽉 차고, 나를 부르는 소리가 들리는 것 같고, 얼마 안 있으면 해가 넘어갈 텐데 추위에 떨면서 이 못난 오빠를 기다리며, 발을 동동 구르면서 울 동생을 생각하니 발길이 떨어지지 않고 뜨거운 눈물이 소리 없이 볼을 적신다. 조금 멀리 광화문 네거리가 보일 만큼 왔을 무렵, 나는 그만 뒤로 돌아서서 왔던 길을 정신없이 달리기 시작했다.

"순덕아, 이 못난 오빠를 용서하고 제발 그 자리에 있어다오. 제발."

나는 거의 짐승의 울부짖음을 토하면서 병원이 보이는 데까지 달려왔다. 보니 동생이 서 있던 곳 근처에 웬 사람들이 에워싸고 있었다. 몇 미터 안 남았지만, 피를 말리는 것 같은 불안감과 죄책감에 헐떡이던 숨이 끊어지는 것 같았다. 다행히도 그 자리에 그대로 서 있는 동생의 모습, 고사리 같은 두 손은 얼어서 발개지고 내가 나타나는 순간 얼마나 큰소리로 울면서 나에게 달려들었던가?

모여 섰던 사람들의 의아해하는 그 눈초리가 싫어서, 나는 순식간에 우는 동생을 등에 업고 달려오던 길을 도로 뛰어갔다. 울면서 달래면서 남대문시장까지 갔다. 이 어린 동생을 버릴 수도 없고 같이 있으면 둘 다 죽겠고, 나는 어떻게 되더라도 동생만은 무사해야 한다는 책임감에 남매간의 정을 끊어서라도 동생을 어디 부잣집에라도 줘야 한다고 나를 힐책한다.……

열한 시가 넘어서 시청 사회과로 찾아간 나는 사회과 직원에게 사정 얘기를 하고 동생을 당분간 맡아달라고 호소하였다. 그러나 그는 "여기서는 어쩔 수 없으니 아스토리아호텔 옆에 있는 사회과 분실로 가서 여기서 보냈다고 하고 사정해봐"라고 하면서 약도를 그려주었다. 거기에 가도 또 안 되면 어떻게 하나 걱정이 되어서 나는 그곳을 곧바로 찾아가지 않고 우선 평화시장 쪽으로 가보았다. 혹시나 아버지의 친구분들을 만날 수 있지 않을까 하는 한 가닥 기대를 걸고.……

평화시장을 다 돌아보았지만 헛수고만 한 나는 내일은 어떤 수단을 쓰더라도 사회과 분실에다 동생을 떠맡길 결심을 하고 옛날에 우리가 살았던 용두동으로 갔다. 아무리 수치스럽더라도 동생을 그런 곳에 맡겨야 한다고 결심한 나는, 마지막으로 어머니의 행방을 알아볼 목적으로 동생과 함께 옛날 우리 집과 가장 친하였던 정아저씨 집을 찾아갔다. 아주머니는 바느질을 하고 있었다. ……이렇게 되어 하룻밤을 따뜻한 방에서 잘 때면, 얼굴을 들 수 없는 패배감과 자존심이 나를 혹독하게 증오한다.……

오늘은 아침부터 졸라대는 동생에게 먹을 것을 주지 못하고, 퇴계로의 아스토리아호텔 옆 시청 사회과 분실로 찾아갔다. 나의 딱한 사정을 대충 들은 직원은 하루라도 빨리 찾아올 걸 그랬다고 하면서, 오후 4시에 미아보호소로 가는 시청 차가 있으니 그때 다시 오라고 하였다. 나는 몇 번이고 고맙다는 인사를 한 후 동생을 데리고 평화시장 근처의 대학천시장으로 갔다. 마지막으로 동생의 배를 채워줄 생각으로 내가 입고 있던 학생복 상의를 팔기로 한 것이다. ……사정 끝에 30원밖에 못 받아가지고 돌아설 때는 너무나 서글퍼서 울음도 말라버렸다. 조금 있으면 나의 곁을 떠나갈 동생에게 오래간만에 30원짜리 백반 한 상을 사 먹이고 바삐 걸어서 회현동으로 갔다.

사회과 분실 의자에 앉아 시청 차를 기다리면서 나는 동생에게 이렇게 말하였다.

"순덕아, 오빠는 저녁 늦어서 돌아갈 테니까 네가 먼저 가라. 이 따가 차가 오면 울지 말고 가야 한다. 응? 거기 가면 밥도 주고 잠 도 따뜻한 곳에서 잘 수 있대. 나는 엄마를 더 찾아보고 갈게. 응?"

시청 앰뷸런스가 왔다. 길거리에서 잡혀온 두 명의 다른 고아 와 함께 차를 타고 시청까지 온 나는 차가 시청 주차장에서 멎자 내렸다. ……아무것도 모르고 내가 내리는 것을 보고도 울지 않 던 동생, 어쩌면 마지막이 될지도 모르는 동생을 차에 둔 채, 떨어 지지 않는 발길로 발길 닿는 대로 걸어서 남대문시장까지 갔다. 막상 단신이 되고 보니 어딘가 더욱 허전하고, 윗도리가 없는 관 계로 추위가 온 전신을 파고들었다.

추위와 절망 속에서 하룻밤을 밝힌 나는 대도백화점 안의 어느 담뱃가게 아주머니에게 사정 이야기를 하고 헌 옷가지라도 사 입 게 동정을 구했다.……

몇 번이고 고맙다는 인사를 한 후, 하늘 끝까지라도 올라갈 용기 를 얻은 나는 헌 학생복 상의를 70원에 사 입고 구두통을 백 원에 사고, 그리고도 따끈한 우동 한 그릇을 사 먹을 여유가 있었다.……

단신이 된 나는 20원짜리 싸구려 하숙집에서 잠을 잘 때면, 나 를 울면서 기다릴 동생 생각으로 밤잠을 못 자고 몸부림쳤다.……

직업은 있다

학력이 낮았던 전태일은 그것을 보고 무엇이라고 불러야 적당할지 얼핏 생각이 나지 않았다. 그에게 한 인간으로서의 설 자리를 허용하지 않는 저 완강한 타인의 성채. 그를 끝끝내 거부하는 저 부유한 자, 강한 자가 지배하는 질서. 그것을 두고두고 저주하기 위해서는, 그리하여 끝끝내 그것을 타파하기 위해서는, 무엇이든 그것을 부를 이름이 필요했다.

그래서 그는 그것을 '부한 환경'이라고 이름 지었다. 이제 우리는 일단 그가 지은 이름을 따르기로 하자.

열여섯 살 나이에 이미 전태일은 서울이라는 '부유한 환경'이 그와 그의 여동생을 거부한다는 사실을 명확하게 깨달았다. 냉혹한 현실은 남매간의 정도 갈라놓았다. 그는 어린 동생을 버렸다. 버리면서 "피를 말리는 듯한 불안감과 죄책감"에 떨었다. 그러나 버리지 않을 수가 없었다.

얼마나 많은 밤을 그는 저 저주받은 현실과 자신의 버려진 목숨을 끌어안고 피투성이의 고뇌로 지새웠던가? 이제는 인륜마저도 잃어버린 죄인―아버지에게 반항하여 집을 뛰쳐나왔고, 어머니를 괴롭혔으며, 작은아버지의 시계를 훔쳤고, 차마 떨어지지 않으려는 어린 동생을 차디찬 서울의 길바닥에다 내던져버린, 그러고도 구차한 목숨을 이어가려고 남의 동정을 구하여 구걸을 하는, 그 자신의 저주받은 목숨……. 때로는 자기 자신을 죽이고 싶도록 증오했다.

그러나 전태일은 이를 악물었다.

이 저주받은 현실 앞에 결코 무릎을 꿇어서는 안 된다. 포기해서는 안 된다. 나를 거부하는 '부한 환경'의 무게에 눌려 쓰러져서는 안 된다라고……. 자꾸만 약해지려는 마음을, 엄습해오는 패배감과 '캄캄한 절망감'을 밀쳐내려고 나오지 않는 "신문이오! 신문이오!"를 연발하는 열여섯 살 소년의 도깨비 같은 몰골. 그것은 자신을 억누르고 거부하고 얽어매고 자신으로부터 모든 것을 빼앗아가려는 저 비정한 사회현실의 힘에 도전하는, 쓰러져도 또다시 일어나 맞서 싸우는, 온몸으로 자신의 인간성과 인간다운 삶의 권리를 싸워 찾으려는, 한 약하디약한 밑바닥 인간의 처절한 투쟁의 모습이었다.

결코 지지 않으려고, 결단코 지지 않으려고 전태일은 피투성이가 되어 싸우고 또 싸워야만 했다. 이대로 포기하고 지쳐 쓰러져버리기에는 그의 지나온 쓰라린 세월이 너무나도 억울했다. 그는 어떻게 해서든 제 손으로 차디찬 길바닥에 버린 순덕이를 다시 찾아와야 했고, 식모살이 나간 어머니를 만나야 했으며, 대구에서 마지막 본 후로 소식을 알 길 없는 태삼이와 순옥이를 데려와서, 그들만은 자신이 걸어왔던 길을 다시 걷지 않아도 되도록 보살펴야 했다. 뿐만 아니라 "언제든지 밑지는 생명을 연장하려고 애쓰는 불쌍한 사람들을 위해" 일하겠다던 청옥 시절의 꿈을 기어이 이루어야만 했다. 그것만이, 오직 그것만이 지금껏 살아온 쓰라린 세월에 대한 보상이었고, 악착같이 자신을 거부해온 '부한 환경'에 대하여 자기 쪽에서 되돌려주어야 할 정당한 대답이었다.

전태일은 구두통을 메고 거리로 나갔다.

으스스한 찬바람이 귓전을 때리고 지나갈 때, 그는 오히려 속이 후련한 것을 느꼈다. 모든 괴로운 생각을 털어버리려고 그는 더욱 열심히 이제는 자신의 천직처럼 되어버린 구두닦이 일에 매달렸다. 구두닦이만으로 모자라면 저녁에는 신문팔이, 한밤중에는 담배꽁초 줍기, 여름이면 아이스케이크 장사, 비 오는 날은 우산장사, 때로는 손수레 뒤밀이. 그것이 그의 열여섯 살이었다.

'뒤밀이'란 대체 어떤 것인가? 그가 남긴 기록이 있다.

힘없는 다리, 머리는 지친 육체를 끌고 때에 절은 노점 구루마의 포장을 들친다.

후 불어버리면 날아갈 것 같은 보리밥에 캬베츠를 집어넣고 쓴맛밖에 없는 벌그레한 고추장 한 숟가락을 넣고 비벼먹는 것이다.

계속 떠넣는다. 허기진 배는 입안에서 씹게 내버려두질 않는다. 머리에서 땀이 나고 땀이 얼굴을 적신다. 소맷자락으로 쓱 닦아버리면 소 지나간 자리가 난다.*

한 끼에 15원짜리 비빔밥이다. 이것을 먹기 위하여, 허기진 창자를 채우기 위하여, 피나는 노력이 있어야 한다.

찬 이슬을 맞고 난장을 꿀리고 나면 아침 5시, 잠이 깨어 자연적으로 눈을 뜨게 된다. ―추워서, 서울역 뒤의 야채시장 시멘트 바닥에서 지푸라기를 깔고 자고 나면, 또 하루의 배를 채우기 위하여 일거리를 찾아나서야 한다.

---

* 소가 혓바닥으로 여물통을 한 번 쓱 핥으면 남는 게 없다. 이걸 빗댄 말.

직업은 있다. 뒤밀이. 이것이 직업이다.

리어카 뒤밀이. 서울역 뒤에서 동대문시장까지 리어카를 밀고 가면 30원을 받을 수 있다.

나이 열여섯의 체구에 늦여름 새벽비를 맞으면 추우련만 춥질 않다.

동대문시장까지 오면 덥다. 때에 절은 런닝샤쓰는 몸의 열기 때문에 김이 무럭무럭 난다. 막 떠오르는 태양을 받아 땀 냄새와 몸의 때 냄새가 자신의 미간조차 찌푸리게 한다. 누렇다 못해 벌겋게 보이는 이빨은 구역질이 난다.

신발은 한짝 한짝이 다른 운동화다. 신발집에서 버린 것을 주워서 맞춰 신기 때문에 짝이 맞질 않는다. 아니, 맞을 필요가 없다. 밑바닥에서 물이 올라오지 않으면 그것으로 만족할 뿐이다.

이런 사람이 있었다는 것을 믿겠습니까?

벌레보다 못한 인생이지요.

주인 있는 개보다도 천한 인간입니다.

이런 식의 생활이 1년 넘도록 계속되었는데 그는 매우 꿋꿋하게 견뎌나갔던 것으로 보인다. 뒷날 그는 이 당시를 회상한 수기에서 이때 "결코 눈물을 보이지 않았다"고 쓴 바 있다.

그전에 덕수궁에서 구두를 닦고, 저녁에는 신문을 팔고, 밤 1시, 2시에는 야경꾼을 피해다니며 조선호텔 앞에서부터 미도파백화점 앞과 국립극장 앞, 명동 뒷골목을 쓸며 담배꽁초를 주워 모아 팔아 생계를 유지하고, 잠은 덕수궁의 대한문, 지금의 수위실에서 가마니를 덮고 잘 때에도⋯⋯눈물을 보이지 않았건만.

밤 깊은 때, 아마도 열한 시가 좀 지나, 종종걸음으로 서울역 근처의 지하도들을 지나갈 때면, 우리는 밤이슬을 피하여 지하도 벽에 기대앉아 졸고 있는 사람들의 초라한 모습을 보게 된다. 고통으로 일그러진 그들의 야윈 얼굴에서, 비탄으로 깊게 팬 그들의 주름살에서, 실의에 잠겨 빛을 잃은 지 오래인 그들의 힘없는 눈매 속에서, 자신들을 인간쓰레기로 만들고 있는 '부한 환경'에 대한 깊은 분노가 타오르고 있는 것을 우리가 읽을 수는 없는 것일까?

열여섯의 전태일이 한뎃잠을 자며 '거리의 천사'로서 닥치는 대로 온갖 노동을 해가고 있던 1년 동안에 부딪친 세상의 모습은 어떤 것이었을까? 그는 무엇을 느꼈을까? 감정에는 약한 편이라던 그가 이때 와서 그 고된 생활 속에서도 굳이 눈물을 보이지 않았던 것은 왜였을까?

이러한 물음들을 마음속에 간직하면서 다시, 그가 남긴 수기의 한 구절을 읽어보자.

　　과거를 생각해봐라. 국립극장[*] 앞 어느 당구장에서 어떤 여자

---

[*] 국립극장은 1950년 4월 29일 일제가 지은 부민관(경성부립극장, 현 서울시의회 의사당)에서 개관했다. 한국전쟁 이후 부민관 건물이 국회의사당으로 쓰이게 되자, 명동에 있던 시공관(일제 강점기에 일본인이 세운 극장, 현 명동예술극장)으로 옮겼다. 현재 장충동에 자리 잡은 국립극장은 1973년에 신축한 건물이다.

가 하던 말을 생각해봐라.

비가 오는 날이었지. 그 억센 비를 맞으며 하나라도 더 팔려고 "우산!" 하는 소리에 한걸음에 3층까지 뛰어 올라갔었지.

"우산 하나 얼마니?" "예 35원입니다." "왜 35원이야, 30원 주고 샀는데." "아녜요, 35원이면 본전밖에 안 됩니다." "밑지기는 뭐가 밑져, 얘들은 왜 곧 죽는 소리야? 기분 잡치게. 아니 이거 헌 우산 아니야! 자루가 이게 뭐야. 곰팡이가 슬고, 이거 헌 거로구나!" "아—, 아닙니다. 천만에요, 이건 분명히 제가 이제 금방 받아온 거야요." "변명은 말아! 너희들이 그런 지저분한 변명을 하니까 밤낮 그 모양 그 꼴이야. 이 거지 같은 자식아!"

그래요. 나는 태어날 때부터 거지예요. 댁에서는 태어날 때부터 그렇게 도도한 집에서 태어났고요. 내내 도도하십시오. ……이런 일이 있은 지가 어제그제 같구나.

전태일은 그가 '밤낮 그 모양 그 꼴'인 것이 그가 나쁜 놈이기 때문이라고 뒤집어씌우고 경멸하는 '부한 환경' 속의 사람들에 대하여 대들고 있다. "왜 그것이 내 책임이냐?", "태어날 때부터 거지가 따로 있고 도도한 사람이 따로 있느냐?"라고 항의하고 있는 것이다. 그리고 그는 한 걸음 더 나아가서 그를 인간적으로 짓밟는 도도한 인간들을 향하여 "내내 도도하라!"고 퍼붓고 있는 것이다. "내내 도도하라!"는 것이 무엇인가? 그것은 "내내 그렇게 도도할 수 있는지 두고 보자"는 뜻이 아닐까?

전태일의 정신적인 성장과정 가운데에서 이 당시에 이미 자신을 거부하는 '부한 환경'의 현실에 대한 비판, 그리고 그 현실과 싸워 이기려는 분명한 의지가 고개를 들기 시작했다고 한다면, 우리는 그가 남들처럼 고등교육을 받을 수 없었던 것을 슬퍼할 필요가 없을 것이다.

현실이야말로 가장 좋은 교사다. 그 현실의 가장 깊은 질곡 한가운데에서 몸부림치면서, 자기의 심장으로 느끼고 스스로의 머리로 생각할 수 있었던 사람이야말로, 교과서의 해설이나 권위자의 암시를 통하여 왜곡되는 일이 없는 현실의 벌거벗은 모습을 생생히 본 사람이야말로, 현실에서 가장 많은 것을 배울 수 있고 자신의 인간성을 가장 열렬하게 지킬 수 있다.

만약 전태일이 바로 그러한 사람이 아니었다면, 앞으로 우리가 이야기하게 될 그의 절절한 투쟁도 그의 눈부신 죽음도 없었을 것이며, 그가 죽은 지 숱한 세월이 흐른 오늘에 와서 우리가 다시 그를 추억하는 일도 없을 것이다.

재회

전태일의 어린 시절에 대한 이야기를 끝내면서 마지막으로 뿔뿔이 흩어졌던 그의 가족들에 대한 이야기를 해야 할 것 같다.

어머니와 형과 순덕이가 서울로 떠나버린 후 대구에 아버지, 순옥이와 함께 남아 있던 태삼이는 얼마 후 아버지의 매질을 견디지 못하여 집에서 도망쳐 나왔다. 행선지는 물론 형이 있는 서울이었다. 서울로 올라온 그는 서울역 근처에서 거지아이들과 어울려 남대문시장 일대로 밥을 빌어먹으며 다녔다.

하루는 태일이 남대문시장 어느 과일점에서 구두를 닦고 있는데, 태삼이가 다른 두 거지아이들과 함께 깡통을 치고 그 앞을 지나갔다. 대구에서 헤어졌던 두 형제는 이렇게 서울바닥에서 다시 만났다.

순간 나는 쇠뭉치로 뒤통수를 얻어맞은 것 같은 충격에 말이 나오질 않았다.

"홍태야! 야, 홍태야!"

가까스로 이렇게 소리치자 흘깃 나를 쳐다본 동생은,

"형……."

"홍태야……."

둘이 부둥켜안고 마음껏 울었다. 다른 사람들이 쳐다보는 것은 아무렇지도 않았다. 우는 그 순간은 아버지의 학대와 주위의 환경이 주는 모든 슬픈 여건 때문에 설움에 설움을 더해갔다.

다시 만난 형제는 나란히 구두통을 메고 서울거리를 헤맸다. 그러던 어느 날 어머니의 옛 친구인 상률이 어머니 집에 갔다가, 어머니가 서울에 계시다는 소식을 들었다. 어머니가 한 번 다녀갔는데 어디에 있다는 얘기는 안 하더라며, 언제고 다시 들르게 될 것 같으니 그때에 너희들 소식을 전하겠다고 했다. 그 후 형제는 상률이 어머니 소개로 남산동 50번지의 어떤 무허가 하숙집에서 심부름을 해주며 몸을 붙이고 살았다. 남산동 50번지는 남산 중턱, 지금의 케이

블카 자리 밑에 있었는데, 그 하숙집에서 태일이 형제는 산 아래턱까지 내려가 물지게로 물을 길어나르는 일을 했다. 그밖에도 온갖 잔심부름을 해주며 숱하게 매도 맞았다. 태삼이는 아직 구두닦이 일이 서툴러서 형이 구두 닦으러 나간 사이에는 그 심부름들을 자연히 혼자서 도맡아 하다시피 하였다.

돈을 벌자고 작정하고 서울길에 올랐던 태일의 어머니는 막상 대구역에 도착하고 보니 마음이 열 번도 더 변하였다.

서울행 열차를 타야 할 것인가 말 것인가.

지금쯤 잠에서 깨어 엄마를 찾고 있을 어린것들의 모습이 눈에 삼삼하여 도저히 발길이 떨어지지 않았다. 되돌아 집으로 달려가 그것들을 붙들고 실컷 통곡이라도 하였으면 싶은 마음에 가슴이 찢어지는 것 같았다.

그러나 그럴 수도 없었다. 지금과 같은 생활을 계속하다가는 여섯 식구가 내당동 흙집 단칸방에서 고스란히 굶어 죽든지 얼어 죽든지 할 판이었다. 나날이 끼니 걱정도 걱정이려니와, 그보다도 당장 살을 에는 추위에 땔감 하나 없이 냉방에서 갈라진 벽 틈새로 들어오는 찬바람을 고스란히 맞으며 오돌오돌 떠는 어린 자식들의 정경을 도저히 눈 뜨고 볼 수가 없었다. 며칠 전만 하더라도 태일이와 태삼이가 공장 근처에 가서 주워온 숯을 방 안에 피웠다가 가스중독이 되어 어린것 넷이 몰죽음을 당할 뻔하지 않았던가?

그녀는 마음을 독하게 먹고 서울행 열차에 올랐다. 열차가 대구역을 떠나서 시내를 벗어나는 지점에 이르렀을 때, 그녀는 가슴이 터질 듯 답답해졌고 머리가 지끈거리는 것이 곧 미칠 것만 같았다.

남들이 담배를 피우는 것을 보니 담배라도 피우면 이 답답한 마음이 풀리지 않을까 하는 생각이 들었다. 찻간에 떨어져 뭇 사람들이 밟고 지나갔을 찌그러진 담배꽁초 하나를 주웠다. 변소에 들어가 문을 안으로 걸어 잠그고 난생 처음으로 그 담배꽁초 하나를 다 피웠다. 며칠을 굶은 데다가 극심한 정신적 충격을 겪은 터라 그 담배 한 대에 의식을 잃었다. 이때부터 태일의 어머니는 답답할 때면 담배를 피워 무는 버릇이 생겼다.

서울에 도착한 어머니는 직업소개소를 통하여 동대문 천일백화점 근처의 '도원'이라고 하는 요릿집에 주방 식모로 들어갔다. 그날 밤부터 그녀는 당장 어린것들이 지금 어떻게 지내고 있을까 생각하며 숨죽여 울었다. 또다시 정신이 몽롱해지고 미칠 것만 같았다.

이런 상태로 닷새를 지나고 나니, 닷새째 되는 날 변소에 갔다가 대량으로 하혈을 하고 그대로 졸도해버렸다. 소개해준 사람이 우선 그녀를 병원에 입원시켜서 약 10일간 치료를 받고 퇴원하였는데, 그 치료비를 갚으려면 주방 식모로 6개월 동안을 월급 없이 일을 해주어야 할 형편이 되었다.*

'도원' 주인에게 하혈을 했다는 사실이 알려지지 않도록 하기 위하여, 어머니는 몸에 무리가 가는 것도 돌보지 않고 일을 계속했다. 그러다 보니 건강이 갈수록 악화되어 매일 같이 하혈을 하고 나중에는 의식불명의 상태에 이르렀다. 마침내 주인이 그 사실을 알게 되자 어머니는 그 집을 나올 수밖에 없게 되었다.

* 6개월분 월급은 2020년 현재 최저임금으로 계산해도 약 1,200만원이다.

이 무렵 어느 날, 봄 김칫거리를 파는 때였다. 태일이가 주방문을 열고 들어섰다. 상률이 어머니로부터 연락을 받고 달려온 것이었다. 이 모자 상봉의 모습을 전태일은 뒷날 이렇게 묘사하였다.

　문밖에 서 있는 나의 초라한 모습과 부엌에서 행주치마에 손을 씻으며 나오시는 ……말을 끝맺지 못하시고 다른 사람이 볼세라 재빨리 행주치마로 눈물을 닦으시는, 몇 달 전보다 퍽이나 많이 늙어 보이는 어머니…….

어머니와 아들은 처음 한동안은 멍하니 서로 바라보기만 했다. 버리고 왔던 자식을 다시 대면하는 어머니나, 어린 여동생을 길바닥에 내버리고 그 어머니를 대면하는 아들이나, 서로서로 죄스러운 심정이었다.

　그로부터 얼마 후 어머니는 '도원'에서 쫓겨났다. 같이 일하던 처녀들이 인정상 한 달 월급은 주어서 내보내야 한다고 주인에게 집단적으로 대든 덕분에 어머니는 주인으로부터 돈 만 원을 받을 수 있었다. '도원'에서 나온 어머니는 우선 상률이네 집으로 갔다. 가는 동안 차 안에서 하혈을 하여 양쪽 바짓가랑이에 핏덩어리가 엉겨 붙어 걸음을 걸을 수가 없는 지경이었다. 생명이 위독한 상태였다. 상률이네 집에 당도하자마자 곧바로 인근 병원으로 가서 혈관주사를 몇 대 맞았다. 그 뒤 한동안 심한 일을 하지 않으면서 몸조리를 하고 나니 어느 정도 건강이 회복되었다. 돈 만 원을 며칠 사이에 치료비로 다 써버리고 다시 빈털터리가 되었다.

이즈음 남산동 하숙집에 기숙하고 있던 태일은 그 집에서 나와서 상륜이네 집에서 어머니와 함께 지내게 되었다. 돈을 벌려고 나다니다 보니 주인집 심부름을 밥값만치 해줄 수가 없어서 더 있을 수가 없게 되었다. 어머니가 상륜이네 집에 와서 처음 얼마 동안은 몸도 아프고 하여 단칸방에서 상륜의 부모와 함께 지냈지만, 건강이 좀 회복되면서부터는 그 좁은 방에 끼어들어 자기가 정말 미안했다. 그래서 어머니와 태일은 마루 밑창에 기어들어가 가마니를 깔고 그 위에서 잠을 자기도 하였다. 상륜이 부모의 눈에 뜨이면 하도 방으로 올라와 자라고 권하는 통에, 어머니와 태일은 밤 깊어서야 집에 들어가 인기척을 내지 않고 살금살금 마루 밑으로 기어들곤 하였다. 날씨가 추운 밤이면 가마니 위에서 어머니는 치마를 벗어 잠자는 아들을 덮어주고, 아들은 또 상의를 벗어 어머니를 덮어주고 하면서 잠을 잤다.

건강이 웬만큼 회복되고 나자 어머니는 다시 일거리를 찾아다녔다. 상륜이네 집에 오래 있기도 미안했거니와, 남산동 하숙집에서 밥을 얻어먹기 위하여 아직도 어린 태삼이가 그 무거운 물지게를 지고 허덕허덕하면서 그 높은 비탈길을 올라가고 있는 모습을 볼 때, 잠시도 게을리 앉아서 놀 수가 없는 심정이었다. 머리채를 잘라 팔아서 돈 몇 백 원을 장만하여 서울역 뒤 중앙시장의 채소전 있는 곳으로 갔다.

어머니는 밤중에 배추, 무 등속의 야채를 실은 화물차가 짐을 부려놓은 뒤에 땅바닥에 떨어져 흩어져 있는 우거지를 주워서 파는 일을 하였다. 이 일에 달라붙은 아낙네들이 숱하게 많았다. 개중에는 우거지를 줍는 척하면서 화물차에 있는 배추나 무를 훔쳐내는 사람들도 많았기 때문에, 시장 경비원들은 우거지를 줍는 아낙네들을 보기만 하면 몽둥이로 쿡쿡 찌르며 쫓아내려고 들었다. 어머니는 이러한 북새통에 끼어들어 우거지를 한 잎 두 잎씩 주워서 내다 파는 일을 하였다. 처음 한동안은 잠자리가 막연하였다. 나중에 중앙시장의 한 구석진 곳에 모여서 가마니를 깔아놓고 자는 거지아이들을 사귀게 되어 그들과 함께 생활하게 되었다. 그들은 '인정 많은 아줌마'라고 하여 어머니에게 정을 붙여, 안 계시면 찾고, 맛있는 반찬을 동냥해온 것이 있으면 어머니에게 나눠드리곤 하였다.

그동안에 태일은 제 나름대로 돈을 벌러 다니다가 한 번씩 어머니를 찾아오곤 하였는데 만나기만 하면 으레껏 첫마디가 "엄마 배고프지?" 하는 것이 인사였다. "엄마, 입술 부르튼 걸 보니까 아침부터 아무것도 안 먹었지?" 하면서 하루에 수제비 세 그릇씩은 꼭 잡수셔야 한다고 당부하기도 하였다. 돈이 좀 생긴 듯한 날은 시꺼먼 수수떡을 사가지고 와서 주위에 사람이 있나 없나를 둘러보고 난 후에 불쑥 내미는 일도 있었다. 한번은 태일이 눈두덩이 퉁퉁 부어오르고 시퍼렇게 멍이 든 모습으로 중앙시장에 나타났는데, 연유를 물어보니 계단에서 넘어졌다고만 대답하였다. 나중에 알고 보니 신문을 팔다가 구역 아이들에게 붙잡혀 뭇매를 맞았던 상처가 남은 것이었다.

봄부터 여름이 다 갈 때까지 어머니와 아들은 이런 식으로 때때로 만나면서 각기 힘닿는 한 열심히 일했다. 머리채를 잘랐던 어머니는 흉한 머리를 감추기 위하여 한여름 내내 보자기를 뒤집어쓰고 일했다. 태일은 이른 새벽에는 여관을 돌아다니면서 구두를 닦고, 낮이면 평화시장·남대문시장·중부시장 등에서 시다나 미싱보조로 노동을 하고, 밤에는 껌과 휴지를 팔러 다녔다.

그해 가을, 모자는 서로 번 돈을 보태어 2,500원짜리 헌 천막 하나를 샀다. 그 당시 남산 중턱에는 골격만 세워놓고 공사가 중단된 큰 아파트형의 건물이 하나 있었는데, 그 건물 뼈대에다가 집 없는 사람들이 합판으로 각각 칸막이를 해놓고 그 안에 들어가 살고 있었다. 빈터라고는 옥상밖에 없었다. 어머니와 태일은 옥상에다 천막을 쳤다. 밤이 되니 관리인이란 사람이 올라와서 철거하라고 하여 그날 밤만 사정사정하여 새우고, 그 다음날 새벽에 철거를 할 수밖에 없었다. 그래서 모자는 또 다시 헤어져 돈을 조금 더 모아서 판잣집을 세내기로 하였다. 김장철이 되었을 무렵 어머니는 남산동 50번지의 한 판잣집을 사글세로 얻었고, 오랜만에 어머니, 태일, 태삼 세 모자가 함께 살게 되었다.

그러던 어느 날 하루는, 태일이 밀가루 수제비를 사먹으러 중부시장엘 갔다가 우연히 순옥이를 만났다. 처음에 어머니가 서울에 올라오고, 다음으로 태일이와 순덕이가 올라왔고, 그 다음 태삼이가 올라온 뒤에 대구에 남았던 아버지와 순옥이가 마지막으로 서울에 올라왔다. 아버지는 중부시장에서 재단일을 하고 있었다. 이렇게 하여 순옥과 아버지도 태일이랑 함께 살게 되었다. 처음에는 어머니가 돈을 더 벌어서 판잣집 한 채라도 살 수 있게 될 때까지는 아버지와 함께 살 수 없다고 버텼지만, 아버지가 다시는 술을 안 먹겠다면서 하도 간곡하게 함께 살자고 하는 바람에 그리 되었다.

  이제 남은 문제는 천호동 보육원에 맡겨둔 순덕이를 데려오는 일이었다. 원래 태일은 순덕이를 시청 차에 실어보낸 후 얼마 지나 시청 사회과에 순덕이의 행방을 알아본 결과, 천호동 보육원에 가 있다는 것을 알았다. 신문 판 돈으로 원생들 과자를 사들고 갈 수 있을 만큼 되자 그는 보육원으로 순덕이를 만나러 갔다. 만나 보니 순덕이는 이미 바보가 다 되어 있었다. 오빠를 보고도 쫓아오지도 않았고, 훌쩍훌쩍 울기만 하였다. 태일은 원장 선생에게 울면서 사정 얘기를 하고, 돈을 벌어서 순덕이를 데리러 올 때까지 잘 돌봐달라고 애원하고 돌아서 나왔다.

  셋방을 얻은 지 두 달쯤 지난 후에 태일은 천호동 보육원에 가서 순덕이를 데리고 왔다. 집에 데려다놓으니 바보처럼 멀뚱하니 앉았기만 하고 어머니를 보고도 반가워 할 줄도 몰랐다. 처음 한동안은 새벽 일찍 일어나서 세수하고 거울 앞에서 머리를 빗고, 그러고는 아무 말 없이 묵묵히 앉아 있곤 하였다. 왜 그러느냐고 물으면, 그렇게 하고 있지 않으면 선생님께 야단맞는다고 말했다.

2

평화시장의 괴로움 속으로

다 같은 인간인데 어찌하여
빈(貧)한 자는 부(富)한 자의
노예가 되어야 합니까.
왜 가장 청순하고 때묻지 않은 어린 소녀들이
때묻고 부한 자의 거름이 되어야 합니까?
사회의 현실입니까?
빈부(貧富)의 법칙입니까?

— 전태일의 1970년 초 작품 초고에서

'거리의 천사'에서 평화시장의 노동자로

서울 동부지역 청계천 6가에서부터 서울운동장* 쪽으로 약 600미터에 걸쳐 뻗어 있는 3층 건물이 평화시장이다. 그리고 이 평화시장 건물의 제1동과 제2동 사이, 서울음악대학**으로 들어가는 골목길 좌우에 동화시장의 5층 건물과 통일상가의 4층 건물이 자리 잡고 있다.

1959년 청계천 복개공사***가 되기 전까지는, 이 악취 풍기는 청계천 연변에 무허가 판자촌들이 다닥다닥 늘어서서 서울 도심지 일대에 빈민굴을 이루고 있었다. 이 판자촌 일대에는 2층짜리 소규모 피복공장들이 즐비하게 자리 잡고 있었다. 청계천 복개공사가 완공되면서 이 판자촌이 철거된 자리에 1961년 연건평 7,400여 평의 평화시장 건물이 들어섰고, 여기에 철거되었던 옛 피복제조업자 및

* 1984년 잠실에 종합운동장이 개장하면서 동대문운동장으로 바뀌었다. 축구와 육상경기가 열렸고, 바로 옆에는 야구장과 수영장이 있었다. 2003년 3월 폐장, 리모델링을 거쳐 동대문역사문화공원(2009)과 동대문디자인플라자(DPP, 2014)가 들어섰다.

** 1976년 서울대학교 관악캠퍼스(서울시 관악구 관악로 1)로 이전했다.

*** 복개공사는 1958년 6월 개시됐고, 1967년부터 청계고가도로(삼일고가도로)가 기공되어, 1976년 완공되었다. 21세기에 들어 환경 이슈가 제기되고 복개천을 더 방치할 수 없다는 여론이 일면서, 2003년 7월 청계고가도로 철거를 시작해 2005년 9월 시민에게 개방되었다. 현재는 인공하천이다.

의류상들이 들었으며, 건물은 수백 개의 점포와 작업장으로 나뉘어져 각 개인별로 분할등기 되었다.

시장법(市場法)*에 따라 발족한 평화시장주식회사는 시장 내의 경비와 청소 및 관계관청(당시 국세청, 노동청** 등)을 상대로 하는 외부와의 교섭을 도맡아 처리하게 되었는데, 이것은 차차로 노동운동을 제약하기 위한 업주들의 대변기관 노릇을 하게 되었다. 1968년 10월에는 연건평 1,500여 평의 통일상가가, 1969년 8월에는 연건평 5,700평의 동화시장이 들어섰다. 전태일이 분신 항거 하였던 1970년도 현재의 이들 3개 시장의 형편은 대체로 다음과 같다.

전태일이 조사한 바에 의하면, 이들 3개 시장과 신평화시장 및 근접 건물들을 합친 작업장의 총 숫자는 약 800개이며, 여기에서 근무하고 있는 노동자는 2만여 명에 달하였다(노동청의 집계에 의하면 3개 시장을 합하여 428개 작업장에 노동자는 7,600여 명이라고 하였는데, 이것은 부정확한 것이며, 특히 노동자의 숫자는 노동청이 직접 조사한 것이 아니라 각 업주들이 신고한 숫자를 그대로 합산한 것이었다. 업주들은 자신의 업체가 근로기준법 규정의 고용을 받는 종업원 16인 이상의 업체가 되지 않도록*** 실제 숫자보다 훨씬 줄여서 신고하였으므로 위와 같은 결과가 나타난 것이다).

이 3개 시장은 당시 전국 규모의 각종 기성복 공급시장으로서 확

---

* 시장의 개설, 운영에 관한 법률. 1961년 제정되었고, 1986년 도소매업진흥법이 제정되면서 폐지되었다.

** 현 고용노동부는 1948년 정부 수립 당시 사회부 노동국으로 출발했다. 1955년 보건사회부 소속이 되었다가, 1963년 보건사회부 노동청, 1981년 노동부로 승격했다.

고한 상권을 가지고 있었다. 거의 모든 작업장(공장)들은 대부분 건물의 2층과 3층에 자리 잡고 있어서 여기서 생산되는 제품이 아래층에 자리 잡고 있는 점포(판매장)로 운반되어 도매 또는 소매된다. 생산되는 제품은 계절에 따라 다른데, 가을과 겨울에는 주로 잠바·바바리코트·스웨터 등이, 그리고 여름에는 주로 홑잠바와 바지 또는 남방셔츠나 수영복 등이 생산된다. 이 제품들은 부산·대구·광주·인천 등 대도시는 물론이요, 교통이 불편한 강원도의 영월·철원과 심지어는 바다 건너 제주도에까지 흘러나가고 있어서, 1970년 현재 전국 기성복 수요의 약 70%를 충족시키고 있었다.

소비자들이 주로 '서울 물건'을 찾는 데다가 숙련기술공들이 대부분 3개 시장으로 몰리는 까닭에 지방에 분산되어 있는 피복제조업자들은 이 3개 시장의 상권에 도저히 맞설 수가 없어서 도산하거나 아니면 시장 주변으로 옮겨오게 되었고, 그리하여 평화시장 일대는 나날이 팽창하고 있었다.

경기가 좋을 때는 평화시장 일대에서 "만들기만 하면 팔린다"라는 말이 통할 정도였다. 추석 대목과 같은 시기에는 각처의 소매상들이 줄을 지어 빽빽이 늘어서서 갓 생산된 제품을 사가려고 현찰을 들고 기다리고 있는 모습도 볼 수 있었다. 이들 3개 시장 일대의 사업주들은 태반이 400~600만 원, 고작해야 1,000만 원 정도의 자

*** 1953년 제정된 근로기준법은 휴짓조각이나 마찬가지였다. 1962년 9월 25일 개정된 대통령령은 상시 15인 이하 사업장에 근로기준법이 적용되지 않도록 했다. 16인 이상 30인 미만 기업들에게 퇴직금 지급, 월차 유급휴가, 여성의 시간외 근로시간 제한에 대한 의무 등을 면제해주었다. 이 독소조항은 전태일의 분신항거 이후 5년이 지난 1975년에 와서야 5인 이상 사업장으로 개정됐다.

본을 가지고 사업을 하는 영세업자들이기는 하지만, 경기만 제대로 타면 미싱 서너 대를 놓고 시작한 업주가 불과 1~2년 사이에 스무 대, 서른 대의 미싱을 차려놓고 사업을 벌이며, 그밖에도 집도 사고 땅도 살 만큼 치부(致富)하는 경우가 비일비재하였다.

그러나 평화시장 일대의 이러한 번영이나 업주들의 치부와는 너무나도 대조적으로 거기에서 일하는 노동자들의 노동조건은 실로 참혹한 것이었는데, 여기에 대해서는 뒤에서 자세히 이야기하기로 한다. 피복공장 내의 직종은 대체로 재단사, 미싱사, 미싱보조, 재단보조, 시다* 등으로 나눌 수 있다(이밖에도 제품을 마무리하는 '마도메'** 와 다리미질하는 '시아게' 등의 기능이 분화되어 있는 곳도 많다).

1970년 현재 각 시장별 노동자 분포를 보면, 동화시장이 160개 작업장에 4,800명, 통일상가와 그 근접 건물이 200여 개 작업장에 8,000명, 평화시장과 신평화시장을 합쳐 500여 개 공장에 14,000명 정도의 종업원이 있었다.

이 가운데 한 예로 평화시장의 경우를 보면, 총인원 약 1만 명 가

---

* 도배 작업을 할 때 먼저 붙이는 밑종이, 또는 그걸 붙이는 일을 가리키는 일본어 시타바리(下張り)에서 유래해, 견습공을 지칭하는 속어로 쓰이게 되었다. 시다 (정확한 일본어 발음은 시타)의 한자(漢字)는 아래를 뜻하는 '下' 자(字). 인간의 일상에 뿌리를 박은 차별과 억압을 상징하는 데 이 이상 비참한 단어가 또 없다.

** 일본어의 원뜻은 요약 또는 수습. 옷을 만들 때, 안감이나 옷깃, 주머니의 마무리 바느질이나 실밥을 뽑아내 허술하고 거친 부분을 다듬는 작업이다. 시아게는 우리 말로 하면 '끝손질'인데, 봉제공장에서는 완성된 옷을 출하하기 직전 다림질하는 공정을 가리킨다. 마도메와 시아게 모두 그런 일을 하는 직공이라는 뜻으로도 쓴인다.

운데 미싱사(미싱보조 포함)가 4,000명, 시다가 4,000명, 재단사가 300명, 재단보조가 400명이었고, 그밖에 시아게·공장장·점원을 합쳐 300명, 업주는 1,000명 정도였다. 이중 미싱사와 시다는 대부분이 여공들이고 재단사와 재단보조는 주로 남자들로, 평화시장 일대를 통틀어 여공이 약 80~90%를 차지하고 있다고 보면 좋을 것이다.

'시다'란, 말이 견습공이지 실제로는 하나의 독립된 임무를 담당하는 노동자라서, 보조 없이는 일해도 시다 없이는 일 못한다고 하는 정도이다. 시다의 직책은 작업장에 따라 또는 작업의 종류에 따라 반드시 일정하지는 않다. 미싱사(혹은 재단사)가 일을 할 수 있도록 보조해주는 것이 시다의 일이며, 하루 종일 다리미질과 실밥 뜯는 일, 실과 단추를 나르는 일부터 업주나 미싱사나 재단사의 사적인 잔심부름까지도 하게 되는 무척 힘겨운 노동을 하고 있다.

시다는 대부분 가정이 어려워 중학교에 진학하지 못한 12~15살의 소녀들이 기술을 배워 집안을 도와보겠다는 생각으로 들어간다. 일이 바쁜 철이면 평화시장 일대의 공장들 문 앞에는 '시다 구함'이라는 구인광고가 몇 공장 건너 하나씩 나붙어 있을 정도로 일자리는 많다. ·

멋모르고 시다가 되었던 어린 소녀들 중에는 몇 달만 일하고 나면 그 고된 생활에 질려서 직장을 그만두고 나가는 사람들이 많은데, 그렇지 않고 재단사나 미싱사 밑에서 약 1년 반 내지 2년 동안 노동한 끝에 보조공으로 승격되어 월급도 시다보다 많이 받는 경우도 있다. 미싱보조의 경우, 보조생활을 시작한 지 대체로 3~4년이 지나면 미싱사로 독립할 수 있다. 일류 미싱사가 되면 자신의 밑에

보조공을 둔다. 이른바 '오야'* 미싱사로서 작업량에 따라 보수를 받게 된다(오야 한 사람, 보조 한 사람, 시다 2명으로 되는 4인 1조의 작업조가 짜여지는 것이 보통이다). 일류 미싱사가 되기 위해서는 견습공 생활부터 시작하여 대체로 6~8년이 소요된다.

각 작업장에는 평균하여 10대 정도의 일본제 고속재봉틀이 있는데, 재봉틀 1대에 미싱사 1명, 시다 1명이 배치된다. 재봉틀 10대가 있는 작업장의 경우 10명의 미싱사(재봉보조공 포함), 10명의 시다, 그리고 재단사 1명과 재단보조 1명 정도의 노동자가 근무하게 된다. 재단사는 작업장에 쌓인 원단을, 생산할 제품의 크기와 모양에 따라 일정한 치수로 재단을 하여 각 작업조에 그날그날의 일거리를 나누어준다.

시다는 받침대 위에다 재단사로부터 받은 옷감을 올려놓고, 그것을 미싱사가 재봉을 할 수 있도록 접어서 다리미질을 하여 재봉대 위에 대주며, 그렇게 하여 재봉이 다 되어 나온 것을 다시 받아서 주머니 구멍을 가위로 따거나 재봉한 자리에 남아 있는 실밥을 뜯어낸다.

오야미싱사는 시다가 갖다준 일감을 비교적 쉬운 것은 보조에게 주고 어려운 것은 자신이 직접 재봉을 하는데, 잠바의 깃이나 지퍼, 소매를 다는 일 등은 오야가 전담하고, 주머니달기나 잠바 안쪽 같은 것은 보조에게 넘긴다. 완성된 제품은 마도메(완성공)에게 넘겨져 실밥을 따고 단추를 단 후, 다시 시아게로 넘겨져 다려진 후 시장

---

* 일본어 오야지의 준말. 한자로는 '親父'라고 적지만, 아저씨라는 뜻도 있다. 일터나 공사판에서 작업이나 시공 일부를 하청받아 노무자들을 지휘하는 책임자를 오야지라고 부른다.

1층 점포에 진열되거나 또는 전국 각지로 수송된다.

　이상의 개관에서 짐작할 수 있듯이 평화시장 일대의 피복제조업이란 고도의 노동집약 기업인 동시에 가내공업이나 다름없을 정도로 영세한 규모이며, 그 노동의 성격은 숙련노동에 속한다. 이러한 영세업자들의 치부의 비결이란 극단적인 저임금에 있다는 것은 두말할 나위도 없는 사실이다. 더욱이 평화시장 일대에 수없이 밀집되어 있는 이 영세기업체들은 일찍부터 '평화시장주식회사'라는 그들의 동맹기구를 통하여 알게 모르게 일종의 저임금 기업연합을 형성하였다. 그들은 노동자들을 억압하는 공동전선을 펴고 있는 반면에, 수많은 소규모 작업장에 분산되어 있으면서 거의 숨 돌릴 틈도 없이 장시간 노동에 시달리고 있던 노동자들이 자신들의 권익을 위하여 단결하고 쟁의를 일으킨다는 것은 전태일의 기적이 일어나기 전까지는 거의 불가능한 일이었다.

　미조직 상태의 평화시장 일대 노동자들은 상당 수준의 숙련된 기술을 지니고 중노동을 하면서도 한국에서는 최하급 수준인 노동조건 아래 시달리고 있었다.

　더욱이 이 노동자들의 직장 보장은 매우 불안하고 불완전한데, 추석대목이나 크리스마스나 또는 설날 같은 때에는 일거리가 밀리면 보름씩 또는 한 달씩 계속하여 철야작업을 강행할 정도로 눈코 뜰 새 없이 바쁜 반면에, 대부분의 공장들이 이른바 비철(비성수기)이 되면 일정한 기간은 일거리가 줄어들거나 아니면 아예 떨어져서 문을 닫아버리기 때문이다(예컨대 설 후의 보름 내지 한 달 정도와 여름철인 7~9월 사이).

이 무렵이면 으레 실업자들이 대량으로 쏟아져나오게 되고, 요행히 해고되지 않은 노동자들의 경우도 오전에는 일하고 오후에는 빈둥빈둥 앉아서 시간을 보내는 식으로 반(半)실업 상태가 된다. 철이 바뀔 때마다, '인간시장'이라는 슬픈 이름으로 부르는 평화시장 앞 길거리에는 일자리를 찾아 헤매는 노동자들이 홍수처럼 밀려들었고, 철새처럼 철마다 직장이 바뀌는 노동자들도 적지 않았다.

일류 미싱사들의 경우에는 대목 때 철야작업을 해서라도 올린 수입으로 해마다 어김없이 찾아오는 이 지긋지긋한 실업의 계절을 그럭저럭 넘기는 일이 가능하였지만, 그렇지 못한 보조나 시다들의 경우에는 이 기간을 견디지 못하여 아예 피복제조업을 떠나 다른 계통에서(예컨대 가정부, 술집 접대부, 버스 차장, 냉차장사 등등) 돈벌이를 찾는 경우도 허다하였다.

전태일이 평화시장 노동자로서 첫발을 들여놓은 것은 1964년 봄경, 그의 나이 16세 때에 시다로 시작하였다. 그 뒤로도 그는 평화시장에서만 일하지 않고 구두닦이, 우산장사 따위의 일을 간간이 하였는데, 그가 평화시장 노동자로서 본격적으로 일하게 된 것은 1965년 가을 무렵으로 보인다.

그가 시다로 취직하게 된 경과는 이러하다.

태일이 동생 태삼과 서울에서 다시 만나 두 형제가 나란히 구두통을 메고 다니던 때의 일이었다.

하루는 그가 구두를 닦으러 돌아다니다가 평화시장 근처에까지 와서 어떤 학생복 맞춤집(삼일사) 앞에 '시다 구함'이라고 써붙인 광고를 보았다. 그 다음날 그는 찬물에 깨끗이 목욕을 하고 헌 누더기 옷의 떨어진 곳을 깁고 깨끗이 빨아서 다려 입은 후, 그곳을 찾아갔다. 주인은 몇 마디 물어보지도 않았다. 이렇게 하여 태일은 오랫동안의 떠돌이 생활을 청산하고 임금노동자 생활을 시작하였다.

일반적으로 구두닦이 · 껌팔이 · 신문팔이 · 양아치 · 창녀 따위의 일종의 떠돌이 실직 청소년들이 임금노동자로 취직을 할 때, 그것은 그들의 인생에 하나의 중대한 변화가 일어난다는 것을 뜻한다. 그들은 이 변화가 다소 부자유스럽고 고되기는 하지만 안정된 직장에서 기술을 배워 일생의 생계를 확보한다는 뜻으로 받아들인다. 그들은 이것을 "마음잡았다"고 표현하기도 한다. 어느 창녀가 동료였던 ○○를 오랜만에 만나서, "애, ○○야! 너 요새 뭐하니?" 하고 물었더니 ○○가 대답하기를, "응, 나 요새 **마음잡고 빠**에 나가" 하였다는 참혹한 농담도 있다.

섬사람들의 오랜 소원이 뭍에 나가 사는 것이라면, 시골 농부의 소원이 자식에게는 지게를 지우지 않는 것이라면, 떠돌이 청소년들— '거리의 천사'들의 오랜 꿈은 바로 안정된 직장생활을 하며 기술을 배워 안락하게 살 수 있게 되는 것이다. 숱한 버림받은 거리의 천사들이 끝내 그 생활에서 벗어나지 못할 때 가는 곳이란 형무소를 제집 드나들 듯하는 범죄생활의 숨막히는 진구렁뿐이다.

그러나 어디에 기술을 배울 수 있는 **안정된** 직장이 있는가? 많은 거리의 천사들은 그나마 그들에게 좁은 문을 벌리고 있는 숱한 공장과 작업장들이 실은 그들의 목숨을 좀먹는 노동지옥이라는 사실을 이미 알고 있다. 그들은 결국(선택의 기회가 있는 경우라도) 형무소냐 노동지옥이냐, 이 두 가지 중의 하나를 선택하기 위하여 고뇌하지 않으면 안 된다.

전태일은 우선 저 지긋지긋하고 불안하였던 떠돌이 생활을 청산할 수 있게 되었다는 사실에 흥분을 느꼈다. 첫 출근을 하는 날 그의 가슴은 새로운 희망과 꿈으로 부풀었다. 지금 당장 생활이 해결되는 것은 아니었다. 오히려 구두닦이 때보다 더 궁핍한 생활, 더 고된 노동에 시달려야 할 형편이었다. 그러나 이 모든 것을 이겨나가며 기술을 배울 때에는 새로운 살길이 열리리라는 희망, 그것이 그의 어린 어깨를 들썩이게 했다.

한 달 월급은 1천5백원이었다. 하루에 하숙비가 1백20원인데 일당 50원으로는 어림도 없는 일이었지만 다니기로 결심을 하고, 모자라는 돈은 아침 일찍 여관에서 손님들의 구두를 닦고 밤에는 껌과 휴지를 팔아서 보충해야 했다. 뼈가 휘는 고된 나날이었지만, 기술을 배운다는 희망과 서울의 지붕 아래서 이 불효자식의 고집 때문에 고생하실 어머니 생각과 배가 고파 울고 있을지도 모르는 막내동생을 생각할 땐 나의 피곤함이 문제가 되지 않았다.

이것이 전태일이 처음 시다 생활을 시작할 때의 기록이다. 14시간 노동에 커피 한 잔 값밖에 안 되는 일당 50원*, 기막힌 저임금이라고 생각되지 않는가?

* 2020년 현재 최저 시급은 8,500원이다. 14시간 노동이면, 연장근로수당을 적용하지 않더라도, 11만9천원이다.

평화시장에서 시다로 갓 취직했을 무렵
동료 시다, 미싱보조들과 함께
(뒷줄 왼쪽에서 세 번째가 전태일, 1964년 봄)

그러나 전태일은 아직 그런 것을 깊이 생각할 여유를 가질 수가 없었다. 하물며 그것을 시정하여야 하겠다는 생각은 엄두도 낼 수 없었다.

이 당시 무엇보다도 그의 머리에 꽉 들어차 있었던 것은, 주어진 조건 속에서 열심히 일하고 빨리 기술을 배워 셋방 한 칸이라도 얻을 수 있을 만한 돈을 장만하여 식모살이하는 어머니와 길바닥에 버렸던 막내 순덕이를 데려오는 일이었다. 그리고도 그에게 꿈이 있었다면 그것은 생활의 여유를 가지고 나서 고학으로 대학교까지 마치겠다는 절실한 집념이었다.

시다 생활을 시작한 지 얼마 후, 마침내 음식점 '도원'으로 찾아가 어머니를 만났던 순간에도 그는 또다시 "빨리 기술자가 되어야 한다"는 다짐을 되새겼었다.

나의 말할 수 없는 죄책감과 눈에 표나게 야위어버린 어머니의 얼굴은 나로 하여금 어서 빨리 돈을 벌어 다른 사람보다 어머니를 좀 더 편안하게 모시리라 다짐하게 했다.

어머니와 힘을 합쳐 남산동 50번지에 셋방을 얻게 되고, 어머니가 중앙시장을 다니면서 야채장사를 하여 태일이 형제의 생활을 도와주게 되면서부터는, 그는 "새벽에 여관에 가서 구두 닦는 일, 밤늦게 껌과 휴지를 파는 일을 하지 않아도 되는, 열심히 기술만 배우면 되는 전보다 몇 배나 편안한 생활"(?)을 하게 되었다.

원래 미싱일에 경험이 있었던 태일은 남달리 빨리 익힌 기술이 주인에게 인정되어, 월급도 한 달에 3,000원을 받았고 잔심부름을 하지 않아도 되는 '미싱보조'가 되었다. 그의 가족이 모두 다시 모여 살게 된 것이 이즈음이었다. 삼일사의 미싱보조로 기술을 어느 정도 배운 그는, 1966년 가을에는 평화시장 뒷골목 통일사에서 어린아이들 막바지를 만드는 미싱사로 취직을 했다.

미싱일을 시작할 때 전태일의 나이 열일곱. 오랜 방황도 끝나 가족이 모여 살게 되고, 원하던 기술도 익히면서 그는 청년노동자로서 성장하고 있었다. 그러나 기술을 배워 어머니, 아버지를 편히 모시겠다던, 그리고 끊어졌던 배움의 길을 뒤늦게나마 다시 걷겠다던 그의 간절한 소망이 이루어지기 전에 평화시장의 지옥과 같은 처참한 노동 현실이 그의 가슴을 압박해왔다. 떠돌이 생활의 악몽이 채 가시기도 전에 임금노동자로서의 괴로움이 그의 꿈을 짓밟고, 그의 분노를 들끓게 하는 쇠사슬로 등장하였다.

다락방 속의 하루

무슨 말로부터 시작해야 할까? 평화시장의 저 참혹한 노동에 관한 이야기를……

여기 열세 살의 한 여공이 있다고 하자. 그 아이의 이름은 시다, 평화시장의 시다이다. 집안이 가난하지 않았더라면 아마도 한창 부모에게 어리광을 부리며 중학교 1학년쯤에 다니고 있을 나이이리라. 그러나 그녀는 답십리 빈민촌의 한 판잣집 단칸방에 살며 평화시장에 다닌다.

하루 중에 가장 속상한 때는 이른 아침 언니가 잠을 깨울 때이다. 제발 그놈의 잠 한번 실컷 자봤으면 원이 없겠는데, 정신없이 자는 그녀를 언니는 매정하게도 몇 차례고 뒤흔들어 기어이 깨워놓고야 만다. "5분만 더 누웠다 일어날게, 제발 좀 내버려둬줘" 하고 애원을 하건만, 그러나 언니는 이 측은한 동생이 언제나처럼 아침 8시 전에 평화시장에 닿아야 한다는 것을 알고 있다.

세수를 하는 둥 마는 둥, 아침밥을 먹는 둥 마는 둥 하고 나서 바삐 집을 나선다. 만원버스 속에서 시달리다가 청계천 6가쯤에서 내릴 때면 벌써 아침밥 먹은 기운은 다 빠져버린다. 그러나 정작 고된 것은 이제부터다. 조금 후 그녀는 평화시장 3층의 어두침침한 복도를 지나 숨이 턱턱 막히는 먼지구덩이의 작업장 속으로 빨려 들어간다.

작업장은 약 8평 정도. 재단판과 열너댓 대 되는 재봉대(미싱다이)와 거기에 맞붙은 시다판들이 가뜩이나 비좁은 방 안에 꽉 들어차고, 그 틈서리 틈서리에 핏기 잃은 창백한 얼굴의 종업원 32명이 끼어 앉아 일한다. 바닥에서 천장까지의 높이는 약 1.5미터 정도. 이것이 저 악명 높은 평화시장의 다락방이다. 원래는 높이 3미터 정도의 방이었던 것을 공중에다 수평으로 칸막이를 하여 그것을 두 방으로 만든 것이다. 이 넓고 넓은 세상에 왜 그녀에게는 이렇듯 좁은 공간밖에 주어지지 않는 것일까? 여공들은 허리를 펴고 걸어 다닐 수가 없다. 청계천 6가 쪽 고가도로를 차를 타고 달리면서 이 작업장들을 보면 마치 무슨 돼지우리나 닭장을 보고 있는 것 같은 느낌이 든다.

이 밀폐된 닭장 속에 갇혀서, 끊임없이 재봉틀의 소음 속에서, 그녀는 하루 종일 햇빛 한번 보지 못하고 아침 8시부터 밤 11시까지 노동을 한다. 작업 도중에 일어나 변소 한 번 가려고 해도 '주인아저씨'와 '미싱사 언니'들의 눈치를 보아야 한다. 그녀가 하는 일 중에서 가장 고된 것은 다리미질이다. 겨우 열서너 살짜리 소녀가 고사리 같은 손으로 열을 훅훅 뿜어내는 그 무거운 다리미를 들고 옷감이 눋지 않도록 온 신경을 써가면서 다리미질을 하는 것이다.

그것도 한 번이나 두 번 하고 그만두는 것이 아니라 온종일 끝도 없이 되풀이하는 것이다. 그뿐인가? 하루에도 수십 번씩 그 위험한 사다리를 타고 다락방을 오르내리며 공장 안의 크고 작은 온갖 심부름을 해야 한다. 재봉이 된 것을 되돌려받아 일일이 실밥을 뜯어내는 것도 여간 고역이 아니다.

더욱 견디기 어려운 것은 주인아저씨나 미싱사 언니에게서 일 잘 못한다고 하루에도 몇 번씩 야단을 맞는 일이다. 별의별 욕설도 다 들어야 하고 때로는 매까지 맞아야 한다. 기름 냄새, 땀 냄새, 원단에서 나는 냄새, 옷감을 자르고 재봉할 때마다 풍기는 먼지 속에 둘러싸여 하루를 보내노라면, 눈에서는 눈물이 나오고 코를 풀면 시커먼 콧물이 나온다.

일거리가 밀려 야간작업을 할 때면 정말이지 살고 싶은 마음이 안 난다. 연거푸 이틀 밤, 사흘 밤을 꼬박 새워가며 일할 때에는 정신이 아득하여 저도 모르게 눈이 저절로 감긴다. 졸지 말고 밤일 잘 하라고 주인아저씨가 사다 준 잠 안 오는 약*을 먹고 억지로 밤을 새워 일한 다음날에는 팔다리가 제대로 펴지지 않고 눈만 멀뚱멀뚱

* 가장 흔했던 게 '타이밍'이라 불린 각성제였다.

한 산송장이 되는 일도 있다. 집에서 쉬는 날이라고는 한 달에 이틀뿐. 부잣집 아이들이 부모를 따라 자가용차를 타고 주말농장 같은 곳으로 놀러나갈 때에도 평화시장의 열세 살짜리 소녀는 햇빛이 통하지 않는, 어두운 작업장에 갇혀 14시간 이상을 꼬박 일해야 했다.

이렇게 뼈빠지게 일을 해도 그녀의 한 달 임금은 평균 3,000원 (1970년도 현재) 왕복 교통비를 제하고 나면 별로 남는 것이 없다.* 집안 생계에 조금씩 보태고 나면 점심을 사먹을 여유가 없어서 1개에 1원하는 풀빵 몇 개로 점심을 때우거나 아니면 아예 굶으면서 일하는 시다들이 태반이 넘는다. 삶은 파처럼 지친 몸을 무겁게 끌고 꾸벅꾸벅 졸면서 밤 11시가 넘어 집으로 돌아오면 밥술을 뜨는 둥 마는 둥 하고 옷 입은 채로 그대로 쓰러져 눕는다. 좁은 방 안에 여러 식구가 꽉 들어차 누우니 다리 한번 마음대로 뻗어보지 못한다.

잠시 온몸이 결리고 팔다리가 쑤시다가 곧 곯아떨어진다. 새벽이 되면 또 일어나자마자 출근이다. 밥 먹을 여유가 없는데 소화시키기 위하여 쉴 여유가 어디 있겠는가? 태어나면서부터 굶주림에 익숙해져버려 영양실조에 걸려 있는 그녀는 이미 미싱사 언니들이 모두 앓고 있는 신경성 위장병이라는 병을 새로이 얻었다.

언제나 끝나려나. 끝도 없이 되풀이되는 지긋지긋한 생활……

때때로 일거리가 떨어져 작업장에 앉아서 빈둥빈둥 시간을 보내게 될 때면, 그녀는 멍하니 "이제 나는 어떻게 되는 걸까?" 하고 생각을 해본다. 차라리 다른 시다들처럼 그만두고 딴 공장으로 옮겨

---

* 1970년 서울 시내버스 요금은 15원이었다. 임금의 1/3이 출퇴근하는 데 들어간 셈이다.

가볼까? 그러나 별달리 아는 데가 없다. 빨리 기술을 배워서 미싱사 언니들처럼 두툼한(?) 월급봉투를 집으로 가져가야지 하는 꿈에 잠시 가슴이 부풀기도 한다. 그러나 며칠 전에 어떤 미싱사 언니가 해준 말을 생각하면 또다시 맥이 풀린다.

"……평화시장의 여공생활 8년 만에 남는 것은 병과 노처녀 신세뿐이더라. 너만한 나이 때 어떤 수를 써서라도 일찌감치 평화시장을 빠져나가는 것이 현명한 일이야."

사실 평화시장에서 한 5년 이상 일한 미싱사 언니들을 보면 한심한 생각이 든다. 누렇게 뜬 핏기 없는 얼굴, 퀭한 눈동자, 그리고 거의 전부가 기관지염, 안질, 빈혈, 신경통, 위장병 따위의 환자들이다. 저래가지고 시집인들 제대로 갈 수 있을까? 평화시장 여공은 데려가도(결혼) 한 3년밖에 못 써먹는다더니, 정말이지 3년이나 제대로 써먹을 수 있겠는지 몰라…….

열세 살 소녀인 이 시다에게도 이제 곧 그러한 질병들이 차례차례로 찾아들 것이다. 그리하여 그녀의 마음은 항상 어둡다.

웃고 뛰놀자
그리고 푸른 하늘을 쳐다보며
오늘을 생각하고 내일에의 꿈을 키우자

남산 어린이회관* 앞 비석에 새겨진 이 구호는 평화시장의 어린 여공들에게는 전혀 해당되지 않는 꿈같은 얘기이다.

웃으며 뛰놀 수 없다.

먼지구덩이 속에서 주린 배를 안고 온종일 햇빛을 못 보며, 자꾸만 쏟아지는 졸음을 억지로 막아내며 손발의 감각이 마비되도록 일해도 그날그날의 끼니조차 잇기 어려우며, 병든 부모에게 약 한 첩 변변히 사드리지 못한다.

웃고 뛰놀 수 없다.

그럴 시간적 여유도 없거니와, 찌푸린 마음을 활짝 펴고 뛰놀 정신적 여유도 없으며, 또 뛰놀고 싶어도 뛰놀 장소가 없다.

평화시장에도 점심시간은 있다. 약 30분. 경우에 따라서는 약 1시간. 점심을 굶어야 하는 어린 여공들은 무료한 시간을 보내기 위하여 평화시장 건물의 옥상으로 올라간다. 주위를 둘러보아도 매연과 소음으로 가득 찬 청계천 바닥. 오락시설이 없는 그 옥상에서 그녀들은 거기에 깔린 돌멩이들을 주워가지고 이웃한 덕수상업고등학교** 운동장으로 던지는 것으로 시간을 보낸다. 이것이 그들의 짧막한 여가시간이다.

그들에게는 '푸른 하늘을 쳐다볼' 권리도 없고, '오늘을 생각할' 시간도 없으며, '내일에의 꿈을 키운다'는 건방진 여유는 더더구나 없다. 책 한 페이지 볼 시간이 없는 그들, 남들처럼 학교에 다니고 싶은 마음이 왜 없으랴만 아예 꿈도 꿀 수 없는 그들, 한창 피어나야

* 어린이회관은 1970년 서울 남산에 육영재단이 지었다. 육영재단은 박정희 대통령 부인 육영수가 어린이 복지사업을 위해 설립한 재단법인이다. 꼭대기에 돔 형태의 회전 스카이라운지를 운영하는 등, 어린이회관은 개관 당시부터 상처받은 동심을 어루만지기는커녕 소외감만 부채질한다는 비판을 많이 받았다. 1975년, 남산의 건물을 국립중앙도서관에 넘기고, 성동구 능동의 어린이대공원에 새 건물을 지어 옮겼다.

** 당시 을지로6가에 있던 이 학교는 1978년 성동구 행당동으로 이사했다.

할 어린 마음이 나날이 겪는 기업주의 눈총과 쌓이는 생활의 번민에 못 박혀 어둡게 굳어져야만 하는 그들, 세월이 갈수록 늘어가는 것은 피로와 권태와 질병뿐인 그들, 평화시장의 여공들에게 내일은 없다. 하루하루 모진 목숨을 이어나가야 하는 숨막히는 노동의 질곡만이 있을 뿐이다.

그들은 결국 스스로의 젊음과 소망과 건강과 생명을 그날그날 깎아먹으며 살아야만 하는 피팔이(賣血) 인생들이다.

평화시장의 인간조건

전태일이 있었던 당시의 평화시장의 노동조건은 대체로 다음과 같았다.

노동시간은, 작업량이 비교적 많은 기간(가을·겨울·봄)은 보통 아침 8시 반 출근에 밤 11시 퇴근으로 하루 평균 14~15시간이었다. 일거리가 밀릴 때에는 물론 야간작업을 하는 일도 허다하며, 심한 경우는 사흘씩 연거푸 밤낮으로 일하는 경우도 있다. 업주들이 어린 시다들에게 잠 안 오는 약을 먹이거나 주사를 놓아가며 밤일을 시키는 것도 이런 때이다.

한 달을 통틀어 휴일은 이틀. 제1주일과 제3주일의 일요일인 경우가 대부분이었으며, 그것이나마 꼭 지켜지지는 않았다. 여성 노동자가 대다수를 차지하고 있는 이곳에서 생리휴가라는 것은 있어 본 일도 없고 생각도 할 수 없는 일이었다. 요컨대 평화시장 일대의 노동자들에게는 일정한 '노동시간'이라는 것이 처음부터 아예 없으며, 업주가 필요로 할 때에는 언제든지 노동을 해야 했다.

아침 8시경에 출근하여 재봉틀 앞에 앉으면 낮 1시 점심시간이 되어서야 잠시 허리를 펴게 되고, 앉은 자리에서 도시락을 후딱 먹어치우고는 다시 허리를 꾸부리고 작업에 들어가 밤 10시나 11시가 되어서야 자리에서 일어나는 생활, 중간에 변소 가는 일도 거의 없는 참으로 불가사의한 생활이 평화시장 여공들의 일과였다.

게다가 이들이 해내고 있는 작업은 아는 사람은 알겠지만 격무 중에도 격무이다. 미싱사들의 경우 종일 허리를 꾸부리고 앉아서 행여 1밀리미터라도 착오가 생길세라 신경을 곤두세우고 눈의 초점을 재봉바늘 끝에 고정시킨 채로 손가락에 뻣뻣이 힘을 주어 옷감을 누르고 발로는 쉴 새 없이 재봉틀을 밟는다. 두꺼운 것을 박을 때에는 손가락에다 힘을 주는 것이 어깨를 통하여 온몸으로 힘이 가고 입매까지 굳어져버린다. 숙련된 미싱사라도 이렇게 오전 몇 시간을 일하고 나면 예외 없이 어깨와 등허리가 뻑뻑하게 결린다. 우선 손목이 시어서 견딜 수가 없고, 심한 경우에는 점심 먹을 때 젓가락질을 할 수가 없을 정도이다. 미싱사의 손가락 끝은 살갗이 닳고 닳아서 지문이 없다. 지퍼를 달 때에는 둘째와 셋째 손가락 끝이 빨개져서 누르면 피가 솟아나온다. 하루의 일을 끝내고 자리에서 일어나면 어지럼증이 나고, 장딴지가 띵띵 붓고 몸 구석구석이 쑥쑥 아리며, 힘이 빠져서 걸음을 걷기가 힘들다. 퇴근할 때 구두를 신으려면 부어오른 발등이 구두에 들어가지 않아 억지로 구두끈을 졸라맨다. 미싱사들의 발등에는 거의 예외 없이 구두끈 자국이 남아 있다.

이상은 물론 미싱사들의 노동 참상의 극히 작은 일부분에 대한 묘사에 지나지 않는다. 단춧구멍을 뚫는 미싱사의 시다로부터 출발하여 5년 만에 독자적인 미싱사가 되었다고 하는 한 노동자의 예를 보자.

배(裵)군은 요즘 들어서는 제품이 밀려 밤 11시까지 일하고 아침 7시에 일어나서 다시 "큐큐"(단춧구멍 뚫는 기계) 앞에 앉게 된다고 말하면서도, 그래도 작년보다는 낫다고 자위하고 있다.

작년에는 보세가공 제품이 너무 밀려 꼬박 이틀 밤을 새웠는데, 주인이 좀 쉬라고 해서 일어섰더니 정신은 멀쩡한데 몸을 가눌 수가 없어 그대로 쓰러졌고 목에서는 응어리진 핏덩이가 나오더라고 말하였다. 그는 지금도 아침에 일어나면 몸이 천근만근 무겁고, 아찔한 현기증이 오며, 코라도 풀라치면 골이 쏟아지는 것처럼 아파오고 새까만 것이 콧물에 섞여 나온다고 한다.

— 「르뽀 평화, 동화, 통일시장」, 『신동아』, 1971년 1월호

이렇게 장시간의 중노동을 해내는 노동자들의 임금은 도대체 얼마나 되는가.

우선 노임 지불제도를 보면 미싱사, 미싱보조, 견습공의 경우 대부분이 정액 월급제가 아니라 작업량에 따라(예컨대 1매당 얼마라는 식으로) 지불되는 도급제*이다. 따라서 견습공과 미싱보조의 임금은 업주가 직접 지불하지 않고 오야미싱사가 지불하게 되는데, 이것은 근로기준법상의 임금 직불원칙에 위배되는 것으로, 이에 의하여 견

습공과 보조공의 저임금이 합리화되고 있다.

평화시장 일대의 이러한 도급제도는 업주에게는 유리하게, 노동자들에게는 불리하게 작용한다. 작업량에 따라 수입이 크게 달라지기 때문에, 생활고에 쫓기는 임시공들은 노동시간 단축이나 임금인상 투쟁에 관심을 가지기보다는 하나라도 더 제품량을 늘려서 수입을 올리는 데만 신경을 쓰게 되고, 어떤 경우에는 몸이 가루가 되든 말든 일감이 많아져서 노동시간이 길어지는 것을 오히려 환영하는 경향까지 있다.

또 비철의 경우 일감이 적을 때라도 노동자들은 언제 무슨 일이 주어질지 확실히 알 수 없으므로 작업장에서 시간을 보내며 하다못해 주인의 잔심부름이나 청소 따위의 일까지 하게 되는데, 거기에 대해서는 일절 보수가 지급되지 아니한다. 더욱이 일거리가 밀리는 대목 같은 때에도 일을 시작하기 전에 미리 제품 1매당 얼마를 준다는 합의를 분명히 해두지 아니하고 그냥 일을 시키고 나서 일이 다 끝난 다음에야 업주가 일방적으로 그저 재량껏 주기 때문에, 노동자들은 실제 작업량에 비하여 정당한 대가를 받지 못하게 되는 경우가 대부분이다.

그것은 그렇다 치더라도, 도대체 이렇게 하여 노동자들에게 지불

* 노동자가 생산한 상품이나 재화의 수량, 가격, 매출액으로 임금을 결정하는 제도. 쉽게 말해, 얼마만큼 만들면(또는 얼마만큼 팔리면) 얼마만큼 준다는 식이다. 도급제는 장시간 노동의 온상 가운데 하나이며, 경기가 나쁠 때는 노동자를 반실업 상태로 몰아간다. 근로기준법 제47조는 "사용자는 도급이나 그 밖에 이에 준하는 제도로 사용하는 근로자에게 근로시간에 따라 일정액의 임금을 보장하여야 한다"라고 규정, 장시간 노동과 임금 삭감 효과를 막고 있다. 이 조항은 전태일 당시에도 있었다.

되는 임금의 수준이 어느 정도인가 하면, 이것은 극히 낮은 저임금이다.

같은 직종의 노동자라도 경력·숙련도·제품 종류 등에 따라서 그 노임이 일정하지는 아니하나, 1970년도 당시 전태일이 조사한 바에 의하면 대체로 시다가 월 1,800원에서 3,000원까지, 미싱사가 7,000원에서 25,000원까지, 미싱보조가 3,000원에서 15,000원까지, 그리고 재단사가 15,000원에서 30,000원까지 받고 있었다. 시다의 경우, 열서너 살짜리 여공이 하루 14시간 이상의 중노동을 하여 받는 일당이 70원꼴이었다. 그나마 제 날짜에 받지 못하고 닷새나 열흘씩 체불되는 것이 보통이고, 주인이 장사가 뜻대로 안 될 때에는 제대로 임금을 받지 못하고 몇 달씩 밀리거나 아주 못 받게 되는 일도 허다하였다.

그러나 무엇보다도 평화시장 일대 노동자들을 비참하게 만드는 것은 극히 불량한 작업환경이었다.

겉모습은 번드르르한 평화시장 3층 건물 내부에 빽빽이 들어차 있는 작업장들에 처음 들어가 보는 사람은 무엇보다도 그 질식할 듯한 탁한 공기와 그 지저분하고 어두침침한 분위기에 놀라게 된다. 그럴 수밖에 없다.

가뜩이나 비좁은 작업장 안에 평당 4명 정도의 노동자가 밀집하여 일하고 있는 데다, 그나마도 각종 작업 설비와 비품과 도구들이 꽉 들어차 있어서 의자에 앉은 노동자들은 앉은자리에서 몸 한번 돌려볼 수도 없는 답답한 생활을 해야 한다. 작업장 한구석에 쌓인 원단 더미에서는 온종일 포르말린 냄새가 코를 찌른다. 작업 도중

쉴 새 없이 옷감에서 실밥과 먼지가 풍겨나와서 먼지가 많이 나오는 옷감의 경우에는 두세 시간만 재봉일을 해도 머리가 하얗게 되며, 점심시간에 작업장에 앉아 도시락 한 입만 먹고 나도 벌써 밥 위에 먼지가 뿌옇게 앉는 것이 보인다. 노동자들은 아예 온몸에 뒤집어쓴 먼지를 털어버릴 생각조차 하지 않는다. 그러니 장시간의 노동에 시달려 틈만 나면 잠잘 생각부터 앞서고, 몇 달 동안이나 목욕 한번 제대로 하는 일이 없는 그들이 각종 피부병을 앓게 되는 것은 어쩌면 당연한 일인지도 모른다.

이렇게 사람이 밀집되어 있고 악취와 먼지가 많이 풍기는데도 불구하고 작업장에는 환기장치가 되어 있지 않다. 1970년도에 전태일이 조사한 바로는 평화시장의 경우 1만 명 이상을 수용하는 건물이면서도 환기시설이 하나도 없었다. 환기장치는커녕 건물구조 자체가 통풍과 채광이 잘 안 되게끔 되어 있다. 대부분의 작업장들은 3면이 벽으로 막혀 있고 출입구가 있는 한 면만이 복도와 통하는 구조로 되어 있으며, 외부로 향하는 창문이 있어도 열고 닫을 수 없도록 되어 있는 형편이었다(동화·을지시장 등의 경우는 큰 창고 같은 건물을 돼지우리처럼 칸막이를 해서 만든 공장이라 통풍과 채광이 거의 안 된다).

나쁜 작업환경 중에서도 가장 대표적인 것은 앞에서도 설명한 다락방이었다. 이것은 업주들이 좁은 작업장의 공간을 최대한으로 활용함으로써 생산비를 절감하고자 만든 것인데, 바로 이 사실이야말로 한국의 저임금경제가 딛고 선 냉혹한 인간 경시, 인간 비료화(肥料化), 저 참혹한 노동지옥을 상징하고도 남는다. 부모로부터 물려받은 멀쩡한 육신을 제대로 바로 펴지 못하고 비좁은 작업장 사이를 허리를 꾸부리고 걸어다니는 노동자들을 상상해보라.

또 한 가지 문제는 작업장 내의 조명상태였다. 거의 햇빛이 들지 않는데도 조명시설은 극히 빈약하여 작업장 내부는 대낮에도 전체적으로 어두컴컴한데다가, 노동자들이 작업하는 바로 눈앞에 백열전등이 켜져 있으므로 하루 종일 쐬는 이 눈부신 직접조명으로 인해 거의 모든 노동자들의 눈이 항상 충혈된 상태이며, 밝은 햇살 아래로 나오면 눈을 뜰 수가 없는 등 각종 눈병을 앓게 마련이었다.

이밖에도 노동자들이 겪는 불편은 얼마든지 있었다. 예컨대 변소시설만 하더라도 남녀공용 변소인 데다가 시설량이 부족하여 불결하고 불편하기 짝이 없었다. 평화시장 2층의 변소 앞에서 거의 하루 종일 줄을 지어 기다리고 서 있는 정도였는데, 2,000명 이상의 인원이 변소 3개를 함께 사용하고 있었다(1976년까지도 대체로 마찬가지다). 상수도시설도 극히 빈약하였고(400여 개의 작업장이 있는 평화시장의 경우 상수도는 세 곳뿐), 그나마 수도가 있는 곳에서는 제한급수를 하여 목욕이나 세면은 물론 물먹기조차 힘들 때가 많았다. 물론 3개 시장을 통틀어 노동자용의 목욕시설이나 세면장을 제대로 갖춘 곳은 없었다. 일거리가 많은 한겨울에도 난방시설이 전혀 없어서 노동자들은 동상에 걸리기 일쑤였고, 서로서로의 몸에서 나오는 열기로 추위를 참아야 했으니, 한여름에야 얼마나 덥고 답답할 것인가?

이러한 작업환경 속에서 5년 이상을 일해온 평화시장 노동자들의 건강 상태가 어떠하리라는 것은 묻지 않아도 가히 짐작할 수 있을 만하다.

상식적으로 생각해보더라도, ① 우선 영양을 제대로 섭취할 리가 없으니 영양실조, ② 식사를 제때에 못하고 소화시킬 여유도 없이 곧바로 신경을 쓰는 노동에 시달려야 하니 만성소화불량증과 신경성 위장병, ③ 그런데다가 휴식은커녕 잠도 제대로 못 자니 몸 전체가 쇠약하고 얼굴이 누렇고, 항상 피로해보이며, ④ 온종일 먼지를 마시니 진폐(塵肺), 기관지염, 폐결핵 등의 각종 호흡기질환, ⑤ 조명관계로 시력이 약해지는 등 각종 눈병, ⑥ 종일 허리를 못 펴고 앉아서 쉴 새 없이 손발을 놀려야 하니 다리가 붓고 허리·어깨·다리에 각종 신경통, ⑦ 그밖에도 여공들의 경우에는 월경불순 등 각종 부인병을 얻게 되리라는 것이 명백하다.

실제로 전태일이 1970년도에 조사한 바에 의하면,

재단사 100% 전원이 신경성 소화불량, 만성위장병, 신경통, 기타 병의 환자.

미싱사 90%가 신경통 환자임, 위장병, 신경성 소화불량, 폐병 2기까지.

평화시장 종업원 중 경력 5년 이상 된 사람은 전부 환자이며 특히 신경성 위장병, 신경통, 류머티즘이 대부분임.

또 설문조사에 응한 126명(시다, 미싱사, 재단사 포함) 가운데 96명이 진폐, 폐결핵 등 기관지 계통의 질환에 시달리고 있으며, 102명이 신경성 위장병으로 식사를 잘 하지 못하며, 전원이 밝은 곳에서 눈을 제대로 뜰 수 없고 눈곱이 끼는 안질에 걸려 있다고 하였는데, 병에 걸려 있으면서도 증상을 자각하지 못하고 있는 노동자들이 많다는 것을 고려하면, 실제로 그들이 앓고 있는 질병은 전태일의 조사 결과보다도 훨씬 더 심각한 것이라고 보아야 할 것이다.

사정이 이러하니 "평화시장 여공은 시집가도 삼 년밖에 못 써먹는다"는 말이 나오는 것도 무리가 아니다. 평화시장에서 5년 이상을 일하고 건강하다는 여공은 절대로 있을 수가 없으며, 있다고 한다면 그것은 완전히 기적이라고 할 수밖에 없다. 이처럼 각종 질병에 시달리고 있으면서도 노동자들은 치료를 받기는커녕 자신이 어떤 병을 갖고 있는지조차 알지 못하고 지내는 수가 많다. 말하자면 그들에게는 아파도 아픈 것을 느낄 여유조차도 없는 것이다. 특히 매일같이 면섬유를 만지고 있는 그들의 대부분이 갖고 있는 면폐증(綿肺症)* 같은 것은 운동할 때 호흡곤란이 오며, 경우에 따라서는 결핵이 합병되거나 폐기종**을 초래하여 심한 기침과 함께 출혈성 가래가 나타나기도 하는 무서운 직업병이지만, 그 증세가 오랜 기간에 걸쳐 서서히 나타나기 때문에 병자가 병을 모르고 지내는 수가 많다. 이 병은 질이 좋은 흉부 엑스선으로도 잘 발견하지 못하는 것인데 하물며 엑스선 간접촬영으로 이것을 찾아낸다는 것은 거의 불가능한 일이다.

노동자가 자신이 어떤 병에 걸려 있는지를 알게 되었다고 해봤자

---

* 면폐증(byssinosis). 면직물에서 나오는 먼지를 흡입해 발생하는 폐질환. 가슴이 답답하고 가쁜 숨을 토해내며 기침을 하게 되고, 만성이 되면 영구적인 호흡곤란을 유발한다.『이우주 의학사전』, 연세대학교 의과대학 약리학교실, 2012

** 폐기종(肺氣腫, emphysema). 폐가 탄력성을 잃고, 폐포격벽(肺胞隔壁)이 파괴되어 말초의 기강(氣腔)이 비정상적으로 확대된 상태. 폐 안에 호흡을 가로막는 텅 빈 덩어리가 생겼다고 보면 된다.

무슨 뾰족한 대책이 있는 것은 아니다. 아니, 속수무책이라고 하는 편이 더 정확할 것이다. 무슨 돈이 있어 치료를 받겠으며, 그날그날 노동으로 먹고사는 터에 무슨 시간이 남아돌아 한가하게 치료를 받고 앉아 있겠는가? 대책이 있다면 오직 병이 깊어진 후에 직장을 그만두거나 해고당하는 것이다.

원래 직업병이란 업주가 책임지고 비용을 대어 고치는 것이 도의적으로 보나 법적으로 보나 당연한 사리이다.

그러나 실제에 있어 평화시장의 업주가 제 돈을 내어 종업원의 병을 완치시켜준다고 하는 일은 없으며, 있다고 하여도 완전히 예외에 속하였다. 치료가 다 무엇인가? 근로기준법에 의하면 사용자는 자신의 비용으로 매년 1회 이상 정기적으로 종업원들의 건강진단을 실시할 의무를 지니는 것으로 되어 있는데도 불구하고, 평화시장의 업주들은 그것마저 제대로 실천하지 않고 있었다. 전태일의 말에 의하면, "……한 공장의 30여 명 직공 중에서 겨우 2명이나 3명 정도를 평화시장주식회사가 지정하는 병원에서 형식적인 진단을 마칩니다. X레이 촬영 시에는 필름도 없는 촬영을 하며, 아무런 사후지시나 대책이 없습니다"라는 것이었다.

억울한 생각

인간시장의 현장, 평화시장. 1966년 전태일은 그 속에서 하루하루의 생명을 팔고 있었다. 매일매일 겪는 자신의 고통, 그리고 숱한 동료 노동자들의 참상을 보면서도 그는 아직 그 근본 원인이 무엇인가를, 그 고통을 없애기 위하여 무엇을 할 수 있는가를 깊이 생각할 여유가 없었다.

현재의 모든 고통은 그저 주어진 운명이며, 그 운명에 순종하여 열심히 일만 하면 모든 문제가 차차 해결될 것이라고 생각하였던 것일까? 내가 가진 것이 없기 때문에 이런 고통을 겪는 것이니, 누구를 탓할 것 없이 그저 힘껏 노력하여 돈만 벌고 나면 될 게 아니냐고 생각하였던 것일까? 그럴는지도 모른다.

그러나 지렁이도 밟으면 꿈틀한다는 것이 생명의 법칙이다. 전태일의 경우에도 평화시장 생활이 길어지면서 어느샌가 '억울하다'는 생각이 자라고 있었던 것을 우리는 그의 수기에서 읽을 수 있다.

1966년 가을, 추석 대목을 한 달가량 앞두고 전태일은 통일사 미싱사가 되었다. 추석이라 일이 밀려 업주들은 아침 8시부터 밤 11시까지 작업을 시키고 있었으며, 그래도 물건이 달리면 야간작업까지 시키고 있었다. 이때에 관하여 전태일은 다음과 같은 기록을 남기고 있다.

한 가지 내가 억울하다고 생각한 것은, 너무 작업이 힘들게 작업시간이 길고 힘에 겨운 야간작업을 시키는 것이다. 공장 안에서는 절대적인 책임자인 재단사의 말을 거역할 수가 없어, 하기 싫은 야간작업을 하고 나면 그 다음날은 평일보다 작업량이 형편없이 떨어지지만, 공장 주인보다 경제적으로 약자인 우리 직공들은 어쩔 도리가 없는 것이다.

직공들은 어린아이들 바지를 만들어내는 매수에 따라 월불 계산을 한다. 그런데 여기서 한 가지 우리 미싱사들의 다 같은 불만은, 처음 일을 시작할 때 1매당 얼마를 준다는 확고한 결정을 짓지 아니하고, 대목 일이 끝난 다음에야 1매당 얼마를 지불한다는 것을 주인이 재단사와 적당히 타협해서 주는 것이다. 언제나 이 모양이기 때문에 일이 바빠 직공들이 매수를 많이 올려도 겨우 평균 월급보다 조금 나은 월급을 받을 뿐이다. ……나는 이런 계통에서 미싱사로서는 처음 당하는 일이었지만 너무 억울했다. 아무리 열심히 밤잠 못 자고 많은 양의 바지를 만들어야, 피땀 흘린 대가를 못 찾았기 때문이다.

이것이 전태일이 평화시장의 노동조건에 대하여 비판적으로 보기 시작한 최초의 기록이다. 이때가 1966년 늦가을, 그가 평화시장에 발을 디딘 지 2년 남짓한 세월이 흐른 때였다.

이 시기가 특히 중요한 것은 그가 억울하다고 생각하는 데서 그치지 않고, 그 억울함을 없애기 위하여 무엇을 할 것인가를 생각해보고 그것을 행동으로 옮긴 데 있다. 말하자면 이것은 전태일이 그의 목숨을 걸게 되었던 고난에 찬 노동운동을 향한 첫걸음이었다고 해도 좋을 것이다.

이때 그가 취한 행동은 무엇이었던가? 그것은 미싱사의 생활을 그만두고 재단사가 되는 길을 택한 것이었다.

직공들의 대부분이 여공들이기 때문에 주인들의 이런 비위 사실을 직접적으로 따지는 예가 드물고, 대부분은 불만을 나타내지도 않았다. 아는 사람도 별로 없고 미싱사들 중에서 유독 나 혼자만이 남자였기 때문에 어쩔 도리가 없었다.

나는 재단사가 나쁘다고 생각하고 나도 어서 빨리 재단사가 되어서, 노임을 결정하는 협의를 할 때는 약한 직공들 편에 서서 정당한 타협을 하리라고 결심했다. ……아주 큰 공장을 제외하고는 공장장이 따로 없는 공장은 재단사가 공장장까지 겸하여 직공들의 절대적인 문제인 입사와 해고의 문제까지 마음대로 관리했다. 그렇기 때문에 재단사는 주인에게도 절대적인 존재이고, 우리 직공들의 건의 사항도 재단사를 통해서 주인에게 건의되며, 재단사는 절대적으로 양심껏 중립을 지켜야 할 사람인 것이다. 그렇지만 주인에게 월급을 받는 약점 때문에 자연히 주인에게 편파적이었다.

미싱사들이 업주에게 따질 것을 따지며 대드는 일이 드물었던 것은, 물론 전태일의 지적처럼, 그들 대부분이 나이 어린 처녀들로서 가지는 위축감과 어리숙함 때문이라는 것은 더 말할 나위가 없다. 그러나 그에 못지않게 역시 경제적 약자로서의 불안감 때문이기도 하였다.

미싱사 중에서도 일류 기술자로 소문난 사람인 경우에는, 기술을 배경 삼아 업주와 싸울 때는 싸우고 그만둬버리면 언제든지 다른 공장으로 옮겨갈 수 있었지만, 그렇지 못한 대부분의 미싱사들은 일단 있던 공장을 떠나 다른 곳으로 옮겨간다는 것도 쉬운 문제가 아닐뿐더러 하루 일당도 아쉬운 판에 며칠씩 일을 못하면 손해가 막심하고, 또 옮겨보았자 새 주인에게 더 나은 대우를 받을 보장도 없는 것이며 전에 있던 직장에서 받지 못한 노임을 떼어먹히기나 할 뿐이다.

해고를 면하는 경우라고 하여도, 일단 업주의 미움을 받으면 종전보다 일은 더욱 힘들고 노임은 더 싼 불리한 일감만 받게 될 우려가 있으며 불량도 많이 날 것이고 그밖에도 가지가지의 어려움을 겪게 되었다.

재단사의 경우는 좀 달랐다. 그들은 우선 대부분이 20대로부터 30대 사이의 청장년 남자들이어서 어린 여공들의 경우보다 세상물정에도 밝고 업주 측이 만만하게 다루기도 어려웠다. 무엇보다도 그들은 한 작업장 안의 직공들 중의 실력자로서 업주의 돈벌이가 잘되고 못 되는 데에 중대한 영향을 미칠 수 있는 존재였다. 재단사 한 사람이 일을 잘못하거나 일손을 놓아버리면 그 공장은 돌아갈 수가 없게 된다. 시간을 다투며 일거리가 밀리는 시기에 그런 일이 생긴다면 업주의 장사는 치명적인 타격을 받게 된다. 이것이 전태일이 "재단사는 주인에게도 절대적인 존재"라고 한 이유였다.

그러나 물론 재단사가 주인에게 있어 **'절대적인 존재'**라고 하는 것은 과장된 표현이다. 역시 강자는 돈을 가진 업주인 것이다. 재단사들은 미싱사의 경우와 달라 도급제가 아니라 정액의 월급을 받는데, 대개 업주에게 잘 보여서 한 직장에 오래 붙어 있으면서 월급이 올라가기를 희망한다. 업주는 재단사가 어지간만 하면 그를 회유하여 자기 사람으로 만들어서, 그를 통하여 미싱사와 시다 등의 하급 노동자들을 마음대로 부려먹기를 희망하는 경우가 많다.

이리하여 업주와 재단사의 유착(癒着)관계가 생기게 되며 재단사가 주인에게 '편파적인' 현상이 일어나는 것인데, 바로 여기에 전태일이 분개하였다.

재단사는 어느 정도 경력이 붙으면 미싱사들보다는 시간적 여유가 많은 것이 보통이다. 그날그날 미싱사들의 작업량에 해당하는 분량만큼의 원단을 재단해주면 되는 것인데, 이 일은 미싱사의 일보다 빨리 끝나게 마련이어서 재단사들은 대체로 하루 적어도 두세 시간은 자기 시간을 가질 수 있다. 또 한 작업장 안의 다른 직공들에 대한 재단사의 영향력은 막강한 것이어서, 재단사 10명이 모이면 적어도 200명 이상의 노동자들을 움직일 수 있다고 해도 과언이 아니다. 이렇게 볼 때 전태일이 재단사가 되기로 결심한 것은 뒷날 그가 평화시장 전체의 노동조건을 전반적으로 개혁할 것을 목표로 삼고 본격적인 노동운동에 뛰어드는 것을 가능하게 하였던 하나의 조건이 되었다고 할 수 있다.

그러나 위에 인용한 글에서도 느껴지듯이 재단사가 될 결심을 하던 당시부터 이미 전태일이 그러한 모든 상황을 명확히 내다보고 있었다고 보이지는 않는다. 오히려 그 당시의 그의 결심은, 스스로 재단사가 되어서 자기가 일하는 공장 안의 어린 노동자들을 개인적으로 돌봐주고 그 공장 안에서 업주와 노동자들 사이에 생기는 공임타협 등 몇 가지 문제들을 다룰 때 노동자들 편에 서서 업주들로부터 '정당한 타협'을 끌어내겠다는 데에 국한되어 있었다고 보인다.

물론 그는 얼마 안 가서 이러한 좁은 생각에서 벗어나게 된다. 전태일이 재단사가 되기로 결심한 일에 대하여 또 한 가지 이야기해

새벽에는 구두닦이,
낮에는 시다, 밤에는 껌팔이를 하던 때
(1964년 봄)

두고 넘어가야 할 중요한 측면이 있다. 당시 그는 미싱사로서 월 7,000원 정도의 수입을 올리고 있었는데, 이것이 그의 가족들의 생계에 큰 보탬이 되었다(식구 여섯에 버는 사람은 거의 태일이 혼자라고 하여도 과언이 아니었다. 아버지는 실직 상태였으며, 태삼이는 형을 따라 평화시장엘 다니고 있었지만 '시다'로서 제 차비밖에는 버는 것이 없었고, 어머니는 함지박을 들고 막벌이 노동자들을 상대로 20원짜리 수제비를 팔아 일정하지 않는 약간의 수입을 올리는 것이 고작이었다). 그런 판에 만약 태일이 재단보조공으로 자리를 옮기게 되면(재단사가 되려면 먼저 재단보조가 되어 상당기간 기술을 익혀야 한다) 월 3,000원 정도로 수입이 떨어지게 되는데, 이것은 집안 생계에 큰 위협이 될 형편이었다. 그는 그것을 무릅쓰고 재단보조가 되기로 결심한 것이었다.

그가 평화시장 시다로 취직하였던 때의 결심이 무엇보다도 먼저 어머님을 한번 편히 모셔보겠다던 것이었음을 우리는 알고 있다. 그런데 어째서 이제 와서 그는 월수입이 종전보다 4,000원이나 떨어지는 재단보조가 될 생각을 했던 것일까? 가족에 대한 의무를 잊어버렸던 것이었을까? 그것은 아니었다. 그의 수기를 보면 그는 재단보조로 취직한 뒤에 "한 달에 고작해야 3천 원 내외밖에 못 받는 월급 때문에 집의 어머니한테는 미안한 마음으로 우울했다"고 한다.

그렇다면 무엇인가? 그는 자신의 인격적인 의무가 가족들의 고통을 덜어주고 부모를 편히 모시는 데에만 있는 것이 아니라, 주위에서 매일매일 참혹한 생활을 해나가고 있는 이웃들, 평화시장의 어린 여공들도 있다는 것을 깨달았다. 2년이 넘도록 그는 차마 눈뜨고 볼 수 없는 어린 여공들의 참상을 접하면서 안타까움과 울분 속에 살아왔다. 이 고통의 기간을 거쳐 눈앞에 보이는 불의(不義)한 기업주의 횡포를 명료하게 목격했을 때, 그는 가족들에게 돈 몇 푼을 다달이 더 보태려고 고분고분 죽어지내는 것보다는 이 억압과 불의에 저항하여 무언가 싸움에 나서는 것이 올바른 길이라고 깨달았다. 그가 이러한 것을 머릿속에서 명확하게 인식하였건 안 하였건 간에 우리는 그렇게 말할 수 있다. 뒷날 재단사가 되었을 때 그는 가끔 어머니에게 이렇게 말하곤 하였다고 한다.

"어머니, 우리 순덕이는 평화시장 시다들보다는 참 행복한 편이야."

어린 여공들을 위하여

1966년 추석 대목일이 끝나 며칠 쉬는 동안에 그는 재단보조 자리를 찾아 평화시장 뒷골목을 헤매고 다녔는데, 그 결과 '한미사'라는 잠바집에 재단보조로 들어갔다. 공장은 평화시장 2층 244호에 있었다. 재봉틀 8대, 안 쓰는 재봉틀 2대. 그가 맡은 일은 2층 재단판에서 나라시(재단사가 원단을 재단기계로 자르기 편하도록 재단판 위에 가지런히 쌓아놓는 것)를 잡고, 가게에서 원단가게로 내왕하며 심부름을 하고 잠바나 코트의 '싱'*을 자르는 일 등이었다.

아침 8시 출근에 퇴근시간은 평균 밤 10시, 원래 고된 일이었지만, 그는 남보다 더욱 고되게 몸을 놀렸다.

---

* 심(心)의 일본어. 봉제공장에서 싱은 옷에 모양을 잡기 위해 넣는 심지를 가리킨다.

나는 처음 재단을 배우려고 생각할 때 결심한 바 있어, 열심히 나에게 맡겨진 일을 했다. 내가 가기 전까지는 무질서하게 방치해두었던 환경을 깨끗하게 정리하고, 시다들이 2층에 부속을 가지러 오면 기다리는 일이 없고 찾는 일이 없도록 잘 정돈해주고 주머니, 후다*, 싱 같은 것은 언제든지 풍부하게 잘라두었다.

이 당시 그와 함께 한미사에서 일했던 어느 시다의 말에 따르면, 그는 시다들에게 매우 친절하게 대하고 정성껏 작은 일이라도 도와주려고 하여 시다들이 모두 그를 상당히 좋아했다고 한다. 재단사나 재단보조공은 시다들에게 가급적 여러 가지 잔심부름을 시키고 귀찮은 일을 그들에게 미루어버리는 것이 보통이었고, 심한 경우는 욕설과 손찌검까지 했다. 그런데 재단보조공이 도리어 시다들의 일손을 하나라도 덜어주려고 애쓴다는 것은 그리 흔한 일이 아니었다. 언제나 인정에 굶주리고 있는 것이 평화시장의 시다들이었다. 전태일이 시다들에게 친절하게 대하자 시다들도 얼마 안 가서 그를 오빠처럼 따르고 그에게 이것저것 아쉬운 사정을 얘기하기도 하고 부탁도 하게 되었는데, 그는 시다들의 사정 이야기를 찬찬히 다 들어주고 성가신 부탁에도 화 한번 내는 일이 없었다고 한다.

그러자니 자연히 그는 몸과 마음이 남달리 바쁘고 고달프게 되었다. 그 무렵 그의 가족은 그동안 살던 남산동 50번지 일대가 큰 화재가 나고 철거된 뒤 미아리로 갔다가, 거기서도 살 수가 없어서 도봉산 기슭의 판자촌으로 옮겨와서 살고 있었다. 그 당시만 해도 도봉

*   일본어. 한자로는 패 찰(札) 자를 쓴다. 잠바나 코트 호주머니의 뚜껑을 말한다.

산까지 가는 버스가 없어서 일이 끝나고 밤늦게 도봉산 집까지 가려면, 미아리 종점까지 버스를 타고 가서 거기서 내려 한 시간 남짓 걸어야만 했다.

때때로 그는 점심을 굶고 있는 시다들에게 버스값을 털어서 1원 짜리 풀빵을 사주고 청계천 6가부터 도봉산까지 두세 시간을 걸어 가기도 했다. 일이 늦게 끝나는 날은 주린 창자를 안고 온종일 시달린 몸으로 다리를 휘청거리며 미아리까지 걸어가면 밤 12시 통금시간이 되어 야경꾼에게 붙잡혀 파출소에서 밤을 새우고, 새벽에 다시 도봉산까지 걸어서 집에 당도하는 일도 있었다. 이런 일이 되풀이되는 사이에 파출소 순경들도 사정을 알고 그냥 통과시켜, 밤 한 시나 두 시가 지나 집에 돌아오는 일이 버릇처럼 되었는데, 이것은 그 뒤 그가 죽을 때까지 3, 4년 동안 계속되었다.

태일이 처음 미아리파출소에서 밤을 새우던 날, 그의 어머니는 뜬눈으로 밤을 새웠다. 어머니가 회고하는 바로는 이러하다.

밤 1시가 지났는데도 아들이 집에 돌아오지 않더라는 것이다. 평화시장에 취직한 이래 처음 있는 일이었다. 별별 생각을 다하며 안절부절못하여 문밖만 내다보고 있는데, 새벽녘이나 되어서야 태일이가 터덜터덜 걸어 돌아왔다. 온몸이 이슬에 젖어 어깨는 축 늘어지고 얼굴은 백지장처럼 새하얗게 불빛 아래서 보니 마치 죽은 사람의 얼굴 같았다. 무슨 일이 있었나 싶어 가슴이 덜컹 내려앉으면서도 본인이 아무 말도 하지 않고 희미하게 웃는 표정이기에 그냥 두고 보았더니, 그 뒤로도 한 사흘씩이나 계속 그런 일이 있었다. 도저히 더 눈뜨고 볼 수가 없어서 사흘째 되는 날 새벽에는 막 집에 돌아온 아들을 불러 앉히고 물어보았다.

"웬일이냐? 좀 까닭을 말해보려무나. 더 이상 보고만 있을 수 없구나."

아들은 이렇게 대답하였다.

"오다 파출소에서 자고 왔어요. 어머니가 나 집 나올 때 차비 30원을 주잖아요. 시다들이 밤잠을 제대로 못 자서 낮이면 꾸벅꾸벅 졸고, 일은 해야 하는데 점심까지 쫄쫄 굶기에 보다못해 그 돈으로 풀빵 30개를 사서 여섯 사람에게 나눠주었더니 한 시간 반쯤은 견디고 일해요. 그래서 집에 올 때 걸어왔더니 오다가 시간이 늦어서 파출소에 붙잡혔어요."

어머니는 가슴이 쓰렸지만 아무 말도 하지 못했다. 그렇게 하라고도 못하고, 하지 말라고도 못했다. 그 당시 어머니는 태일이가 출근할 때 점심으로 밀가루빵을 쪄서 신문지에 싸주었는데, 그는 그 점심도 시다들 안 보는 데서 숨어서 먹거나 그럴 형편이 못 되면 자기는 먹지 않고 남을 줘버렸다고 한다. 하루는 태삼이가 어머니에게 형과 같이 안 다닐란다고 말했다. 형이 자꾸 "너 그 버스값으로 풀빵 사먹고 집에는 걸어가자"고 한다는 것이었다. 아침은 집에서 먹고 나가지만, 밀가루빵 하나도 제대로 다 먹지 못하고 온종일 그 고된 일을 하고 견디려니까 태일 자신은 배가 무척이나 고팠을 것이다.

몸이 고된 것 이상으로 그의 마음은 더욱 괴로웠다. 시다들의 사정을 속속들이 알게 될수록 그의 가슴은 비수에 찔린 듯 아팠고, 그의 울분은 치밀어올라 그의 생각은 깊어져갔다. 한번은 어머니에게 이렇게 말했다고 한다.

"어머니, 순덕이보다 작은 애도 아침 8시부터 밤 10시까지 일하는데, 그 고사리 같은 손으로 먼지구덩이 속에서 굶으면서 애쓰고 있는 걸 보면 인간이 이렇게 살아야 하나 하는 생각이 들고, 그 아이들이 기특하기도 하고 불쌍해 보이기도 합니다."

1969년 겨울 어느 날의 일기에 그는 이렇게 썼다.

인간을 물질화하는 세대, 인간의 개성과 참 인간적 본능의 충족을 무시당하고 희망의 가지를 잘린 채, 존재하기 위한 대가로 물질적 가치로 전락한 인간상(人間像)을 증오한다.

그의 눈에 비치는 시다들이야말로 바로 "……희망의 가지를 잘린 채, 존재하기 위한 대가로 물질적 가치로 전락"해버린 인간 그 자체였다. 아니 시다들이나 미싱사들만이 아니라 바로 그 자신도 그러하였고 그의 눈에 비쳐오는 모든 사람들이, '인간을 물질화하는 세대', 불행한 세대 속에서 살아가고 있는 모든 사람들이 '물질적 가치로 전락'해버렸다는 것을 그는 시간이 감에 따라 명확하게 깨달았다. 그러나 그의 이러한 사상적 발전은 뒷날의 일이고, 다만 지금 우리가 이야기해두어야 할 것은 그러한 그의 뒷날의 사상이 이때 시다들과의 매일매일의 접촉 속에서 싹트기 시작했다는 사실이다.

이때쯤 이런 일도 있었다.

한미사 재단보조공이 된 지 서너 달가량이 지난 1967년 2월 초경,

중부시장에서 재단사로 일할 때
재단보조, 어린 시다와 함께
(가운데가 전태일, 1968년경)

설날을 열흘가량 앞두고 대목일이 끝났다. 그는 바로 얼마 전에 시장에서 사귄 한 재단사와 함께 낙산 기슭의 판잣집에서 방 한 칸을 얻어 자취를 하고 있었다. 미싱사들과 시다들은 설이라고 기뻐하면서 고향인 시골로 돌아가는데 그는 집이 도봉산인데도 갈 수가 없었다. 돈이 없기 때문이었다.

그래도 공장에 다니면서 돈을 번다는 것을 동네 사람들이 다 아는데, 어떻게 동생들 옷가지 하나 안 사가지고 들어갈 수가 없었다.

주인 내외가 지방으로 수금을 가면서 그의 사정을 알고, 그에게 가게에 와서 살면서 가게를 보고 있으라고 하였다. 이때 그들은 주인의 처제 되는 처녀를 그에게 소개시키고 둘이 함께 가게를 보도록 하였다. 며칠 같이 지내는 동안 그는 그 처녀에게 연정을 느끼게 되었다. 그 처녀도 그에게 호의적이었던 것 같았다. 자세한 이야기는 하지 않겠으나, 이 일로 하여 그는 한동안은 무척 가슴 설레는 기쁨을 맛보기도 하였고, 그 뒤로는 상당히 고민도 하게 되었다. 그런데,

고민에 고민을 거듭한 어느 날, 나는 깊은 죄의식을 깨달았다. 지금 이 시간, 집에서는 이 불효한 자식을 위해서 정성을 드리고 계실 어머니가 생각났기 때문이다. 그렇다. 내가 지금 이런 사치에 한눈을 팔 때가 아니다.

이것으로 그의 짧은 사랑은 고백 한번 못한 채 끝나버렸다. 열아홉 소년이라면 한창 이성문제에 관심을 가지고 밤낮을 보낼 것이다. 그러나 태일에게는 그것도 '사치'였던 것일까······. 바로 이즈음인 1967년 2월 14일자 그의 일기에는 이런 구절이 있다.

오늘도 보람 없이 하루를 보내는구나. 하루를 보내면서 아쉬움이 없다니, 내 정신이 이렇게 타락할 줄은 나 자신도 이때까지 생각해본 적이 없다. ······이 공장에서 완전한 재단사가 되기 위해서, 내 스스로 절제할 수 없는 감정의 포로가 되기 전에, 한창 피어나는 사랑을 꺾어 버린 것이다. 내 마음에 내린 뿌리가 아무리 강하다 하더라도, 줄기 없는 뿌리가 얼마나 더 존재하겠는가. ······부디 동심을 버리고 현실에 충실하라.

냉혹한 현실이 지워준 짐은 무겁고, 힘과 시간은 모자라는 그에게는 남들이 다 해보는 연애라는 것도 잔인하게 꺾어버려야 할 환상이었던 것일까?

재단사 전태일의 고뇌

1967년 2월 24일, 전태일은 바라던 재단사가 되었다. 한미사에서 함께 일하던 재단사가 딴 직장으로 옮겨갔기 때문에 태일이 그 자리를 차지하였다.

명목상 재단사가 되기는 하였으나 그의 형편은 조금도 나아지지 않았다. 일은 오히려 바빠졌다. 주인은 그가 착실하고 일 잘하는 것을 알고는 겉으로는 칭찬을 하면서도 속으로는 그럴수록 더욱 심하게 부려먹을 생각만 했다. 태일도 처음에는 주인아저씨가 호인이라고 생각하였으나 그 뒤 어떤 계기를 거쳐서 그가 위선자라고 생각하게 된 듯하다. 뒷날 그가 쓴 글에 '한미사 주인의 이중인격'이라는 한 구절이 보인다. 어떻든 재단사가 되었을 무렵 그가 어떻게 혹사 당하고 있었던가 하는 것을 우리는 그의 일기에서 엿볼 수 있다.

끝날이 인생의 종점이겠지. 정말 하루하루가 못 견디게 괴로움의 연속이다. 아침 8시부터 저녁 11시까지 하루 15시간을 칼질과 다리미질을 하며 지내야 하는 괴로움.

허리가 결리고 손바닥이 부르터 피가 나고, 손목과 다리가 조금도 쉬지 않고 아프니 정말 죽고 싶다.……

육체적 고통이 나에게 죽음을 생각게 하는 것이 아니라 정신적 고통이 더욱 심하기 때문이다.

두 가지 가운데 한 가지만 없어도 좋겠다.

미싱 6대에 '시다'가 여섯 명. 그 사람들이 할 걸 나 혼자서 다 해 주어야 하니. 다른 집 같으면 재단사, 보조, 시아게 잘하는 사람 3명이 해야 할 일을 나 혼자 하니 정말 고통이 이만저만이 아니다.

언제나 이 괴로움이 다 없어지나.……

—1967년 3월 17일 일기에서

이러한 생활이 계속되면서 점차로 그는 평화시장에 처음 들어왔던 때의 벅찬 희망과 꿈이, 그리고 재단사가 되기로 결심하였던 때의 기대가 모두 이루어지기 어려운 환상으로 변해가는 것을 깨닫게 되었다. 되풀이하지만, 노동자로서의 그의 꿈은 기술을 배워 가난에서 벗어나는 것, 학업을 계속하는 것, 그리고 그리하여 '밑지는 생명들'을 위하여 무언가 보람 있는 일을 하는 것이었다. 또 재단사가 될 결심을 하였을 때 그가 기대하였던 것은 약하고 어린 여공들의 편에 서서 그들을 도와주는 일이었다. 이 모든 게 한 가지도 해결될 전망이 보이지 않았다.

우선 돈 문제로 겪는 고통은 여전하였다. 이 무렵의 그의 일기를 살펴보면 굶주림과 쪼들리는 생활의 걱정이 얼마나 그의 가슴을 무겁게 짓누르고 있었던가를 짐작할 수 있다.

주머니에 돈 없이 오늘까지 사흘. 주인아주머니께 부탁했지만 7백 원 청구에 2백 원에 낙찰……. 5백 원이나 에누리하다니. …… 내가 주인을 위해 애쓰는 걸 조금이라도 알아준다면 5백 원이나 에누리는 안 할 텐데. ……사흘 동안에 주인집에서 두 끼, 주인 계하는 데서 한 끼, 내가 한 끼. 모두 네 끼를 먹고.……

2백 원을 가지고 벌써 80원을 썼으니 아무리 절약을 해도 19일까지밖에 못 가겠구나. 20일 날 인덕상회 98호집에 작업복 일을 임시 하러 가기로 했지만 민생고 해결 때문에 고민이로구나. 일은 하러 가기로 했지만 먹을 게 있어야 가지…….

— 1967년 2월 17일 일기에서

내가 직장생활 근 3년 고생해서 얻은 건, 인격과 경제는 반비례한다는 것이다. 3년 동안의 고생과 14년 동안의 고역이 나를 경제문제 계산기로 만든 것이다. 언제나 식생활 문제로 골치를 썩이던 소년 시절이 아니던가?

—1967년 2월 22일 일기에서

28일까지 방을 비우라니 정말 바람 앞에 등불 같은 운명이다. 이제 겨우 정신 좀 차리려고 하니까 또 고난이 온다. ……오늘도 예나 다름없이 이불 속은 차갑구나.

—1967년 2월 27일 일기에서

돈 때문에 생기는 걱정은 물론 그가 돈을 버는 것 하나만을 목표로 살아갔더라면, 언젠가 재단사로서 경력이 쌓여짐에 따라 다소간 덜어질 수도 있을 것이었다. 그러나 그것은 젊은 나이에 공부도 하고 무언가 보람 있는 일을 이루어보고 싶었던 그에겐 너무나도 멀고 먼 훗날의 일이었다. 실제로 그는 죽는 바로 그날까지도 돈 때문에 끊임없이 괴로움을 당하고 마음이 무거웠다. 그 자신이 자학적으로 말하듯이 완전히 "경제문제 계산기"가 되어서, 공부도 노동운동도 다 팽개치고 그야말로 다만 존재하기 위한 대가로서 '물질적 가치'로 전락해서 돈벌이에만 온 정력을 쏟아부었다 해도, 생계를 걱정하지 않게 되기까지에는 적어도 15년 내지 20년의 세월과 행운이 필요하다. 그것이 사람 사는 일이라고 할 수 있을까?

젊은 전태일이 평화시장의 현실 속에서 그것을 똑똑히 깨닫게 되

한미사 재단사 시절 회사 야유회에서
가깝게 지내던 지퍼집 아저씨와 함께
(1967년경)

었을 때 그의 가슴속에 쌓인 좌절감이 얼마나 크고 암담했으리라는 것을 우리는 짐작할 수 있다. 1969년 12월 어느 날의 일기에서 그는 "사나이의 이상(理想)은 용암처럼 부글거리지만…… 내 인생의 출발점에서 나는 걷는 에너지가 모자라 애태우고 있다"고 썼다.

남다른 재기가 있고 꿈이 컸던 전태일은 평화시장의 그 고된 노동 속에서도 별로 책을 손에서 떼어놓은 일이 없다. 학교에 다니고 싶다는 꿈은 그가 평생을 통하여 끝내 이룰 수 없었던 것이기는 하지만, 그럼에도 불구하고 그것은 항상 그의 개인적인 가장 큰 희망이었다. 그 집념이 생활의 괴로움 가운데서도 여전히 꺾이지 않고 불타고 있었던 것을 우리는 또한 이 무렵의 그의 일기 속에서 볼 수 있다.

마침내 생각대로 했다.

시청 뒤 보건사회부 옆 학원사 2층에 가서 연합 중고등 통신강의록 『중학 1』권을 1백50원에 샀다. 이로써 희미해져가는 배움의 정신을 내 마음 한곳에 심한 타격을 줌으로써 다시 똑똑하게, 그리고 단단하게 붙들어 맨 것이다.

남은 다 하는데 나라고 못할 리가 어디 있어? 해보자. 그리고 내년 3월에는 꼭 대학입시를 보자. 앞으로 376일 남았구나. 1년하고 10일. 재단을 하면서 하루에 저녁 2시간씩만 공부하면 내년에는 대학입시를 볼 수 있겠지.……

—1967년 2월 20일 일기에서

그의 이러한 집념이 결코 그대로는 실현될 수 없는 무모한 꿈, 아니 안타까운 발버둥에 지나지 아니하다는 것을 우리는 안다. 중학교 1학년 정도의 학력, 하루 15시간의 중노동, 그리고 그날그날 닥치는 생계의 걱정, 그 속에서 어떻게 대학 입학이 가능하겠는가? 그가 이때 산 150원짜리 통신강의록만 해도 입고 있던 바지와 곤로를 380원에 팔아서 산 것이다.

재단사가 되어서 어린 여공들, 시다들을 돕는 데에도 한계가 있었다. 그들의 사정을 속속들이 알게 될수록 그는 일개 재단사에 불과한 자신의 혼자 힘만으로는 그들의 문제를 근본적으로 해결하기에는 너무나도 미약하다는 것을 절실히 깨닫게 되었다. 뿐더러 업주들은 그가 그 미약한 힘으로나마 시다들에게 해줄 수 있는 온정을 베푸는 것까지도 간섭하고 못하게 하였다. 이 문제에 관해서는 뒤에서 따로 이야기하려 한다.

이렇게 그의 모든 꿈이 걷잡을 수 없이 꺾여지는 것을 깨닫게 되었을 때 그에게 남은 것은 무엇이었던가? 그것은 하루하루가 '괴로움의 연속'인 죽음과도 같은 노동의 괴로움, 의욕의 탈진, 기계처럼 아무 뜻 없이, 의지도 없이 단조롭게 돌아가는, 지루하고 고통스러운, 모든 삶의 보람과 희망과 인간다운 삶의 기쁨을 빼앗겨버린, 질식할 듯한 소외의 나날이었다. 이때의 재단사 전태일은 살아 있는 인간이라기보다는 차라리 기계였다. 이것이 후일 그로 하여금 "우리는 기계가 아니다"라고 울부짖게 한 동력이었다.

어지럽게 들려오는 쇠금속 소리. 짜증 섞인 미싱사들의 언성. 무엇이 현재의 실재(實在)인지를 분간 못하면서, 그 속에서 나도 부지런히 그들과 같이 해나갔다.

무의미하게. 내가 아는 방법 그대로. 지금 내가 하고 있는 일 이 외에는 무아지경이다. 아니 내가 하고 있는 일 자체도 순서대로, 지금 이 순간에 해야 될 행동만이 질서정연하게 자동적으로 행하여지고 있는 것이다.

실제의 나는 일의 방관자나 다름없다. 내 육신이 일을 하고, 누가 시키는 것이 아니라, 이때까지의 육감과 이 소란스런 분위기가, 몇 인치 몇 푼을 가리키는 것이다. 다 긋고 나라시가 되고, 다 되면 또 재단기계를 잡고 그은 금대로 자르는 것이다. 누가 잘랐을까? 이렇게 생각이 갈 때에는 역시 내가 잘랐다. 왜 이렇게 의욕이 없는 일을 하고 있는지 나 자신도 모르겠다. 그러나 어렴풋이 생각이 확실해질 때는 퇴근시간이 다 될 때이다. 세면을 하고 외출복으로 바꿔 입고, 인사를 하고 집으로 오면 밥상이 기다리고 있다. 밥을 먹고 몇 마디 지껄이다가 드러누우면 그걸로 하루가 끝나는 거다.

　　　　　　　　　　　　　　　　　　—1967년 3월 일기에서

이 감동적인 글은 재단사로서의 그 자신의 하루를 말하는 동시에 그와 함께 노동하던 모든 노동자들의 하루를 말하는 것이기도 하다. 꿈틀거리는 힘찬 근육과 펄펄 끓는 젊음의 피와 모든 사상과 감정과 의지와 희망과 꿈을 박탈당하고 박제된 인간. 하루하루의 생활에서 '나'라는 것은 존재하지 않는다. 노동도 '내'가 하는 것이 아니며, 밥 먹고 자고 일어나 출근하는 것도 '내'가 아니다. 참된 '나'는 어디론가 종적 없이 사라져버리고, 헛껍데기만 남은 나의 육신이 무엇인지 알 수 없는 힘에 이끌려 이리저리 온종일을 허덕이며 끌려다닌다. '나 자신'이란 것이 어렴풋하게나마 되살아나는 것은 퇴근시간이 될 때 잠깐뿐이라는 전태일의 표현은 얼마나 눈물겨운 것인가! 그러나 그는 온종일 제정신을 잃고서 그저 목숨은 이어야 한다는 절대적인 명령 아래서, 강자의 현실이 만들어놓은 틀 속에 일하는 도구가 되어 기계의 톱니바퀴인 양 돌아가야 한다. "참 인간의 본능과 모든 희망의 가지를 잘린 채로……."

이러한 그의 체험을 통하여 그는 뒷날 이런 글을 남기게 된다.

그는 생각한다. 그리고 환멸과 ……자기 자신의 나약한 소리를 증오하면서.
인간의 둘레를 얽어매고 있는,
인간이 만든……
인간 본질의 희망을 말살시키고 있는,
모든 타의적인 구속을…….

물론 그는 이러한 소외된 노동이 가져다주는 좌절 속에서 모든 의욕을 잃은 채 자신을 포기해버리고 있었던 것은 아니었다. 그는 어떻게 해서라도 삶의 보람을 되찾아보려고 발버둥쳤다. 이 당시부터 그의 일기장 곳곳에는 "절망은 없다", "내일을 위해 산다"라는 절규가 수없이 적혀 있다.

그러나 그는 모든 발버둥에도 불구하고 어느 한 시기까지는 도저히 이러한 좌절과 절망의 늪 속에서 헤어나오지를 못했다. 그가 자신의 "둘레를 얽어매고 있는", "타의적인 구속"이 강요하는 좌절과 절망을 근본적으로 극복할 길을 발견하고, 탈진해가고 있던 의욕을 되살려내고, 나날의 삶의 보람을 되찾게 된 것은 지금껏 그를 괴롭혀왔던 냉혹한 현실과 정면으로 맞서 싸우고, 그것이 가져다주는 인간에 대한 "타의적인 구속" 그 자체에 도전하여 그것을 제거할 것을 확고하게 결심하게 되었을 때 이후였다.

그것이 그가 가야 할 길임을 확실히 깨달았을 때, 그리고 그 길에 온몸으로 뛰어들게 되었을 때부터 그의 하루하루는 이미 아무리 고달픈 가시밭길일지라도 자신의 생명을 갉아먹으며 무의미하게 돌아가는 쳇바퀴가 아니라, 참된 내일의 희망을 향하여 눈부시게 전진하는 참으로 인간다운 보람과 의욕을 되찾아주는, 저항과 창조의 나날이 되었던 것이다.

전태일은 이제껏 일방적으로 당하기만 했다.

'부유한 환경'으로부터 그는 모조리 거부당했다. 그의 어린 시절부터의 꿈은 차례차례로 현실의 잔인한 얼굴 앞에 부닥쳐 깨어졌고, 그리하여 그는 좌절하였다.

현실은 너무나도 엄청난 큰 힘으로 그를 짓눌렀고 그 자신의 힘은 너무나도 나약했으므로, 그는 결국 언제나 그저 당하고 있을 수밖에 없으며 아무것도 할 수 없다고 느꼈다. 그는 산송장이 되어버렸다.

그러나 어느 날 돌연 기적과도 같은 부활이 일어났다. 그는 죽음과 좌절을 뚫고 일어나 "아니다!" 하고 울부짖기 시작했다. 20년간 밑바닥에서 쌓여온 모든 억울함과 모든 분노가 그의 답답하게 막

존경 하시는 대통령 각하.
휴체 안녕 하시옵니까?
저는. 제품. (의류). 계통에 종사 하는 재단사입니다.

각하께선. 저들의. 생명의 은인 이압니다.
혁명후. 오늘날 까지. 저들을. 각하께서
현 위 이룩신. 모든. 문제 를. 높이.
존경합니다. 그리고 앞으로도. 길이. 길이.
존경할 겁니다. 싸선 계현. 에 관하여.
우들이. 이럭 못하는. 힘으로. 높은 희생을. 각하께선.
외침배. 펜 한신을 어려 눅여 은익합니다.
끝까지. 인내와 현명하신. 용기는. 또한면. 떡 낳아오는.
대한 민국의 우거운. 님학을 를. 韓국민을을. 존경과.
신뢰 로. 끄 각시. 게. 드럴겄입니다.

저는. 서울특별시. 성북구 쌍문동. 208번지. 2통5반에.
거주하는 22남년. 청년 있니다.
직선은. 의류제통의 재단사 로써. 5 년의 경력을.
가지고 있습니다.
현 저의 직장 은. 시내 동대문구. 평화시장.
으로써. 의류전문. 계통으로번. 동양적 대 물. 가랑하는것
으로. 종업원은. 2만 여명이 됩니다.
큰 맛모은 건문. 4층에 신축 되여. 직업을 합니다.
그러니. 기념구가 여러번인것이 묹겨 있니다. 반.
한 공장에 평균. 30 여명은. 됩니다.
근로 기술면 에 책양이 되는 것임에 음을 갈 읍니다.
그러나. 저희 들은. 근로 기준법의 책력을. 조곰도

혀만 있던 가슴을 뚫고 나와 폭발적인 힘으로, 지금껏 그를 거부해 왔던 현실을 도리어 반대로 거부하면서 강타하기 시작했다. 그것은 그가 보아온 모든 인간의 고통에 대한 연민과 합류하여 거대한 저항의 불길로 힘차게 타올랐다. 그는 무서운 힘으로 고통과 비인간 바로 그 자체인 현실의 냉혈한 철의 심장부를 향해 돌진했다.

그리고 그는 거기서 인간이 없는 현실, 그 소리 없는 통곡의 역사를 두드리는 '인간 선언'의 불꽃이 되어 승리하였다.

이 기적은 어떻게 하여 일어났던가? 아무것도 할 수 없는 산송장처럼 좌절했던 그가 어떻게 저 엄청난 노동운동에 온몸으로 뛰어들게 되었던 것인가? 거기에는 물론 계기가 있었다.

충격

왜 밑바닥 인생들은 항상 밑바닥 생활을 하게 되는가?

왜 고통받는 사람들은 항상 고통만 받고 있는가?

우리는 흔히 수없이 많은 '대다수'의 사람들이 한 줌도 안 되는 '소수'의 억압자들에 의해 짓밟히고 있다고 말하며 또 그러한 사례를 수없이 본다. 가끔 영화 같은 데서 수많은 노예들이 채찍에 시달리며 묵묵히 중노동을 하고 있는 장면을 볼 때 어째서 저 많은 노예들이 불과 몇몇의 감독자들에게 굴종하고 있는가 하는 의문을 품어 왔다. 인간사회가 형성된 이래 이러한 사태는 끊임없이 계속되어왔으며, 지금 이 시간에도 그러한 요소들이 사회적 민주화의 장애가 되고 있는 나라들을 우리는 알고 있다.

그 원인을 사람들은 여러 가지로 말한다. 특히 들어볼 만한 설명은 억눌리는 사람들이 수적으로는 아무리 많아도 조직되어 있지 않기 때문에 그들은 항상 '조직된 소수'에게 지배당하게 된다는 것이다. 이것은 매우 중요한 진리이다. 그러나 거기에 앞서서 우리가 이야기하여야 할 것은 바로 억압받는 사람들의 '노예의식'이다.

만약 그들이 이 노예의식을 벗어던지고 자유인으로서 자신의 정당한 권익을 위하여 주장하고 투쟁할 결의에 차 있다면, 그들의 조직화는 시간문제일 뿐이다. 조만간에 그들은 '조직화된 다수'로서 '조직된 소수'인 억압자들을 물리치고 승리를 쟁취할 수 있을 것이다. 이것이 바로 민중운동의 전진이며, 이것이 바로 민주화이며, 어떤 경우에는 이것이 바로 진보이다.

우리 사회는 민주를 지향하는 사회이며, 바로 그렇기 때문에 봉건시대 이래 잔존해오고 있던 이러한 억압-피억압의 관계를 우리는 불식시켜 왔다. 그러나 우리의 의식 속에서는 아직도 저 '노예의식'의 찌꺼기, 깨어나지 않는 혼미의 의식이 사라지지 않고 사회적 민주의 장애요인이 되고 있음을 부인할 수가 없다.

그러므로 고통받는 한 인간의 의식을 살펴보자.

그가 태어났을 때 이미 억눌리는 고통에 찬 현실은 존재하고 있었다. 이 현실 속에서 자라나면서 그는 그 현실이 인간이 어찌할 수 없는 어떤 거대한 힘에 의하여 끌려가는 것처럼 착각하게 되고, 사실은 바로 인간이 그것을 만들었다는 것을 똑똑히 보지 못하게 된다. 이 거대한 힘에 비하여 볼 때 자기 자신은 너무나도 약하고 초라하고 무력한 존재로 느껴진다. 조만간에 그는 어떻게 해서라도 현실의 사회구조와 질서 앞에 무조건 머리를 수그리고 거기에 '순응'해야만 생존이 보장된다고 느끼게 되며, 따라서 현실 앞에서 위축되고 기가 죽어서 비굴해진다. 현실에 대한 모든 비판은 그 자신의 생존을 위협하는 위험천만한 무모한 짓으로 되며, 따라서 자신에 대해서는 불성실하게 되고 나중에는 부도덕으로까지 되어버린다. 그리하여 그는 비판정신의 싹이 자신의 의식 속에 싹트기도 전에 잘라버리고, 사회가 강요하는 모든 명령, 모든 가치관, 모든 선전을 무조건 받아들여 '순한 양'이 된다. 자기 머리로 생각할 줄 모르는, 주체성을 빼앗긴 정신적 노예로 길들여진다.

등 어루만지고 간 빼어먹는다는 말이 있다. 강한 자들은 이 길들여진 양들에게 '착실', '겸손', '온건', '성실', '적응성 있다' 하는 등의 온갖 아름다운 찬사를 퍼부으며 환영하고 칭찬하면서 최대한으로 그들의 의식을 마비시키고 털을 뽑는다. 고통받는 인간은 한동안은 얼떨떨하여 그가 고통을 당하는지 털을 뽑히는지 모른다. 설사 어렴풋이 그것을 알게 된다 하더라도, 그는 다만 생존하기 위하여 현실의 부당한 행태와 그로부터 오는 자신의 고통을 참을 수밖에 없다고 생각하고 만다. 때때로 무언가 '부당하다' 또는 '억울하다'는 생각이 들 때가 있으나, 역시 자신은 '무력'하며 그것은 시정될 길이 없으므로 머리를 흔들며 그런 건방진 생각을 털어버린다. 인내는 그의 영원한 금과옥조가 된다.

그러나 억압과 혹사, 그리고 그로 인한 고통이 그가 참을 수 있는 한계를 넘어서서 그의 인간으로서의 존립을 위협하게 될 때 잠자던 그의 비판의식은 돌연 고개를 쳐들어 절실하게, 부지런히 활동을 개시한다. 고통이 육체적이건 정신적이건, 그가 한 인간으로서 도저히 견딜 수 없는 극한점에 다다랐을 때 그는 비로소 무엇이 옳고 그른가를, 무엇이 진실이고 무엇이 거짓인가를, 무엇이 아름다운 것이고 무엇이 추잡한 것인가를 자신의 머리로 생각하기 시작하는 주체적인 인간으로 재생하는 것이다. 인간다운 자존심이 되살아나고 억눌렸던 분노가 폭발한다. 저항이 시작된다. 그것이 철저해질 때 자신이 아무것도 할 수 없는 무력한 존재가 결코 아니라는 것을 깨닫게 되며, 현실의 질곡이 결코 인간이 뚫을 수 없는 금성철벽이 아니라는 것을 확인하게 된다.

전태일의 경우 우리가 앞에서도 보아왔듯이 그는 어려서부터 가장 철저하게 버림받은 생활을 해왔다. 그 과정에서 그는 무수히 참기 어려운 고통과 학대를 거쳐왔으며, 점차로 그때그때의 구체적인 현실의 횡포에 대해 반발하고 저항하고 '억울하다'는 생각을 품기도 했다. 특히 그가 재단사가 될 결심을 하던 무렵에는 약자인 노동자들이 강자인 기업주에게 당하는 억울함을 시정해보겠다는 결심도 품게 되었다. 그러나 아직 그는 정신적인 노예 상태를 청산하지 못하고 여전히 자기 자신이 무력하다고 느끼는, 길들여진 양으로 남아 있었다. 1967년 2월 23일자의 그의 일기가 그것을 말해준다.

내일부터는 내가 힘닿는껏 열심히 일해서 **주인의 공(功)**을 갚고

이 해 안에 완전한 재단사가 되자.(강조는 지은이)

이 일기를 쓰기 이전에 벌써 그는 업주들이 약한 입장에 있는 직공의 '피땀 흘린 대가'를 정당하게 주지 않고 가로채는 데 대하여 '억울하다'고 했다. 그런데도 여기서 그는 '주인의 공을 갚겠다'고 쓰고 있다. 말하자면 그는 크게 보아 기업주란 직공들을 먹여 살리는, 은혜를 베푸는 존재이며, 직공들은 그 은혜에 보답하기 위하여 열심히 노동하는 것이 마땅하다고 하는 그러한 기업주들의 선전— 이 사회의 통념을 그대로 받아들이고 있었다.

이것으로 미루어볼 때 그는 시다들의 참상을 목격하고 괴로워하면서도, 이때까지는 아직도 그것이 기업주가 책임질 일이 아니며 어쩔 수 없는 일이라고 생각하고 있었음 직하다. 평화시장 노동자들의 모든 고통이 직접적으로는 바로 기업주들의 비인간적인 횡포와 학대에서 비롯된다는 것을 그는 아직도 명확하게 인식하지 못하였다.

이것은 조금도 놀라운 일이 아니다. 오히려 극히 정상적인 일이다. 우리 사회에서 '선량'하고 '성실'한 사람일수록, "열심히 일해서 주인의 은혜에 보답하고……"라는 식의 생각을 품기 쉽다. 놀라운 것은 오히려 중학교도 제대로 마치지 못하였던 전태일이 어떻게 이 노예사상을 극복하고, 현실을 주눅들지 않은 눈으로 똑바로 볼 수 있게 되었던가 하는 것이다.

재단사가 되고 난 뒤부터 그는 부쩍 집에 돌아와 밤늦게 밥상머리에 앉아 어머니에게 시다들의 딱한 사정 이야기를 하는 일이 잦아졌다. 그 무렵 어느 날인가 어머니는 아들에게서 이런 이야기도 들었다고 한다. 그날 낮에 태일이 작업장에서 일을 하고 있었는데 시다 하나가 일을 하지 않고 자꾸만 머뭇거리고 있다가 태일이가 처다보니까 그만 와락 울음을 터뜨리면서, "재단사요, 난 이제 아무래도 바보가 되나봐요. 사흘 밤이나 주사 맞고 일했더니 이젠 눈이 침침해서 아무리 보려고 애써도 보이지도 않고 손이 마음대로 펴지지가 않아요" 하더라는 것이다.

이런 일은 평화시장에서 흔했다. 한창 발육기에 있는 어린 여공들이 가혹한 노동조건 때문에 이런 식으로 작업을 할 수 없게 되면 기업주들은 도리어 게으름 부린다고 나무라기가 일쑤였으며, 병이 깊어져서 아예 일도 못하게 되면 치료는커녕 사정없이 해고시켜버렸다. 몸이 아픈 여공들이 이렇게 태일에게 통증을 호소할 때 그가 할 수 있는 일이란 없는 돈을 털어서 약을 사주거나 여공이 할 일을 자신이 대신하거나, 그럴 형편도 못 되면 그저 참고 일하라고 달래는 것뿐이었다. 만약 업주에게 그 사정을 이야기하면 도리어 그 여공에게 피해가 갈 뿐이므로 그렇게 할 수도 없었다. 이런 사정이 그를 몹시 괴롭혔다.

전태일은 깊이 생각했다(1968년 봄에 그와 알게 되었던 한 재단사의 말에 의하면 전태일의 첫인상은 무엇인가 골똘한 상념에 짓눌려 있는 듯한 매우 어둡고 침울한 얼굴이었다 한다). 이 당시의 그의 인간적인 괴로움에 대하여 전태일은 글 하나를 남겨놓고 있다. 이것은 그가 소설작품 구상 형식으로 그의 일기장에 적어둔 글이다.

마루에 앉아서 ……그 어떤 심각한 생각 속에 잠긴 그…….

시내 중부시장, 그의 직장에서 어제 있었던 일을 다시 반성해 보는 것이다. 5번 미싱사가 그 가냘픈 소망을 자기에게 이야기하던 때의 상태를.

"재단사요, 어디든지 주일날마다 쉬는 데를 좀 알아봐주세요."

"글쎄, 보세공장 같은 데 말고는 어디 그런 곳이 드물거요. 요행히 믿는 사람이 공장을 차리고 있으면 되겠지만, 어디 그런 집엔 자리가 잘 비지 않으니까. ……하여튼 빨리 알아보도록 힘써보지요."

이렇게 무성의하게 대답하는 그에게, 5번 미싱사는 그 자리에서 표시할 수 있었던 가장 순박한 감사를 표하지 않았던가?

그는 어디에 알아보겠노라고 이야기는 했지만, 막상 희망을 걸고 알아볼 곳은 없다.

이렇게 괴로운 날들이 이어졌다. 이제 전태일의 머릿속은 기술자가 되어 돈을 벌겠다든지, 대학교를 가겠다든지 하는 생각보다도 눈앞에 매일매일 부닥치는 동료 직공들의 딱한 사정을 어떻게 해결해주나 하는 생각으로 꽉 미어지게 되었다.

그러던 어느 날 한 미싱사 처녀가 일을 하다가 새빨간 핏덩이를 재봉틀 위에다가 왈칵 토해내었다. 각혈이었다. 태일이 급히 돈을 걷어서 병원에 데려가 보니 폐병 3기였다. 평화시장의 직업병 중의 하나였다. 그 여공은 해고당하고 말았다. 이 사건이 태일에게 준 충격은 매우 컸다.

각혈을 한 여공은 평화시장 생활 몇 년에 그동안 번 돈보다도 더 많은 돈을 들이더라도 고치기 어려운 병만 얻고 거리로 쫓겨났다. 그야말로 '밑지는 인생'이었다.

이제 그녀에게 남은 길은 십중팔구 젊디젊은 나이에 썰렁한 판잣집 방구석에 누워서 치료 한번 변변히 못 받고 죽어가거나, 아니면 요행 살아남아도 폐인이 되는 것밖에 없었다. 누가 알아주랴. 아무리 그녀가 아무런 잘못 없이 세상으로부터 버림받아 죽어간다 한들……. 불행한 가족들의 가난한 살림살이를 돕기 위하여, 혹은 어린 동생들의 학비를 대기 위하여, 남들이 한창 까불고 뛰놀고 배우고 할 나이 때부터 잠 한번 푹 못 자고 주린 창자 한번 양껏 채우지 못한 채 어두운 뒷골목에서 연약한 허리가 꺾어지도록 일만 해온 그녀가 이제 한번 사는 것처럼 명랑하게 살아보지도 못하고, 캄캄한 절망 속에서 죽어가야 한다. 그 사실을 눈앞에서 보고 있는 태일의 가슴은 통곡과 분노로 들끓었다. 그 시각에 이 세상의 그 누구도 그 사실을 주목하지 않았어도, 아니 모두가 그것을 외면했어도, 전태일의 작은 가슴 하나만은 그가 일기장에다 아무렇게나 자주 낙서했듯이 "왜? 왜? 왜?……" 하고 울부짖다가 파열(破裂)했다.

이러한 여공들의 참상은 전태일이 본격적인 노동운동에 뛰어든 이후로도 그의 기운이 약해질 때마다 끊임없이 그를 일깨우고 쇠잔해가는 투지를 다시 불러일으키는 동력이 되었다. 그가 깊은 좌절에 부딪혀 죽음과 같은 번민 속에 빠져있었던 1970년 8월 9일의 일기에서도 우리는 그것을 볼 수 있다.

나는 돌아가야 한다. 꼭 돌아가야 한다. 불쌍한 내 형제의 곁으로, 내 마음의 고향으로…… 내 이상의 전부인 평화시장의 어린 동심 곁으로……

조금만 더 참고 견디어라. 너희들의 곁을 떠나지 않기 위하여 나약한 나를 다 바치마……

이 글은 삼각산 기도원에서 쓴 글이다. 평화시장에서 멀리 떨어져서 몇 달이 지났을 때이지만, 평화시장의 어린 노동자들에게 쏠리는 그의 마음은 "조금만 참고 견디어라"하고 부르짖을 정도로 안타깝고 초조하고 절절했던 것을 우리는 느낄 수 있다.

전태일은 피를 토하고 죽은 여공의 사건으로 충격을 받아 이제까지 엄두를 내지 못했던 엄청난 생각을 하게 되었다. 죽어가는 저 여공들을 살리자. 우리의 생명과 건강을 갉아먹고 삶의 모든 기쁨과 보람을 빼앗아가며, 우리를 비정한 현실의 쓰레기로 만드는 저 잔인한 노동조건을 내 힘으로 바꾸어보자. 어떤 어려움이 닥치더라도 기어이 해보자.

그것이 이루어질 수 있는 일인지 없는 일인지를 가리기에 앞서서 그는 우선 그렇게 하지 않을 수 없다는 절실한 양심의 목소리에 분연히 일어섰다. 지금껏 어쩔 수 없다고 생각했던 일이 이제는 내버려두고 당하고만 있기에는 너무나 억울하여 견딜 수 없는 일이 되었고, 그리하여 그것은 되든 안 되든 한번 바로잡으려고 해볼 수밖에 없는, 하지 않고는 견딜 수 없는 절대적인 과제가 되었다. 후일 그는 근로조건 개선은 이루어질 수 없는 일이니 노동운동에 손대지 말라는 주위 사람들의 충고에 대하여, "이 일은 안 할 수 없는 일이니 되든 안 되든 할 수 있는 데까지 해보겠다"고 대답하곤 하였다.

이제 태일에게는 새로운 일과가 생겼다. 그전에는 드물었던 아버지와의 대화가 잦아졌다. 밤마다 집에 돌아오면 저녁 먹을 생각도 않고 아버지가 알고 있는 노동운동에 관한 모든 것을 묻기 시작했다. 그가 생전 처음으로 '근로기준법'이라는 것이 있다는 사실을 알게 된 것도 이때였다.

그가 노동운동을 하기 위해서는 노동자들의 단결된 힘이 필요하며 조직이 필요하다는 것을 알게 된 것도, 또 노동자들의 조직인 노동조합이 법적으로 인정되어 있다는 것을 알게 된 것도 모두 아버지의 체험담을 통해서였다.

그런데 이 무렵 또 하나의 충격적인 사건이 일어났다. 직장에서 쫓겨난 것이다. 그 사연은 이렇다.

재단사로서의 생활이 길어지면서부터 그는 어느샌가 피곤해서 견디지 못하는 어린 시다들을 일찍 집에 보내주고 밤늦도록 혼자 작업장에 남아 시다가 할 일을 대신하는 게 버릇처럼 되었다. 하루는 그날 역시 몸이 아픈 아이가 있어서 모두 먼저 내보내고 혼자 남아 작업장 청소를 하고 있었다. 그런데 업주에게 그만 들켜버렸다. 업주가 왜 그러고 있느냐고 물어서 태일이 사실대로 대답했다. 그러자 기업주가 불쾌한 낯빛으로 "재단사는 재단사가 할 일만 하지 왜 시다들의 일까지 참견하느냐? 자꾸 그러면 시다들의 버릇이 나빠진다"라고 주의를 주었다.

그런 일이 있은 다음날 업주가 다시 밤늦게 작업장에 올라가보니 여전히 태일이 혼자 청소를 하고 있었다.

"어제 일껏 주의를 주었는데도 왜 또 마음대로 일찍 내보냈느냐?"

"죄송합니다. 며칠 전 밤일하고 난 뒤부터 하도 피곤해하기에 애처로워서 보냈습니다. 그러나 그 애들 일할 만큼 제가 대신하면 되는 것 아닙니까?"

"그렇다면 마음대로 해! 주인 말 안 듣고 그렇게 제멋대로 하는 재단사하고는 나도 같이 일할 수 없으니 내일부터는 나올 필요 없네……."

업주와 재단사 사이에 이런 따위 말다툼이 몇 번 오가고 나서 그는 간단하게 해고를 당했다. 원래 업주는 태일을 곱게 보지 않았다. 재단사가 미싱사와 시다들의 사정을 들어주고 생각해주는 것이 업주에게 이로울 리 없었다. 그저 시키는 대로 묵묵히 일만 하는 종업원이 업주에게는 가장 반가운 사람이다. 그런데 이놈의 재단사는 어찌된 셈인지 아무 때고 시다가 좀 아프기만 하면 약방에 데려간다고 자리를 비우기 일쑤고, 애들에게 밤일 좀 시키려고 하면 번번이 낯을 찌푸리고 하니……. 그러던 판에 때마침 적절한 트집거리가 생겼으니 업주는 이때다 하고 그를 내쫓았다.

해고당한 사실 자체는 태일에게 있어서 아무것도 아니었다. 평화시장에서 그 정도의 재단기술이 있으면 일자리는 많았다. 아무 데서나 구할 수 있다. 중요한 것은 이 바닥에서는 최소한의 인정을 베푸는 것조차도 허용되지 않는다는 사실이었다. 그는 그가 처음 재단사가 되기로 결심하였던 때의 일을 생각했다. 그때 그는 재단사로서 약한 직공들을 돕고, 불쌍한 '시다'들에게 잘해주자고 마음먹었던 것이 아닌가? 재단사가 되면 어느 정도까지는 그런 온정을 베풀 수 있으리라고 기대했었던 것이 아닌가? 주인이 자신에게 차마 그것마저도 못하게 막으리라고는 생각해보지 못했다. 여기에 생각이 미쳤을 때 그는 자신이 이제껏 무언가 잘못 생각하고 있었다는 것을 깨달았다.

그로부터 얼마 후 그는 다른 직장으로 옮겨 여전히 재단사로서 일하고 있었다. 그러나 이때의 전태일은 이미 어제까지의 전태일이 아니었다. 그는 낮이면 직장에서 재단사 친구들을 틈틈이 찾아다니며 '바보회'를 조직하는 조직자였고, 밤이면 그의 판잣집에서 '근로기준법' 조문을 뒤지며 밤이 새는 줄도 모르고 내일의 밝은 노동조건을 꿈꾸는 그런 사람이 되어 있었다.

3

바보회의 조직

노동자는 누구를 막론하고 그 자신과 가족을 위하여
인간의 존엄성에 어울리는 생활을 유지할 수 있는,
공정하며 상당한 보수를 받을 권리를 가지며,
필요한 경우에는
다른 사회보장 방법으로써 보충을 받을 권리를 가진다.
모든 사람은 자신의 이익을 보장받기 위하여
노동조합을 조직하고 여기에 가입할 권리가 있다.

— 세계인권선언 제23조3·4항

모든 사람은 노동시간의
합리적인 제도 및 정기적인 유급휴가를
포함하는 휴식과 여가를 가질 권리가 있다.

— 세계인권선언 제24조

근로기준법의 발견

전태일의 아버지 전상수 씨는 젊은 시절에 대구에서 어느 방직공장에 다녔는데, 어느 땐가 대구의 노동자들이 총파업을 하게 되어서* 그 파업에 가담하였던 경력이 있었다. 그 당시만 해도 해방 직후의 혼란기여서 노동운동이 폭발적으로 일어나고 있을 무렵이었다. 전상수 씨는 이때 평범한 노동자로서 그의 공장에서 있었던 파업에 가담하였을 뿐이고, 파업을 주도하는 간부는 아니었다고 한다. 그러나 그는 파업에 비교적 열성적으로 가담한 편이어서, 파업이 오래 끌게 되면서는 일종의 하급연락원으로서 싸우게 되었던 모양이다.

그 당시의 모든 노동운동이 그러했듯이 전상수 씨가 가담하고 있던 파업도 기업주와 경찰의 이중탄압을 받아 꺾였다. 회사 측에서는 새로 직공들을 모집하여 파업을 깨려 하였는데, 파업노동자들이 완장을 두르고 공장 문 앞에 진을 치고 막아서서 새로 온 일꾼들을 돌려보내며 버티어서, 파업은 한 달 넘도록 계속되었다. 그러나 결국에 가서는 회사 측이 파업노동자들의 요구조건을 끝내 듣지 아니하고 공장 문을 닫고 계속 버티는 바람에 먹고살 것이 당장 없었던 노동자들이 동요되었고, 거기에다 경찰이 파업주동자들을 검거해

* 1946년 9월, 철도노동자들의 파업을 시발로 일어난 남한 전역의 총파업

버리는 바람에 파업이 결국 깨졌다.

전상수 씨는 아들이 노동운동에 관심을 갖고 있는 것을 알았을 때, 자신의 젊은 시절이 생각났다. 그는 그 시절 노동운동을 적극적으로 주도하던 사람들이 예외 없이 일생을 그르치는 피해를 당하는 것을 무수히 목격하였다. 그의 세대 사람들에게는 '노동운동'이란 입 밖에 내기도 꺼려지는 금기였다.

전상수 씨는 아들이 노동운동에 뛰어드는 것을 어떻게 해서라도 막아야 한다고 생각했다. 태일이 처음으로 그에게 "아버지, 옛날 얘기를 들려달라"고 부탁하였을 때, 그는 굳은 표정으로 그런 것은 왜 묻냐고 하면서 일절 대답을 하지 않았다. 그러나 며칠이 지나지 않아, 그는 아들의 노동운동에 대한 관심이 의외로 깊고 집요한 것임을 발견하였다. 생전 그런 일이 없었는데 며칠째 계속하여 제발 좀 가르쳐달라고 졸라대는 것이었다.

전상수 씨는 생각을 달리하였다. 이 정도 되었으면 이제는 자기가 얘기 안 해준다고 영영 모를 리도 없고 하니 차라리 모두 다 아는 대로 이야기하여 그 일이 얼마나 어려운 일인가를, 아니 절대적으로 불가능한 일이라는 것을 깨닫게 해주고, 또 노동운동을 하면 장래 어떤 화(禍)를 입게 될 것인지도 알려주어 이 기회에 아주 단념하도록 만드는 것이 낫겠다는 판단이었다.

어쨌든 태일은 아버지로부터 노동운동에 관한 여러 가지 이야기를 듣게 되었다. 아버지의 결론은 물론 언제나 뻔한 것이었다. 이만저만하니 일찌감치 단념하고 기술이나 열심히 배웠다가 나이 서른 넘어서 무엇을 하든 네 마음대로 해보라. 이런 말이 나올 때 전태일의 대답은 으레껏, "제가 지금 무엇을 하려는 것이 아니라 이 다음에 혹 필요하게 될까 싶어 그냥 알아두려는 것입니다"라는 식이었다. 그러다가도 부자(父子) 간에 말이 잘못되어 언성을 높이게 되면, 그는 "아버지가 못한 일이니 내가 꼭 해내야 되겠다"고 하기도 하였다.

태일은 아버지의 얘기를 듣게 되면서 차차로 노동운동이 얼마나 험난한 일인가를 짐작하게 되었다. 특히 아버지가 옛날 자기들이 파업자금을 충분히 마련하지 못하여 실패한 이야기를 하면서, "노동운동도 돈이 있어야 할 수 있다"고 하였을 때에는 무척 실의에 잠기기도 하였다. 그럼에도 불구하고 그는 아버지의 얘기로 용기가 꺾이기보다는 오히려 더욱 강렬한 용기와 새로운 투지를 얻었는데, 특히 아버지와 얘기 도중에 우연히 근로기준법의 존재와 그 내용을 알게 되었을 때는 그의 전신에 새로운 희망과 확신과 환희가 벅차올랐다. 근로기준법의 발견은 실로 그의 운명을 좌우한 중대사건 중의 하나였다.

근로기준법은, "근로조건의 기준을 정함으로써 근로자의 기본적 생활을 보장·향상시킴……을 목적으로" 하는 법이라고 그 법 제1조에 못 박혀 있다. 이제껏 '모든 환경으로부터 거부'당하며 살아온 전태일에게는, "근로자의 생활을 보장·향상"시키기 위하여 법률이 마련되어 있다는 사실 하나만으로도 암흑의 동굴 속에서 한 줄기 광명을 발견한 듯한 놀라운 환희였다. 근로자에게도, 모든 것을 빼앗긴 지지리도 천한 핫빠리 인생에게도 인간답게 살 권리는 있는 것이로구나. ……이러한 눈물겨운 자각이야말로 자유를 위한 모든 저항의 시초가 아니던가? 그것은 일순간에 곧 저주받은 현실에 대한 무서운 분노로 변하여 끓어오르게 되는 것이 아닌가? 근로기준법 제42조, "근로시간은 휴게시간을 제하고 1일에 8시간, 1주일에 48시간을 기준으로 한다. 단, 당사자 간의 합의에 의하여 1주일에 60시간을 한도로 한다"는 규정을 보았을 때, 전태일은 무엇을 생각하였을까? 또 제45조, "사용자는 근로자에 대하여 1주일에 평균 1회이상의 유급휴일을 주어야 한다"는 구절을 보았을 때는? 하루에 14시간, 1주일에 98시간 이상의 노동이 어디에서나 공공연히 벌어지고 있었던 평화시장의 현실 속에서 장시간 노동에 시달리면서도 어쩔 수 없다고 생각하며 속만 태우던 그에게 이러한 발견은 실로 비상한 충격을 주었다.

그뿐인가? 유해위험작업에 관한 규정(43조), 여공에 대한 월 1일의 유급생리휴가(59조), 18세 미만의 어린 근로자들에 대한 교육시설 규정(63조), 건강진단(71조), 재해보상(제8장), 여자와 18세 미만 근로자에 관한 야간작업 금지 규정(56조) 등등의 꿈같은 신천지가 눈앞에 열릴 때, 전태일은 그 모든 규정들과는 너무나도 어긋나게 벌어지고 있는 평화시장의 비인간적 노동현실에 대한 분노가 새삼스럽게 끓어올랐다. 근로기준법은 이러한 규정들이 실제로 지켜지도록 벌칙 규정을 두어, 예컨대 사용주가 13세 이상 16세 미만자의 근로시간인 7시간(경우에 따라서는 9시간)을 지키지 않을 때는 그 사용주를 2년 이하의 징역이나 2만 원 이하의 벌금에 처하도록 되어 있으며, 또 제108조에는 근로감독관이 이 법에 위반된 사실을 알고도 고의로 묵과할 때는 3년 이하의 징역 또는 5년 이하의 자격정지에 처한다고 못 박고 있다. 그런데도 불구하고, 전태일은 평화시장에서 몇 년 동안 일하는 사이에 근로시간 같은 것은 아예 완전히 무시되어버리고 있는데도 그 때문에 업주가 처벌을 당했다거나 근로감독관이 문책당했다는 것을 한 번도 들어보지 못했다.

이제껏 '이렇게 좋은' 규정들이 있는 줄도 모르고 그저 직장에서는 주인이 맘대로 하는 것인 줄만 알고 찍소리 한번 못하고 속아 살아온 자신이 정말 너무나도 '바보'였다.

새로운 전망이 보일 때 사람들은 현실을 보다 철저히 반성하고 비판할 수 있다. 오늘의 현실이 언제까지나 그대로 있는 것이 아니라 조만간에 다른 것으로 고쳐질 수 있는 것이라고 확인할 때 분노하는 자의 가슴에 타고 있는 불씨에는 기름이 부어지고 저항하는 자의 팔뚝에는 뜨거운 핏줄이 솟는다. 이제 전태일은 자신이 '바보'였다는 것을 통절히 깨달았다. 또 나라의 법으로 보장되어 있는 근로조건을 쟁취하지 못하고 죽은 듯이 혹사당하고만 있는 평화시장 일대의 모든 노동자들이 다 '바보'라고 생각되었다. 그는 그 '바보'들의 모임인 바보회를 만든다.

재단사 친구들

1968년 봄 평화시장 재단사인 김개남(金開南, 가명)은 전태일을 알게 되었다. 당시 태일은 한미사를 그만두고 딴 가게에서 일하고 있었다. 오랜 겨울이 끝나 바깥 세상은 화창한 새봄이 와 있었지만, 그들은 어둠침침한 평화시장 2층 복도에서 만났다.

전태일은 머리를 짧게 깎은 '스포츠가리'를 하고 거무죽죽한 작업복을 입고 있었다. 김개남은 새로 사귀게 된 이 평범한 재단사 친구의 얼굴이 무엇인가 무거운 고뇌에 짓눌려 있는 듯한 어두운 인상이라고 느꼈다. 자세히 보니 무언가 넋을 잃고 골똘한 생각에 잠겨 있는 듯한 표정 같기도 하였다.

개남과 태일은 작업장이 가까이 있었던 관계로 그 뒤로도 자주 마주하게 되었다. 개남은 만날 때마다 태일이 무슨 두꺼운 책을 항상 옆에 끼고 다니는 것을 보고 '특이한 친구'라고 생각했다. 주위에서 들리는 평으로는 이 '특이한 친구'는 "여공들에게 부드럽게 대하는 사람"이라 하였다. 우연히 마주치는 일이 잦았던 것이 차차로 깊은 교우관계로 발전해갔다. 그들은 점심시간에 근처의 간이식당에서 30원짜리 우동을 함께 들기도 하였고, 서울음대가 내려다보이는 평화시장 2층 복도의 창가에 나란히 서서 이야기를 나누기도 하였다. 각자의 가정환경이나 자라온 배경에 관한 얘기들이, 차차로는 나날의 고달픈 노동에 대한 또는 세상의 이런저런 모습에 관한 얘기들이 그들의 짧은 여가를 메워나갔다.

그러는 사이에 개남은 태일이 평화시장 3만 노동자들이 다 같이 당하고 있는 작업환경이나 노동시간 문제 따위에 '이상하게도' 깊은 관심을 갖고 있으며, 그것이 그의 표정을 어둡고 무겁게 만드는 것이라는 사실을 알게 되었다. 둘의 이야기가 근로조건에 미칠 때면 평소에 말수가 적고 침착한 편인 태일이 얼굴에 홍조를 떠올리며 열기 띤 어조로 장광설을 늘어놓는 것을 개남은 자주 보게 되었다. 언젠가는 태일이 근로기준법 조문을 보여주며 1주일에 한 번씩

중부시장에서 재단사로 일할 때 재단보조와 함께
(왼쪽이 전태일, 1968년경)

딱딱 쉬게 되어 있고, 아이들에겐 야간작업을 시켜서는 안 되고 야간작업 하면 수당을 더 주게 되어 있는데 평화시장에서 언제 그런 것 지켜지는 거 봤느냐고 하면서 열을 올릴 때에, 그 말을 듣고 있는 개남 자신도 몸이 분노로 떨리는 듯한 것을 느꼈다. 여태껏 그저 빨리 기술만 익힐 것을 목표로 살아왔고 노동조건 문제 같은 것에 대해서는 별로 관심을 가져보지 못했던 개남도 태일과 대화가 거듭되면서 점차로 그것에 관심을 가지고 새로운 각도에서 작업장에서 일어나는 일들을 살펴보게 되었다.

1968년 말경이라고 개남은 기억한다. 태일이 근로조건 개선을 위해 재단사들의 모임을 만들자고 제의해왔다. 우리들 근로자 한 사람 한 사람을 떼어놓고 보면 가진 것 하나 없는 힘없는 존재들이지만, 뭉쳐서 싸우면 우리도 큰 힘을 낼 수 있다. 근로조건 개선이 쉬운 일은 아니나 재단사들 몇 명이라도 조직을 가지고 모든 방법을 다 동원해서 노력하면, 우리가 바라는 것만큼 다는 안 된다고 해도 적어도 근로기준법 조문 몇 개는 그대로 지켜지도록 만들 수 있다. 정 업주들이 말을 안 들으면 평화시장 3만 근로자가 일제히 파업을 해버리거나 데모를 하거나 하면 저희들이 안 들어주고 배겨낼 재주가 있겠느냐. 이러한 것이 태일의 이야기 취지였다.

그 말을 들으며 개남은, "야, 너무 커다란 것 아니냐?" 하는 섬뜩한 생각도 들었지만, '얘기는 좋은 얘기'이고 또 '그렇게 한번 해보고 싶은' 마음도 솟구쳐 올라 좋다고 찬성을 했다.

그들은 곧 머리를 맞대고 구체적인 의논으로 들어갔다. 먼저 모임의 성격을 어떻게 할 것인가가 이야기되었는데, 처음부터 노동운동단체로 내걸면 겁들을 내고 꺼릴 테니 우선은 친목단체로 해두자고 합의가 되었다. 사람 모으는 문제는 둘이 힘닿는 대로 각자 아는 재단사들을 규합하기로 하되, 친목회를 조직하면 서로 어려운 일 있을 때 도와줄 수 있고, 특히 직장을 옮기고 싶을 때 서로 정보를 교환하여 알선해줄 수 있다는 취지로 설득시켜 모으기로 하였다.

모임을 운영하자니 우선 모일 장소가 걱정이었다. 개남은 방 하나를 얻어서 자취하고 있었는데 방이 너무 비좁았고, 태일의 집은 평화시장에서 너무 멀리 떨어져 있을 뿐만 아니라 아버지가 무서워 모일 수가 없었다. 별수 없이 비싼 찻값을 물더라도 시장 근처의 다방에서 모일 수밖에 없었다. 자연히 모임에 드는 비용도 많아질 것으로 예상되었는데, 그것은 주로 태일과 개남이 부담하기로 하였다. 새로 가입하는 회원들에게 돈 부담을 시키면 모임이 잘 안 될 거라고 태일이 말했다.

한 사나흘 만에 10명 남짓한 인원이 모아졌다. 태일이 6~7명, 그리고 개남이 3명을 모았다. 모집하다 보니 현재 직장을 가지고 있는 재단사들은 일에 쫓겨 잘 응하지 않았고, 주로 직장을 옮기려고 잠시 쉬고 있는 사람들이 모였다. 태일도 그때 마침 직장을 바꾸려고 쉬고 있는 중이었다.

첫 번째 회합은 동화시장 아래 은하수다방에서 열렸다. 그들은 컴컴한 다방 한 구석자리에 몰려 앉아 서로 인사를 나누었다. 처음 얼굴을 대하는 사람들이 많았으므로 화제는 자연히 누구누구를 아느냐는 식으로 시작되어 어느 공장은 어떻고 그곳 주인은 사람이 어떠하며 그곳은 임금이 어떠하다는 따위의 얘기가 나오고, 이제는 우리가 기왕에 친목단체로 모였으니 앞으로는 직장관계에 서로서로 협조하자는 방향으로 흘러갔다. 이러한 별것 아닌 이야기가 진행되고 있는 동안에도 태일과 개남은 줄곧 주위 손님들이 이야기 내용을 들을까봐 신경을 썼다.

한 시간가량 진행된 모임이 거의 끝나갈 무렵 태일이 일어나서 "앞으로 우리가 친목을 도모하되 개선해야 할 것이 있다. 우리도 그렇고 평화시장 일대의 3만 명 직공들이 다 혹사당하고 있으니 이것을 시정해야 한다. 다음 기회에는 그런 이야기를 해보자"라는 취지의 말을 하였다. 모인 사람들이 이 말에 별다른 반응을 보이지 않았는데, 회합이 끝난 뒤 한 재단사가 태일에게로 다가와 악수를 청하면서 "좋은 얘기를 했다. 나도 직장생활하면서 느낀 것이 많으니 나중에 한번 이야기해보자"라고 하였다. 그날은 그렇게 헤어졌다. 이날의 찻값은 태일이 전액 부담하였는데 그 뒤로도 번번이 그가 대부분의 찻값을 부담하였다. 바로 얼마 전 그는 구로동의 어느 맞춤집에서 일하고 나오면서 월급을 탄 돈이 마침 있었는데, 그 돈이 거의 이러한 찻값에 다 들어갔다고 한다.

두 번째 회합은 첫 번째로부터 한 주일 후에 역시 은하수다방에서 열렸다. 먼젓번에 모였던 사람들이 전원 출석하기는 하였으나 태일이 뜻하던 대로 근로조건 개선에 관한 얘기가 활발하게 진행되지는 않았다. 태일이나 개남이나 모두 이런 식의 회합을 진행시키는 데에 익숙하지 못한 처지였으므로, 모임은 산만한 화제가 오가는 가운데서 별다른 성과 없이 끝났다. 가끔 태일이 열변을 토할 때에 모두 침묵을 지키며 조용히 듣고 있는 정도였다.

대부분이 지금껏 자기 눈앞에 닥치는 일상적인 문제만 생각하고 살아왔던 것이리라. 그들이 몇 년을 하루같이 겪어왔던 비인간적인 노동조건과 생활의 고통에 대하여 새삼 분노를 터뜨리는 태일의 열변에 감동되기에 앞서, 무엇을 어떻게 하자는 말인지 알 수 없다는 식의 당혹감이 일어났는지도 모른다.

이러한 회원들의 소극적 태도는 조금씩 차차로 나아지기는 했으나 크게 보면 바보회가 해체될 때까지 그대로 계속되었고, 이것이 태일을 몹시 실의에 빠지게 했다. 그는 모든 재단사들이 자기 마음과 같지는 않다는 사실이 몹시 안타까웠고, 노동운동이 얼마나 어려운가를 더욱 뼈저리게 느꼈다.

이러는 가운데 태일은 하나의 엉뚱한 생각을 하였다. 그것은 거액의 돈을 마련하여 평화시장 안에 모범적인 업체를 만들어서 근로기준법을 준수하고 노동자에게 인간적인 대우를 해주면서도 얼마든지 돈을 벌 수 있다는 것을 세상에 보여주고, 그럼으로써 다른 모든 업체들이 그 뒤를 따르도록 해보겠다는 생각이었다.

이러한 화려한 공상에 잠기다가도 그것이 현실적으로 실현 불가능한 일이 아닌가 하는 생각으로 돌아올 때에는 암담한 절망감과 함께 또 다른 엉뚱한 생각이 불현듯 고개를 쳐들기도 하였다. 그것은 정 안되면 내 한 목숨 바치면 이루어질 수 있을 것이 아닌가, 아무래도 내 한 몸이 죽어 없어져야 일이 이루어질는지도 모르겠다는 무서운 생각이었다.

재단사들의 모임이 시작된 이래로 태일과 개남은 거의 매일같이 평화시장 2층 복도에서 만나서 서울음대 쪽을 창밖으로 내려다보며 머리를 맞대고 모임의 운영과 근로조건 개선 문제를 이야기하였다. 둘은 모임이 뜻대로 되어가지 않는다고 탄식을 하면서 모범업체를 만들어보자는 구상을 중심으로 여러 가지 계획을 세워보다가 현실적인 어려움에 말이 미치면 마주 쳐다보며 "이게 원래 우리 힘으로 될 일이 아니지야……" 하며 허탈하게 웃기가 일쑤였다. 어떤 때는 태일이 심각한 표정으로 "한두 목숨 없어져야 근로조건 개선이 이루어진다"고 말하여 섬뜩하기도 하였다.

이런 가운데서도 태일의 비상한 열의로 재단사 모임은 계속되어 1969년 6월 말경에 정식으로 창립총회를 가지게 되었다. 그 사이에 드문드문 있었던 몇 차례의 모임에서 태일은 근로기준법의 조문을 하나하나 회원들에게 설명해주었는데, 그것이 그들에게 충격을 주었는지 그들도 점차로 태일의 이야기에 호응하기 시작하였다. 창립총회가 열릴 때쯤 해서는 벌써 대부분의 회원들이 일반 근로자들에 비하여 노동문제에 훨씬 민감하였고, 모임의 성격도 근로조건 개선을 위한 단체쯤으로 생각하게끔 되었다. 다만 문제는 회원들 중 상당수가 여전히 "우리의 미약한 힘으로 어떻게 근로조건 개선을 이룰 수 있는가" 하는 의문을 품고 있었고, 이 의문을 아무도 설득력 있게 풀어줄 수 없었다는 데 있었다.

창립총회는 남들의 눈을 피하여 덕수중학교* 근처의 어느 허름한 중국음식점 방에서 열렸다. 태일의 제의에 따라 명칭은 바보회

---

* 을지로6가, 현재 테마 쇼핑몰 동대문 케레스타(옛 거평프레야)가 들어선 곳이다.

로 부르기로 결정되었다. 얼마 후 그들은 창동 태일이네 집으로 자리를 옮겨 그곳에서 밤을 새우며 앞으로의 활동 계획을 토의하였다.

바보회의 사상

왜 전태일은 근로조건 개선을 목표로 하는 재단사 모임의 이름을 바보회로 하자고 제의하였는가? 또 어째서 회원들은 만장일치로 받아들였던 것인가?

전태일의 설명은 이러하였다. 우리는 당당하게 인간적인 대접을 받으며 살 권리가 엄연히 있는데도 불구하고, 여태껏 기계 취급을 받으며 업주들에게 부당한 학대를 받으면서도 바보처럼 찍소리 한 번 못하고 살아왔다. 그러니 우리 재단사들의 모임은 바보들의 모임이다. 이것을 우리가 철저하게 깨달아야 하며, 그래야만 언젠가는 우리도 바보 신세를 면할 수 있다. ……또 그는 이런 이야기도 하였다. 재단사 모임을 시작하면서 그는 나이가 든 선배 재단사들을 찾아다니며 협조를 청하였는데, 그들은 한결같이 "그건 이루어질 수 없는 일이다. 뭘 안다고 너희가 그런 엄청난 일을 벌이려 하느냐?"고 막으면서 노동운동을 하겠다고 설치는 놈은 '바보'라고 하더라는 것이었다. 그렇다면 좋다. 우리가 한번 바보답게 되든 안 되든 들이박아나 보고 죽자. 이것이 그의 제안의 내용이었다.

태일의 이러한 설명이 끝나자 좌중에서 일제히 박수가 터져 나왔다. 만장일치. 아무도 반대하는 사람이 없었고 곧 그것은 한두 사람의 찬성 발언을 거쳐 전체 의사로 채택되었다. 태일의 설명은 그들에게 깊은 공감을 불러일으켰으며, "좋다, 우리는 바보다!" 하는 어떤 법열(法悅)과 같은 감동과 연대감이 각자의 가슴 속 깊이에서부터 뜨겁게 응어리져 올라와 소리 없는 함성으로 그 자리에 메아리쳤다. 이제 그들은 '바보'로 살아오다가 또 다른 뜻의 '바보'로 새출발을 한 것이다.

누가 바보이며 누가 바보가 아닌가? 우리 사회에서 '똑똑한 사람'이란 어떤 사람을 뜻하는가? 남의 등을 밟고 올라서는 사람, 남의 피땀의 성과를 가로채는 사람, 남을 속이며 남으로부터 절대로 속지 않는 사람, 자신의 이득을 위하여 남에게 손해를 끼치며 남으로부터는 절대로 손해를 보지 않는 사람, 그리하여 돈을 벌든지 권력을 잡든지 하여간에 '출세'를 해서 세상 사람들의 찬탄과 부러움을 한 몸에 받으며 '명예롭게' 살아가는 사람들, 그들이 이른바 잘난 사람, 똑똑한 사람들이다.

이런 '똑똑한 사람' 말고 또 한 부류의 '약은 사람', '현명한 사람'들이 있다. 그들은 '현실과 타협'할 줄 알고 '현실에 적응'할 줄 아는, 이른바 처세에 능한 사람들이다. 강자에게 절대로 저항하지 아니하고, 어떤 부당한 취급을 당하더라도 고분고분 고개 숙이고 받아들이며, 반대로 약자 앞에서는 허리를 뻣뻣이 펴고 헛기침을 한다는 것이 그들의 처세 철학 제1조이다. 그들의 사전에는 현실에 대한 비판이나 강한 자에 대한 저항이라는 말이 없다. 일제 36년의 억압과 지배의 현실, 해방 이후의 정치적 격동, 그리고 6·25의 혼란을 몸으로 겪으면서 살아남았던 기성세대는 이러한 비굴한 처세 철학을 뼛속까지 익힌 '현명한 사람들'로 가득 메워져 있다. 세상의 부모들은 자기 자식에게 '잘난 사람'이 될 것까지는 기대할 수 없어도 최소한 이러한 '약은 사람'이 되기를 기대하고 그렇게 가르친다. 그뿐인가? 강자들이 판을 치는 모든 사회기구가 한결같이 새로 자라나는 세대에게 가르치는 것은 '적응', '타협', '겸손', '순종', '온건' 등등의 '미덕'이다.

적응할 줄 아는 사람이 되어야 한다는 것은, 우리 사회에서 하나의 절대적인 진리, 당연한 삶의 요결(要訣), 전혀 의심할 여지 없는 공리처럼 되어 있다. 어릴 때부터 우리가 부모, 선배, 교사, 라디오, TV, 영화, 고명한 학자, 승려, 정치인 등등의 모든 권위로부터 귀에 못이 박히도록 되풀이해 들어온, 이 그럴듯한 추상적 명제를 한 꺼풀만 벗겨놓고 보면 그것은 곧 어떠한 현실에건 저항하여서는 안 된다고 하는, 쓸개를 빼놓고 살아야 한다는, 거세된 노예가 되기를 강요하는 실로 무서운 주문(呪文)인 것이다.

흔히들 아무개는 군대에 갔다오더니 '사람 다 되어서 왔다'고 하는 말들을 한다. 군대가 사람 만드는 곳이다, 군대에 갔다오면 사회에 적응할 줄 아는 인간이 된다고 하는 우리가 수없이 듣는 이 말이 뜻하는 것은 무엇일까? 철저한 상명하복(上命下服), "×으로 밤송이 까라면 깠지 무슨 이유가 필요하냐?"는 식의 어떠한 불합리하고 비인간적인 명령이라도 아무 이의 없이 지켜져야만 하는 숨 막히는 계급사회, 인간적인 존엄이니 자유니 평등이니 하는 것은 한 방울도 찾아볼 수 없는 이 호령과 기합과 '빳다 방망이'의 세계가 '사람을 만든다'는 것은 무엇을 뜻하는가? 그것은 바로 자신이 얼마나 무력하고 얼마나 왜소한 존재인가를 뼛속 깊이 깨달아 겸손(?)해진 인간, 강자의 지배에 도전하거나 저항하거나 이의를 내세운다는 것이 '달걀로 바윗덩어리를 치는' 것처럼 얼마나 어리석은 일인가를 철저히 터득하여 온순해진 지각 있는(?) 인간, 그러한 인간이 군대로부터 만들어져 나온다는 것을 뜻한다. 바로 이것이 '적응할 줄 아는 인간'의 정체이다.

사회는 이러한 인간을 여러 가지 그럴듯한 표현을 써서 이상적인 인간상으로 미화한다. "사회가 필요로 하는 인간이 되어야 한다"는 설교는 그 대표적인 예의 하나이다. "사회가 필요로 하는 사람"이란 물론 사회의 모든 구성원들의 참된 인간적 필요를 충족시키기 위해 공헌하고 봉사하는 사람을 뜻하는 말이 아니다. 회사원의 경우는 사장이 필요로 하는 사람이 곧 그것이다. 노동자의 경우는 기업주가 필요로 하는 일 잘하고 말 잘 듣고 부지런한 사람이 바로 그 '사회가 필요로 하는 사람'이다. 말하자면 지배하고 명령하는 강자의 이익에 가장 잘 봉사할 수 있는 사람, 그것이 바로 강자의 사회가 요구하는 이상적인 인간상이다. 그것은 하나의 존엄하고 독립된 주체적 인간으로 모든 내면적 욕구와 의지와 희망의 충족을 포기하고 강자를 위한 하나의 도구·기능·노동력으로 전락해버린 인간상이며, 또 그 참혹한 전락을 아무런 비판 없이 받아들이고 있는 인간상이다. "권리보다는 의무를, 자유보다는 책임을" 숭상하라고 하는 요구는 바로 이러한 인간을 만들어내기 위한 그들의 비장의 주문이다.

전태일과 그의 친구들은 '똑똑한 인간', '약은 인간'이 되기를 거부하고 스스로를 '바보'라고 선언하였다. 무엇인가 마음을 치는 대의 (大義)의 부름이 있어 고난의 가시밭길을 스스로 나서는 사람은 세상의 눈으로 볼 때 바보이다. 열심히 기술이나 배워 일류 재단사가 되고, 그래서 돈을 모으고, 잘 되면 한밑천 장만하여 장사를 하든지 평화시장쯤에 공장을 하나 차리든지 하면 빠를 텐데, 부질없이 되지도 않을 근로조건 개선이나 부르짖고 다니다가 업주들의 미움을 사서 해고나 당하고 혹은 쥐도 새도 모르게 끌려가서 치도곤을 당하는 그런 아무 이득 없고 손해만 보는 어리석은 길을 택하다니. 그것은 바보이다. "남들은 다 밸이 없어서 가만히 죽어지내고 있는 줄 아니. 즈이들이 무슨 통뼈라고 중뿔나게 나서서 노동운동이니 뭐니 하고 설쳐? 그런다고 뭐가 될 줄 아나. 결국 신세 조지고 피 보는 건 즈이들뿐이라고, 어리석은 것들." 어떤 사람들은 이렇게까지 말할지도 모른다.

인간을 비인간으로 만들고 있는 사회는 스스로 인간다운 삶을 되찾으려고 일어서는 사람들을 향하여 조소를 던지고 그들을 바보라고 낙인찍는다. 노예사회에서 벗어나 진정한 인간으로 되려고 발버둥치는 사람들을 비정상적으로 취급한다.

세상 사람들은 전태일과 그의 친구들을 '바보'라고 한다. 왜 바보인가? 고난의 길을 자초하니 바보이다. 세태와 타협할 줄 모르고 순응할 줄 모르니 바보이다. 그러나 과연 그럴까?

억압받고 착취당하는 노동자들의 단결을 부르짖고 인간으로서 권리를 되찾기 위하여 나서자고 호소하는 전태일을 보고 나이 든 선배 재단사들이 '바보'라고 불렀을 때, 그는 단연코 '좋다, 나는 바

바보회 창립 즈음 평화시장 옥상에서

(1969년 여름)

보다'라고 마음속으로 부르짖었다. 그것은 스스로를 비웃는 자조(自嘲)의 소리는 아니었다. 그것은 자신을 보고 바보라고 부르는 세상의 거꾸로 된 가치관에 대한 도전이었고, 자신이 가려고 하는 길이 절대로 그릇된 길이 아니라고 하는 강렬한 자기 확신의 표현이었다. 그것은 세상의 '똑똑한' 자들에 대한 불을 토하는 매도였고, 세상의 '약삭빠른' 자들에게 되돌려주는 동정어린 비웃음이었다.

인간의 존엄을 버리지 않고 인간다운 대접을 요구하며 싸우는 것이 바보인가? 노예로서 고통과 굴욕으로 가득 찬 지루한 나날을, 아무런 의의도 보람도 기쁨도 없는 껍데기의 삶을 애걸하며 또 애걸하며 비루하게 살아가는 것이 바보인가? 오늘의 현실이 절대로 변화될 수 없는 영구불변한 현실이라는 미신에 사로잡혀 있는 '약은' 자들이 참된 현실주의자는 아니다. 체념하고 굴종하는 사람이 현명한 사람일 수는 없다. 삭막한 겨울벌판의 나무등치 속에서 내일 화사하게 피어날 꽃잎을 바라보고 오늘의 꿈이 내일의 현실이 될 수 있게 하기 위하여 고난의 길을 딛고 일어서는 사람이야말로 참된 현실주의자인 것이다.

전태일과 그의 친구들이 택한 길은 인간의 길이었다. 그것은 노예가 되기를 거부하는, 스스로의 힘을 확신하는, 진리가 반드시 드러날 것을 의심치 않는, 억압과 착취의 저 깊은 고통의 밑바닥에서 억누를 수 없는 힘으로 오랜 침묵을 깨고 솟아오르는 새시대의 목소리였다. 그들이야말로 자유와 평등을 지향하는 한국사회의 선구자였고, 죽음과 같은 체념과 침묵의 벽을 깨는 시대의 참된 영웅들이었다. 오늘 그들은 약할지라도 내일은 반드시 강성(强盛)해질 것이다. 오늘 그들의 외로운 목소리는 언젠가는 거대한 함성으로 메아리칠 것이다.

오늘 그들의 치켜든 한 개의 작은 촛불은, 내일 수천만의 횃불로 타올라 시대의 어둠을 몰아낼 것이다.

아버지의 죽음과 바보회의 출발

바보회 회장에는 만장일치로 전태일이 선출되었다. 애초에 바보회 발족에 주도적 역할을 한 것도 그였고, 그 당시 노동문제에 가장 열렬한 관심과 지식을 가진 것도 그였으니 당연한 귀결이었다.

창립총회가 있던 날, 태일이 바보회 회원 10명을 끌고 창동 집으로 들어온 것은 밤 11시가 좀 지나서였다. 이때부터 바보회의 주된 회합 장소는 태일의 집으로 바뀌게 되는데, 이렇게 될 수 있었던 것은 그의 아버지가 얼마 전에 돌아가셨기 때문이었다.

태일의 아버지 전상수 씨가 세상을 떠난 것은 1969년 6월(음력 4월 30일)이었다. 잠깐 그 이야기를 하고 넘어가자. 전상수 씨는 앞에서도 우리가 보았듯이 평생의 반 이상을 횟술과 주정으로 보낸 사람이었는데, 작고하기 얼마 전쯤부터는 가족들에게 못할 짓만 하고 갖은 고생을 다 시킨 자신의 과거를 무척 뉘우치고 부인에게도 다정하게 대했다고 한다. 태일도 어렸을 때는 아버지를 원망하였으나 차차 철이 들면서부터는 아버지의 어두운 생애가 가슴 아프게 느껴져 잘해드리려고 애를 썼던 것 같다. 때로 어머니가 아버지를 원망하는 말을 하면, 그는 우리 아버지처럼 불쌍한 사람도 없으니 너무 그러지 마시라고 제지하곤 하였다. 특히 그는 실의에 빠진 늘그막의 아버지의 마음을 위로하려고 끔찍이도 애를 썼다. 돈을 벌게 되자 술을 좋아하는 아버지에게 다달이 500원씩, 1,000원씩을 드리면서 막소주만 드시면 해로우니 돼지껍질 삶은 거라도 사서 안주해서 드시라고 하였다.

전상수 씨는 고혈압 증세가 있었는데 세상 떠날 때는 갑자기 떠났으므로, 태일이 형제는 아버지의 임종을 보지 못하였고 어머니만이 임종하였다. 그 자리에서 전상수 씨는 베갯머리에 앉아 눈물을 닦고 있는 그의 부인을 보고 미안하다는 말 몇 마디를 하고 나서는, 베개를 뜯어보라고 하였다. 뜯어보니 그곳에는 꼬깃꼬깃 접어서 뭉친 500원짜리 지폐가 대여섯 장 들어 있었다. 태일의 어머니가 놀란 얼굴로 남편을 보니, 남편의 주름진 두 볼 사이로 굵은 눈물이 흘러내리고 있었다. 태일이가 다달이 주는 돈으로 한동안은 술을 마셨는데, 나중에는 그 어린것이 뼈가 휘게 번 돈을 쓰기가 죄스러워 술을 끊고 모아두었다는 것이었다. 그 말을 하면서 그는 부인에게 이렇게 덧붙였다. "당신……남편은 잘못 만났지만 아들 하나는 잘 둔 것 같애. 그놈 하는 일 너무 말리지 마오……." 살아 생전에 전상수 씨는 아들이 노동운동하는 것을 어떻게 해서든 막아보려고 했다. 달래기도 여러 번이었고 야단도 여러 번 쳤다. 심할 때는 집에 들어오지 말라고 호통까지 쳤다. 태일은 그런 아버지가 무서워서라기보다도 그 마음을 상하게 해드리고 싶지 않아서 될 수 있는 대로 아버지의 눈을 피해서 노동운동을 하려고 했다. 그래서 재단사 친구들의 모임도 비싼 찻값을 물어가며 이 다방 저 다방으로 전전하면서 가졌지, 한 번도 집으로 친구들을 데려온 적이 없었다. 태일이 처음 친구들을 데려온 것은 아버지의 장례가 끝난 지 며칠 후였다.

그날 밤 태일이 어머니는 우르르 몰려온 아들의 친구들을 보고, '올 것이 왔구나' 하는 불안감으로 가슴이 덜컥 내려앉았다. 그러나 곧 남편의 유언이 생각났고, 또 모처럼 먼 데까지 찾아온 아들 친구들에게 마땅찮은 낯빛을 보일 수도 없고 해서 마음을 수습하고 이들을 반겼다. 그러는 어머니에게 태일은 미안한 듯이 한번 열적은 웃음을 지어보이고는 친구들을 방으로 데리고 들어갔다.

문이 안으로 잠기고 한동안 두런두런하는 소리가 들리더니 태일이 방문을 열고 부엌으로 나왔다. 그는 궁금하고 불안한 표정으로 부엌에 서 있는 어머니의 손에 돈 얼만가를 쥐어드리면서 쌀도 없을 텐데 이 시간에 밥 지을 생각일랑 마시고 비지를 사와서 비지찌개나 끓여달라고 부탁하였다. 그러고는 잠시 망설이는 듯하다가 어색한 표정으로 "비지 사와서 물 붓고 불만 때워놓고 어머니는 이 방에 들어오지 말고 가서 주무시라"고 하였다.

잠시 후 방안에서는 새로이 결성된 바보회의 활동지침에 대한 토의가 벌어졌는데 ,이 토의는 밤을 새워 다음날 새벽까지 계속되었다. 분위기는 매우 열띠었다. 이날 토의된 내용에 관해서는 기록이 남아 있지 않기 때문에 정확히 알 수는 없으나, 참석하였던 몇 회원의 회고담을 종합해보면 대체로 다음과 같았다 한다.

첫째, 평화시장 일대의 3만 근로자의 근로조건이 근로기준법대로 준수되도록 투쟁하는 것이 당분간의 목표이다. 특히 8시간 노동제나 주휴제(週休制)는 법에 못 박혀 있는 것인데, 평화시장 업주들은 이 조문을 정면으로 무시해버리고 제멋대로 14시간, 15시간 작업에 밤근무까지 시키고 있으며 일요일이라고 제대로 쉬게 해주는 것을 못 보았으니, 이러한 불법하고 부당한 현실은 반드시 시정되어야 한다. 시다들은 초등학교를 갓 졸업한 나이의 애들인데 이들은 긴 작업시간에 묶여 글 한 자 못 보고 영영 무식꾼이 되어야 할 판이며, 한 달 내내 햇빛 한번 보는 날이 없이 먼지구덩이 속에서 제대로 몸이 발육하지 못하고 병만 가지가지로 얻게 되니, 이것만은 어떤 일이 있어도 바로잡아야 한다.

둘째, 우리의 목표를 달성하기 위해서는 무엇보다도 먼저 우리의 조직을 튼튼히 하고 확장하여야 한다. 돈도 없고 빽도 없는 빈털터리 인생인 우리들에게는 조직이야말로 유일한 밑천이요 희망이다. 우리도 뭉치기만 하면 누구보다도 큰 힘을 낼 수 있다. 그리고 또 알아야 뭐를 해도 할 수 있다. 회원 각자가 근로기준법을 철저히 연구하고 노동운동에 대해서 알 수 있는 데까지 알아보도록 노력하자. 서로 모여서 연구한 것을 토론도 해보자. 또 회원 각자가 노력을 해서 아는 재단사들을 널리 접촉해서 우리 일의 협조자로 만들고, 그들을 통하여 우리의 주장을 3만 근로자에게 골고루 알리고, 필요한 경우에는 그들을 통하여 연락 루트를 마련한다. 협조자들의 신상에 관해서는 바보회 모임에서 서로 정보를 교환하고 오래 접촉해봐서 믿을 만하다고 판단되면 새 회원으로 가입시킨다. 이렇게 해서 일이 잘 되어가면 언젠가는 돈을 모으든가 어디서 좀 얻든가 해서 평화시장 안에 사무실을 하나 차려놓고 전화도 한 대 놓고 하여, 평화시장에서 근로기준법이 잘 지켜지는가 감시하고 또 일반 근로자들로부터 애로사항을 진정도 받고 하면서 점차 바보회를 노동조합으로 발전시킨다.

셋째, 당장 필요한 일은 근로자들의 노동실태를 조사하는 일이다. 법은 지키기 위해서 있는 것이지 안 지키기 위해서 있는 것이 아니다. 또 근로자들은 살기 위해서 노동하는 것이지 남 좋은 일만 시켜주고 제 한 몸은 죽어가고 싶어서 노동하는 것이 아니다. 그런데 왜 근로기준법만은 유독 지켜지지 않고 근로자들은 생지옥에서 허덕거려야 하는가? 우리의 이러한 비참한 실정이 사회에 사실대로 알려지기만 한다면, 아무리 세상이 메말랐다고 해도 외면하지만은 않을 것이다. 근로기준법이 지켜지는가를 감독하기 위해서 노동청에서는 근로감독관이란 것을 내보내고 있다. 우리가 그들에게 평화시장의 노동실태 조사한 것을 증거로 내놓고 시정해달라고 요구하면 그들도 눈감을 수 없을 것이다.

넷째, 돈 많은 독지가를 찾아내서 한 5,000만원 투자하라고 해서 평화시장 안에 근로기준법을 준수하는 모범업체를 하나 만들자. 우리는 모두 재단사들이고 시장 실정도 남보다 잘 알고 있으니, 우리가 운영하면 근로기준법 그대로 하고도 얼마든지 수익을 올릴 수 있을 것이다. 업주들은 입에 붙은 소리가 장사가 안 되니 임금을 올려줄 수 없다느니, 기업주가 살아야 근로자도 살 수 있지 않느냐니 하는데, 우리가 모범업체로 시범을 보여서 근로자에게 사람 대접해주고도 얼마든지 장사할 수 있다는 것을 증명하자. 그러면 그들도 꼼짝 못하고 근로자들의 요구를 들을 수밖에 없을 것이다. 자금을 어떻게 구하느냐가 문제인데, 평화시장 근로자들의 참상이 바깥 세상에 폭로되기만 하면 반드시 독지가가 나타날 것이다.

전태일이 대체로 이상과 같은 제안을 내놓자 회원들 사이에 갑론을박이 벌어졌는데, 최 아무개라는 회원은 태일의 열변을 듣고 있다가 "그런 일은 좀 있다가 하자. 우리 모두가 아직 부족한 사람들이고 이제 겨우 20대가 아닌가? 좀 더 알고 좀 더 나이가 들어서 본격적으로 하는 것이 어떤가?" 하고 의문을 표시했다. 그밖에도 몇몇 회원들이 그와 비슷한 의견을 내놓았다.

태일은 열심히 그들을 설득했다. 이 일은 잠시도 미룰 수 없는 일이다. 우선 하루하루 우리가 고달프지 않은가? 이 상태로 몇 년 더 가면 우리도 영영 못난 핫빠리 인생 신세를 면하지 못한다. 또 무엇보다도 어린 여공들의 참상을 하루라도 더 팔짱 끼고 앉아서 눈뜨고 보고 있을 수가 없다. 우리가 부족한 사람들이라 하지만 무엇이 그리 부족하단 말인가? 우리도 갖출 것 다 갖춘 남들과 똑같은 '인간'이 아닌가? 우리가 굳센 의지로 뭉쳐서 싸운다면 못할 일이 무엇인가? 또 20대가 결코 적은 나이가 아니다. 20대에 이런 일을 못 해낸다면 처자식 다 생기고 팔다리에 기운이 빠지기 시작하는 30대, 40대에 가서 어떻게 무슨 일을 할 수 있단 말인가?

그의 설득이 계속되는 동안 회원들은 그 열의에 감동되었음인지 점차로 숙연해졌다. 말을 끝맺으며 태일은 숨을 죽이고 듣고 있는 친구들을 돌아보면서 비장한 어조로 이렇게 말했다.

"우리가 하려는 일이 쉽지 않은 일인 줄은 나도 알아. 그러나 목숨

걸고 하는 일에 안 되는 일이 무엇이 있겠나. 정 안 될 것 같으면, 몇 목숨 없어지면 길이 뚫리겠지. 그렇게 해서 된다면 그렇게라도 해 보자는 얘기야……."

이렇게 하여 대충 의견이 모아졌다. 모범업체를 만든다는 것은 아직 막연한 이야기지만 다른 제안들은 우선 실행하기로 결정되었다. 이것이 바보회의 출발이었다.

노력

그것은 결코 화려한 출발은 아니었다. 바보회라는 젊은 재단사들의 모임이 서울 변두리의 한 판잣집에서 결성되고 있던 밤에, 세상의 누가 그것을 주목했을 것인가? 그들은 요리를 시켜놓고 축배를 든 것도 아니었고, 밝은 내일을 내다보며 호기롭게 환호를 터뜨린 것도 아니었다. 그들은 비지찌개 한 그릇씩으로 허기를 달래며 좁은 방안에 옹기종기 웅크리고 앉아 더러는 낮 동안의 노동에서 쌓인 피로로 몰려오는 잠을 쫓아내다 못해 꾸벅꾸벅 졸기도 하면서 밤을 밝혔고, 닥쳐올 개인적인 고난들을 걱정하면서 자꾸만 어두워지려는 마음을 가누기 위하여 안간힘들을 썼던 것이다. 그것은 어둡고 쓸쓸한 출발이었다.

그러나 그럼에도 불구하고 그것은 중요한 출발이었다. 깊은 체념과 침묵과 굴종의 얼음과도 같은 벽을 뚫고, 이제 착취와 억압과 흡혈의 만리장성인 평화시장 일대에 버려진 운명을 스스로의 손으로 타개하려는 젊은 노동자들의 최초의 조직이 탄생하였다. 그들 모두의 인생은 이 출발을 계기로 이제 새로운 모습으로 바뀌게 될 것이었다. 그들만이 아니라 평화시장의 모든 근로자들, 아니 우리 사회의 모든 사람들의 삶에 그것은 어떤 모습으로건 영향을 미치게 될 중요한 사건이었다.

특히, 전태일에게는 감개 깊은 새출발이었다. 이 순간을 위하여 그는 얼마나 고투하였던가? 집에서는 가족들의 걱정을 들으며, 직장에서는 기업주의 눈총을 받으며, 노임을 받은 주머니를 털어 허구한 날 찻값을 물고, 날이면 날마다 망설이는 친구들을 붙잡고 끝도 없이 설득에 설득을 거듭하고, 심지어는 노동문제에 열의를 보이지 않는 친구들을 친분으로라도 묶어두기 위해 극장 구경을 데리고 가거나 자신은 마시지도 않으면서 술을 사기까지 한 일도 여러 번이었다. 하루의 고된 노동과 생계의 걱정이 그의 자꾸만 허약해가는 육신을 삶은 파처럼 기진케 하였다. 하지만 일체의 의지와 의욕을 앗아가려 할 적마다 그는 젖 먹던 힘까지 다 짜내어 다시 일어나 바보회 조직에 나섰다.

이제 그것은 이루어졌다. 그리고 그는 노동운동을 지향하는 한 노동자단체의 명실상부한 지도자가 되었다. 그는 오랜만에 가슴을 펴고 한숨을 내쉬었다. 그러나 그것도 잠깐이었다. 곧 무거운 책임감이 그의 머리를 짓눌렀고, 좀처럼 해소되지 않는 다수 회원들의 소극적인 태도가 그의 마음을 어둡게 했다. 이제부터가 그야말로 출발인데 앞으로 구체적으로 무엇을 어떻게 해야 할 것인지 그리고 그가 자신 있게 제시한 방안들이 과연 그대로 실현될 수 있는 것인지 아무것도 확실한 전망을 가지고 낙관할 수 있는 것은 없고, 앞으로 닥칠 가지가지의 어려움만이 확실한 것이라는 생각에 그는 미칠 듯이 답답하였다.

조직이란 참으로 이상한 것이다. 이제 전태일은 그 자신의 의지만으로 움직인다기보다 조직에 대한 책임감 때문에 더욱 집요하고 열렬하게 노동운동에 달라붙지 않을 수 없게 되었다. 바보회가 창립된 지 얼마 후 그는 어머니에게 빚을 내어 책 한 권을 사달라고 졸랐다. 어느 노동법 학자가 쓴 근로기준법 해설서(『勤勞基準法解說』)였다. 정가가 2,700원이었는데, 어머니로서는 엄청난 액수였다. 달가운 일은 아니었지만 아들이 하도 간절하게 부탁하는 데 못 이겨 동네 사람들에게 며칠에 걸쳐 1,000원씩 500원씩 빚을 얻어 3,000원을 마련해주었다. 그날 저녁 시내에 나가 책을 사들고 들어온 태일은 그렇게 좋아할 수가 없었다. 그때까지는 그는 근로기준법의 딱딱하고 알기 어려운 조문들만 가지고 씨름해왔지 그 내용을 풀이한 책을 못 보았다.

그날 이후로 그는 시간만 나면 그 책을 읽고 또 읽었다. 원래 그 책은 법학을 전공하는 대학생들을 상대로 쓰인 것이었다. 그런데 학력이라고는 초등학교에 2학년, 중등 정도의 공민학교에 한 1년 다닌 것밖에 없는 태일이 그 대학교재를 붙들고 씨름하자니 여간 어려운 일이 아니었다. 몇 페이지만 넘겨도 전문적인 법학상의 개념과 법률용어들이 수두룩하게 나오니 답답하기 짝이 없었다. 어지간한 사람이었다면 몇 장 읽다가 책을 덮고 말았을 것이다. 그러나 태일은 하룻밤을 꼬박 새워 한 장밖에 못 보는 한이 있더라도 책을 놓지 않았다. 이때부터 그는 "대학생 친구가 하나 있었으면 원이 없겠다"는 말을 입버릇처럼 하게 되었다.

태일의 근로기준법 연구는 어둠침침한 작업장에서나, 털털거리며 달리는 시내버스 안에서나, 또 그의 집 골방에서나, 틈만 있으면 낮과 밤을 가리지 않고 계속되었다. 여름밤이면 모기가 달려들어 잠시도 신경을 안정시킬 수 없는 그의 방에서 책을 읽기 위하여 온몸에 모기약을 뿌려놓고 잠과 모기를 쫓으며 밤을 새웠다. 겨울이면 몇 달씩 불이 꺼진 썰렁한 냉방에서 구멍 뚫린 나일론 이불을 머리끝까지 둘러쓰고 손을 호호 불어가며 새까맣게 손때가 묻은 근로기준법 책의 닳아진 책장을 넘겼다. 그것은 연구가 아니라 실로 사투였다.

태일이네 옆동네에 나이 많은 대학생 하나가 살고 있었다. 태일이 광식이 아저씨라고 부르는 사람이었다. 태일은 책을 읽다가 모르는 한문글자가 나오면 으레껏 그에게 찾아가 물어보았다. 어떤 때는 밤 두세 시가 넘어서도 잠자는 광식이 아저씨를 깨워서 미안하다는 말을 열 번도 더하고 물어보았다. 광식이 아저씨가 집에 없는 날은 태일은 몇 번이나 그 집을 찾아 왔다갔다하다가, 나중에는 아예 그 집 문 앞에 서서 몇 시간이고 광식이 아저씨가 돌아오기를 기다리고 있기도 했다(전태일 모친의 회고담).

책을 읽으면서 태일은 간간이 평화시장 실정에 비추어 노동자들의 요구조건이 될 만한 것을 항목별로 메모를 해두었다(이것이 뒷날 그가 노동 실태조사를 위한 설문지를 작성할 때나 노동청에 진정서를 낼 때에 큰 도움이 되었다). 또 그는 책 내용을 어느 정도 이해할 무렵부터는 동생 태삼이에게 그것을 읽히고 설명해주기도 하였다. 책을 읽다가 흥분하여, 옆자리에 누워서 잠자고 있는 어머니를 깨워서 어머니에게 그것을 읽어보라고 권하기도 했다.

"엄마, 엄마. 내 말 좀 들어봐요. 여기 이 해고에 관한 조문이 있는데 평화시장에서는 자기 기분대로 아무렇게나 해고시키고……."

"야, 난 잠 안 자고는 못 살겠으니 너나 많이 읽어라. 그거 안다고 돈이 생기나 밥이 생기나?"

깊은 밤중에 어머니와 아들 사이에 이런 대화가 오간 일이 여러 번이었다. 그럴 때면 태일은, "어머니도 지금 꼭 알아두셔야지 안 그러면 나중에 후회하게 될지도 모른다"고 말하곤 했다 한다(그의 어머니는 지금도 이 말을 하던 아들의 목소리가 귀에 쟁쟁하다고 하면서 아마도 이런 말 할 때부터 태일이 죽을 각오를 하고 있었던 모양이라고 회고한다).

이렇게 근로기준법에 대한 이해가 깊어지면서 태일은 바보회 회원들은 물론이고 주위의 여공들이나 새로 사귀게 되는 친구들에게 기회 있는 대로 근로기준법 이야기를 하면서, 현재 노동자들이 받고 있는 대우가 얼마나 부당한 것인가를 열심히 설명하였다. 시시때때로 친구들을 한두 명씩 혹은 칠팔 명씩 밤늦게 창동 집으로 끌고 와서 밤을 새우며 무엇인가를 이야기하기도 했다. '바보회 회장 전태일'이란 명함을 만들어 각 작업장에 돌려놓고, 다음에 찾아가서 전혀 모르던 재단사들에게 인사를 청하고 '근로조건 개선'을 역설하기도 했다. 이러는 사이에 어느덧 그는 평화시장 일대에서 상당 범위의 사람들에게 하나의 특이한 존재로 알려졌다. 어떤 사람들은 그를 보고 '이상한 사람'이라고 했고, 또 어떤 재단사들은 그가 나타나면 "저 친구 참 재미있는 사람"이라고 옆의 친구를 보고 쑥

덕거리기도 했다. 그의 열의에 감동하여 바보회에 새로 가입해오는 사람도 있었고, 바보회에 관심을 가지고 주시하는 사람도 생겼다. 전태일의 일기장 갈피에 이 무렵 어떤 노동자로부터 그 앞으로 보내온 듯이 보이는 다음과 같은 편지 한 장이 끼어 있다.

회장 귀하

단체가 어느 정도 형성되었는지 상세히 적어 보내시면 미약하나마 근사한 묘안과 방침을 제공해드리고 싶습니다.

(실례) : ① 회원은 몇 명이며 여자도 있는지

② 어떤 방향과 시도로서 움직이는지

③ 장소는 어디에 두고 있으며 얼마만한지

④ 운영비용은 어떤 식으로 해나가시는지

⑤ 애로사항들이 무엇인지

……

회장님, 이런 표어를 벽에다 죽 걸어놓아 이채(異彩)를 띠어보면 어떨까요?

잘난 사람 못난 사람 사람들이란

허술하고 어리석은 바보투성이

약은 체 못난 체 날뛰어보지만

붙잡아서 이곳저곳 뜯어보면은

어리석고 허술한 구멍투성이

바보회가 발전하려면 멋있고 흥미 있는 방침이 필요하겠지요.

그리고 보람과 흥미가 회원의 마음을 끌어붙이고 알찬 모임으로서 확장되도록 해야 하지 않을까요?……

좌절 속에서

그러나 모든 이러한 노력에도 불구하고 운명은 전태일에게 너무나도 가혹한 시련을 안겨주었다. 이러한 시련은 당초에 바보회의 창립에서부터 예정되어 있었던 것이었다.

바보회가 창립되고 얼마 지나지 않아 태일은 또다시 일하던 직장에서 해고당했다. 근로기준법이 어떠니 근로조건이 어떠니 하면서 노동운동을 하고 노동자들을 선동하고 다녔기 때문이다. 전에도 비슷한 일이 있었으며, 특히 재단사 모임이 시작되고부터는 주인과 의견이 맞지 않아 싸우고 스스로 직장을 그만둔 일도 한두 번 있었다. 그러나 이번 해고는 그전과 경우가 달랐다. 그전이라면 언제든지 평화시장 일대에 숱하게 깔려 있는 다른 작업장으로 옮겨갈 수 있었지만, 이번에는 시장 어느 곳에서도 그를 받아주려 하지 않았다. 업주들 사이에 '위험분자'로 소문이 퍼졌던 것이다.

1969년 여름 어느 날 태일은 밤늦게 어깨를 축 늘어뜨리고 집에 돌아왔다. 그는 어머니에게 기어들어가는 듯한 풀죽은 목소리로 말했다.

"엄마, 난 이제 큰일났어요. 소문이 좍 퍼져서 이제 평화시장에서는 도저히 발을 못 붙이겠어요."

"그것 봐라. 네가 마음 잘못 먹어 사서 고생하는 것이니 누구 탓할 거 하나 없다. 우리 가족들만 고생이니 이제 제발 좀 그만둘 수 없나."

그날 이후 몇 달 동안을 그는 집에 돈을 거의 가져오지 않았다. 직장에 다닐 동안에도 월급 탄 돈을 친구들 모임의 찻값이나 병든 여공들 치료비로 써버리곤 했지만, 그래도 다달이 1만원 정도의 돈은 꼬박꼬박 집에 들여놓았는데 이제는 돈을 들여오기는커녕 이 명목 저 명목으로 어머니에게서 한 푼씩 두 푼씩 애걸하다시피 하여 돈을 타가는 일이 많았다. 생기는 것은 거의 없는데 노동운동을 계속하자니 드는 돈은 갈수록 늘어났던 것이다.

물론 태일이도 해고당하였다고 해서 전혀 돈벌이를 안 하고 놀았던 것은 아니었다. 구로동, 남대문, 동대문, 그밖에도 평화시장이 아닌 곳으로서 피복 계통의 일자리가 있는 모든 곳을 전전하면서 며칠씩 재단일, 미싱일, 심지어 시다가 하는 일까지 하면서 돈을 마련하곤 했다. 그러나 그것은 어디까지나 임시의 일이었으며, 그런 일거리가 그리 자주 얻어걸리는 것도 아니었다.

뿐더러 일단 평화시장에서 노동운동을 하기로 작정한 이상 평화시장을 오래 비워둘 수는 없었다. 그는 일이 없을 때는 매일같이 평화시장을 돌아다니며 노동자들을 만나거나 아니면 각 작업장의 노동실태에 관한 자료를 조사·수집하였고, 다른 곳에서 일거리가 있는 동안에도 그의 마음은 노상 평화시장에 있었다. 그러자니 그렇게 틈틈이 버는 돈으로는 집안 생계에 보태기는커녕 바보회 일에 드는 비용도 충당할 수 없었다. 결국 그 자신이 직접 동네 사람들을 찾아다니거나 아니면 어머니에게 부탁하거나 하여 빚을 끌어들이는 수밖에 없었다.

가난한 동네에서 빚을 얻자니 일수돈이니 달라돈이니 하는 고리채밖에 없었고, 이렇게 하여 태일이 끌어 쓴 빚은 1970년 봄경에는 원리합계가 10만원 남짓 되었다. 동생들이 자라 학교에 갈 나이였지만, 가장 격인 태일은 그들에게 아무 도움도 줄 수 없었다. 그 자신이 배우지 못한 설움을 누구보다도 뼈저리게 겪었기 때문에, 밥 굶는 것은 참을 수 있어도 이것만은 참기 어려운 일이었다. 그러나 어찌하랴? 어찌할 수가 없었다. 빚쟁이들의 독촉도 나날이 그의 신경을 볶아대는 큰 괴로움의 하나였다.

무능하였기 때문에 가족들에게 온갖 육체적 정신적 고통을 다 겪게 하였던 아버지를 가진 태일은 그 자신이 아버지의 어두운 생애를 되풀이하게 될까봐 얼마나 두려워하였던가? 평생을 하루도 활짝 웃어보지 못한 어머니를 가진 그는 불쌍한 어머니를 한번 편히 모셔보겠다고 얼마나 맹세하였던 것인가? 그러나 그는 지금 어머니를 편히 모시기는커녕 그가 있음으로 해서 가족들에게 괴로움만 끼치고 있었다.

가족들에 대한 죄책감 못지않게 아니 그 이상으로 그를 괴롭힌 것은 바보회 일이었다. 앞서도 말했듯이 원래 바보회 회원이 된 사람들의 대부분은 직장을 옮기려고 임시로 쉬고 있던 사람들이었다. 말하자면 노동운동 같은 엄청난 일에 관심을 가졌던 것이 아니라, 쉬고 있는 동안 따로 재미있는 일도 없고 하니 친구들 만나는 자리에 나가 소일도 하고 취직자리에 대한 정보도 들어보고 할 심산으로 모인 사람들이었다. 물론 그중에는 시간이 감에 따라 태일의 영향을 받아 노동운동에 상당히 열의를 가지게 된 사람도 있었다. 그러나 대부분은 새로 직장을 구하여 일을 다니게 되면 바보회 모임에 거의 나오지 않았다. 게다가 1969년 초가을 경에는 회원 중에서 비교적 열의가 있었던 두세 사람이 군대에 입대하였다. 그런저런 사정으로 바보회는 창립총회 이후로 한 번도 모임다운 모임을 가져 보지 못했다. 일껏 모이자고 연락을 해도 네댓 명이 모이기 일쑤였고, 어떤 때는 아무도 안 나와 태일이 혼자 기다리다 가는 일까지 있었다. 이러한 현상은 특히 바보회가 평화시장 노동자들에게 노동조건에 관한 실태조사용 설문지(앙케트)를 돌린 이후로 더욱 심해져서, 나중에는 사실상 바보회가 해체되기에까지 이른다.

자세한 날짜를 알 수는 없으나 대체로 1969년 8~9월경이라고 짐작된다. 태일은 어느 바짓집(바지 공장)에서 닷새 동안 일을 해주고 받은 임금으로 노동실태 조사용 설문지 300매를 인쇄했다(이 설문지의 내용에 대해서는 이 책 마지막 장에서 소개함).

바보회 회원 서너 명이 그것을 평화시장 노동자들에게 돌렸다. 업주들이 눈치채지 않도록 비밀리에 하느라고, 믿을 만한 미싱사나 재단사들을 접촉하여 주인이 자리를 비운 시간을 이용해서 작업장 안의 다른 노동자들에게도 돌리도록 했다. 그런데 그렇게 조심을 하느라고 했건만 처음 해보는 일이라 서툴러서 그랬던지, 곳곳에서 업주들에게 발각이 되어 빼앗기거나 찢기는 일이 생겼다. 그리하여 그때까지 돌린 설문지 100여 매 중에서 제대로 걷힌 것은 불과 30매 정도였고, 나머지 200매 가까이는 아예 돌리지도 못했다. 평화

평화시장 화장실 옆에서
재단보조와 함께(왼쪽이 전태일, 1967년경)

시장주식회사에서는 난리가 났고, 결국 바보회 회원들만 피해를 보았다. 전태일은 이 일로 인하여 더욱더 평화시장 일대에서 발을 못붙이게 되었다. 또 바보회 회원들은 더 이상 바보회 일에 개입하다가는 업주들에게 미움을 사서 언제 쫓겨나게 될지 모른다는 불안에 싸였다. 이것은 이제 겨우 갓 발족한 바보회의 앞날에 치명적인 타격을 가하였다.

이 앙케트 사건과 관련하여 또 한 가지 전태일로 하여금 무서운 좌절에 빠지게 만든 사건이 있었다.

그는 그렇게 하여 걷은 설문지를 모두 모아서 결과를 분석·집계하고, 그것을 근거로 하여 근로기준법상의 감독권 행사를 요구하기 위하여 시청 근로감독관실로 찾아갔다. 근로감독관의 직책이 무엇인가? 각 공장에서 근로기준법이 준수되는가를 감독하고 위반사실이 있을 때는 고발조치를 하여 이를 시정토록 하기 위해 국민들이 낸 세금으로 나라에서 월급을 주고 있는 것이 바로 근로감독관이다.

나라에서 근로자들을 보호하기 위하여 근로기준법을 제정한 줄로 생각하였고, 그랬기 때문에 근로기준법에 모든 희망을 걸다시피 하고 있었던 태일로서는 그것을 준수시키는 것을 사명으로 한다는 근로감독관에게 기대를 걸지 않을 수 없었다. 우리 사회의 밑바닥에서 일어나는 모든 비리에 대해서는 산전수전을 다 겪어 훤하게 알고 있었지만, 상층부에서 몰래 행해지고 있는 부정부패나 부조리에 대해서는 전혀 알 리가 없는 그는 근로감독관이 기업주와 결탁하여 서로 돕고 서로 봐주면서 짜고 해먹는 관계에 있을 수도 있다는 것을 상상도 하지 못하였다. 적어도 그는 진정서를 들고 근로감독관실의 문을 두드렸을 때에는, 근로기준법의 명문조항에 명백히 위반되는 가혹한 근로조건이 공공연하게 시행되고 있는 평화시장의 실태를 제시한 그 진정서를 받은 감독관이 그것을 들고 찾아온 자신을 환영까지는 않더라도 체면상으로나마 치하를 하고, 이것저것 세세한 사정을 물어보고 곧 시정조치 하겠다는 말이라도 해줄 거라고 기대했었다. 그런데 막상 만나 보니 예상과는 너무나 달랐다.

근로감독관은 초라한 모습으로 문을 열고 들어선 이 낯선 청년을 한번 힐끗 쳐다보더니 귀찮다는 표정으로 무슨 일이냐고 물었다. 태일이 평화시장의 실정을 설명하면서 찾아온 용건을 말하려고 하니 그는 말을 가로막고, "그 얘기 다 듣고 있을 시간이 없으니 요점만 간단히 말하라"고 윽박질렀다. 그리고는 그 '간단한 요점'도 듣는 둥 마는 둥 재촉하여 끝맺게 하고는 "알았으니 서류 두고 가라"는 말 한마디로 이 열의에 불타는 청년을 내몰았다. 도대체 평화시장의 참혹한 얘기를 다 듣고도 충격을 받는 빛도 없었고 최소한의 관심 표시도 없었다.

정작 충격을 받은 것은 태일이었다. 이 근로감독관이란 사람은 평화시장의 실정에 대하여 진작부터 알고 있었다는 말인가? 그렇다면 어째서 자기의 당당한 권한으로 그것을 시정하지 못하였단 말인가? 아니면 알면서도 묵인하였다는 말인데 과연 그럴 수도 있는 일인가? 만일 여태껏 평화시장의 실정을 모르고 있었다면 어째서 그것을 알려주러 온 자신을 그렇듯 냉랭하게 내쫓다시피 하였는가? 참으로 이해할 수 없는 일이었다.

그는 다시 이번에는 노동청을 찾아가서 진정해보았다. 그러나 결과는 마찬가지였다. 실태조사라는 것을 한 번 나오기는 나왔으나 아무런 대책이 없이 종무소식이었다.

이제 무엇인가 분명해지는 것 같았다. 여태껏 그는 노동자들이 기업주들의 탐욕에 희생되고 있으며, 그 기업주들만 상대로 투쟁하면 되는 줄로 생각해왔다. 만일 기업주들의 죄상이 폭로되고 그 때문에 벌어지고 있는 노동자들의 참상이 알려지기만 하면, 정부나 그 기관인 노동청이나 근로감독관들은 당연히 노동자 편을 들어 기업주들을 혼내줄 줄로 알고 있었다. 그런데 어찌된 일인가? 노동청의 저 무성의한 태도는 무엇을 말하는 것인가? 마치 업주들을 싸고도는 듯한 태도가 아닌가?

만약 노동청이 기업주들과 결탁하고 있는 것이라면……? 생각이 여기에 미치자 태일은 가슴이 가위에 눌린 듯 답답해왔다. 그렇다면 나는 기업주들만이 아니라 근로감독관, 노동청, 아니 그 이상까지도 상대로 하여 싸워야 한단 말인가? 이 현실에서 근로기준법이 지켜지기를 도대체 어떻게 바랄 수 있을까? 나는 과연 저들 모두를 상대하여 싸워 이길 수 있을 것인가? 저 악마와 같은 현실의 벽은 도대체 얼마나 두꺼우며 도대체 어디까지 뻗어 있는 것인가?

가뜩이나 어려운 조건 속에서 발버둥치고 있던 태일에게 그것은 너무나 큰 충격이었다. 이제껏 믿고 있었던 대상으로부터 야멸차게 배반당한 것 같은 충격이 그를 한동안 허탈 상태로 몰아넣었다(그는 뒷날에 쓴 어떤 소설작품 구상 가운데에서 '사회를 신임하고 있던 J가 사회를 신임하지 않게 된 동기'라는 구절을 남겨놓고 있는데, 그 '동기'는 바로 이 사건에 있었던 것으로 보인다).

　가족들에 대한 죄책감, 생계의 어려움, 실직자로서의 우울과 불안, 친구들 속에서의 고독, 바보회의 파탄, 사회의 무관심, 암초처럼 버티고 선 거대하고 두터운 억압의 벽 발견. 이 모든 것이 몇 달 사이에 한꺼번에 몰려와 그를 짓눌렀을 때 그것은 실로 죽음과 같은 시련이었다. 현실은 그를 조롱하면서 그 거대한 발로 그의 목을 짓밟으며 항복을 강요하였다. 이 당시에 어느 친구에게 보낸 편지에서 그는 "현실의 조롱과 냉소가 너무나도 잔혹하고 괴로웠다"라고 썼다.

　그는 깊은 실의와 낙담 속으로 빠져들어갔다. 그는 좌절, 좌절, 좌절을 거듭했다. 그는 자학, 자학, 자학을 거듭했다. 그리고 그는 거듭거듭 다시 박차고 일어섰다. 인간과 사회의 현실에 대한 보다 폭넓은 이해가 이 과정을 통하여 마치 봄비를 맞은 초목처럼 그의 머릿속에서 무럭무럭 자라났다. 보다 뿌리 깊은 분노가, 보다 뜨거운 연민이 그의 가슴속 깊은 곳에서 끓어올랐다. 거듭거듭 밀려오는 고뇌와 좌절과 자학의 늪을 빠져나올 때마다 그의 투지는 용광로를 거쳐나오는 쇠처럼 더욱 강인해져갔다. 그는 부조리한 현실과 '절대로 타협'하지 않겠다고 맹세하면서, 그것을 극복할 수 있는 모든 투쟁 방법을 철저하게 연구하고 재검토해나갔다.

　1969년 가을부터 1970년 봄까지는 중요한 시기였다. 그것은 저자가 '전태일 사상'이라고 이름짓고 싶은, 노동하고 사랑하고 투쟁하는 한 젊은이의 참으로 주체적이고 현실적이며 인간적인 사상의 형성기였다.

4

전태일 사상

인간을 물질화하는 세대,
인간의 개성과 참 인간적 본능의 충족을 무시당하고
희망의 가지를 잘린 채, 존재하기 위한 대가로
물질적 가치로 전락한 인간상(人間像)을 증오한다.

— 전태일의 수기에서

막노동판에서 본 것

1969년 10월 초순 어느 날 전태일은 새벽 일찍 일어나 어머니에게 평화시장에 일하러 갈 테니 빨리 도시락을 싸달라고 재촉했다. 이미 평화시장에서 해고당한 지 오래 지난 때였지만, 낙담하는 어머니를 위로하려고 며칠 전부터 다시 취직이 되었다고 속여왔다.

어머니는 전날 저녁에 한 친척으로부터 들은 얘기가 있었다. 밥상머리에 앉아 아들에게 그 얘기를 물어보았다.

"너, 사람들이 그러는데 노동일 하러 다닌다며?"

아들은 된장국을 입에 떠 넣다 말고 숟가락을 놓고 고개를 푹 숙이고 있다가 아무 말 없이 일어나 밖으로 나갔다. 그날 저녁 풀이 죽어 돌아온 아들은 어머니에게 이런 이야기를 하더란다.

평화시장에는 이제 정말이지 발붙일 데가 없고, 놀고 있기는 어머니 보기에 너무 미안해서 그동안 공사판에 나가서 일해왔다. 벌써 한 20일 가까이 되었는데 그동안 여러 가지로 느낀 것이 많았다. 역시 사람이란 이것저것 다 해봐야 되겠더라. 요즈음은 숭인동 어디에 집 짓는 데가 있어서 거기 나가 일하고 있는데, 오늘 낮에는 자칫하면 일하다가 죽을 뻔했다. 자갈 져나르는 인부 중에 나이 한 마흔 좀 더 되어 보이는 아저씨가 있는데, 낮이 되면 배가 고파서 자갈 지게 지고 발발 떨면서 사다리로 허덕허덕 올라가는데, 그이가 곧 떨어질 것만 같이 느껴져서 정신없이 그이만 쳐다보다가 나도 하마 터면 떨어질 뻔했다. 공사판 인부들이란 다 그날그날 벌어서 그날 그날 먹고사는 사람들인데, 요사이 노임이 제때제때 안 나와서 딱 해서 못 보겠다. 그 아저씨는 내일은 먹을 것이 없어서 일 못 나오겠 다고 하는데, 내가 내일 현장책임자에게 이야기해서 그 아저씨 돈 좀 받아줘야겠다.

아들의 이야기를 듣고 있는 동안 어머니는 속이 답답했다. 어머 니 역시 일제 치하에서 정신대로 끌려간 것을 비롯하여 그 뒤로도 몇 차례 공사판 노동을 해본 경험이 있었던 터라, 노동판의 실정이 어떤 것인지 알고 있었다. 노가다판에서 막일을 하는 인부라면 핫 빠리 중에서도 핫빠리 인생, 그야말로 '막장 인생'이 아닌가? 태일 이가 어릴 때부터 남들한테 미련하다는 소리는 안 들었고 남달리 착한 편이라, 자라면 크게 되기까지는 못해도 제구실을 하겠지 싶 었다. 태일이 하나 어서어서 자라기만 고대하며 그 지긋지긋한 반 생을 살아오다시피 하였던 어머니는, 태일이가 끝내는 노동판 막벌 이 인생으로까지 굴러떨어지고 마는구나 하는 생각이 들자 속이 터 져 미칠 지경이었다.

평화시장에서 고분고분 제 할 일이나 하고 기술이나 배우고 있 으면 될 것을, 이상한 고집 하나 때문에 이렇게까지 된 아들이 원망 스러웠다. 그러나 그렇게 된 것도 다 누구 때문인가? 딴 부모들처럼 가르치지 못하고 뒤받들어주지 못한 이 못난 에미 때문이 아닌가? "저 어린 것이 무슨 죄가 있나? 다 부모 잘못 만난 죄지……." 어머니는 눈을 감았다. 자꾸만 솟구쳐 오르는 통곡을 숨죽여 삼키며 어머니는 눈을 떴다.

'없는 자'의 설움, 그것을 어머니는 안다. 누구보다도 잘 알고 있다. 그러기에 더욱 그 서러운 '없는 자'의 대열에서 내 아들만은 벗어나주기를 바랐다. 그러나 알기 때문에 또 한편, 내 아들이 스스로도 없는 자임을 부끄러워하지 않고, 없는 사람들을 업신여기지 않고 마음 아파한다는 사실이 대견하기도 하였다. 가슴속으로 뜨거운 것이 훑고 지나갔다. 결코 부끄러운 자식이 아니다. 남들이 다 뭐라 해도 자랑스런 아들이다. 가난한 자의 설움, 그것을 누가 알랴? 내 아들인 네가 알아주지 않는다면 누가 알아주랴?

어머니는 아들을 보았다. 땀에 절어 다 헤진 검은 작업복, 비쩍 야윈 몸매, 핏기없는 얼굴에 노동과 고뇌로 지친 힘없는 눈매. 저 몰골을 하고서 제 주제에 그래도 저보다 못한 사람도 있는지 남을 동정한다고 하고 도와준다고 하다니…….

"너 거기서도 노동운동 하니? 그러다가 거기서마저 쫓겨나면 어쩔래?"

어머니의 말에 태일은 웃었다. 얘기를 하면서도 내내 어머니에게 신경이 쓰여 가슴이 죄었는데, 뜻밖에도 대범하게 저렇게 농담을 하시니 기뻤다.

그 다음날도 태일은 노동판에 나갔다가 밤늦게 축 늘어져서 돌아왔다. 그러나 무척 명랑한 표정이었다. 어제 이야기하던 그 아저씨

일이 잘 되었다는 거다. 낮에 그 아저씨랑 책임자를 찾아가서 "이 아저씨 밀린 노임 5천원만 좀 주셔야겠다"고 요구하니까, 그 책임자가 자기를 돌아보면서 "너는 누구냐?"라고 하기에 "같이 일하는 사람인데 딱해서 못 보겠어서 그런다"고 대답하면서 그 아저씨 사정을 세세히 얘기했더니, 책임자가 호주머니에서 3,700원을 꺼내어 그 아저씨에게 주면서 "노임은 아직 지불할 형편이 못 되지만 그렇게 딱한 처지라니 우선 내 호주머니에 있는 돈이라도 받아두시오" 하더라는 것이다. 이 말 끝에 태일은 이렇게 덧붙였다.

"참 돈이 좋기는 좋은가봐, 사람을 죽였다 살렸다 하니. 그 아저씨, 글쎄 조금 전까지도 곧 죽을 듯이 그렇게 기운 없어 하던 양반이 돈 3,700원 받고 나니까 갑자기 어디서 기운이 그리 솟아나는지 그 무거운 자갈짐을 지고 곧 나는 듯이 사다리로 올라가더라."

이때를 전후하여 태일은 두 달가량을 공사판에 다녔다. 왜 그랬을까? 돈이 필요해서였을까? 그것도 있었을 것이다. 한 달 꼬박 노동판에 다니고 나서 오랜만에 1만 원 조금 더 되는 돈을 집으로 가져올 수 있었으니까……. 그러나 그것만은 아니었던 것 같다.

평화시장에서 그의 외로운 투쟁이, 도저히 뚫고 나갈 수 없을 것 같이만 느껴지는 저 거대한 현실의 벽 앞에 부딪혔던 그 깊은 좌절의 시기에, 그리하여 끓어오르는 울분만이 터뜨릴 방향을 잃은 채 그의 가슴 속을 고통스럽게 맴돌 때, 그는 빠져나오고 싶었던 것인지도 모른다. 그는 너무나, 너무나 시달려서 지쳐버렸던 것인지도 모른다. 그 죽음과 같은 고뇌를 자학적인 육체노동으로 잊어버리고 싶었던 것인지도 모른다. '잊어버리자! 잊어버리자!' 이렇게 마음속으로 부르짖으며, 자꾸만 떠오르는 평화시장의 괴로운 기억을 지우며, 머리를 흔들며, 묵묵히 묵묵히 감정도 의지도 분노도 사랑도 없는 산송장처럼 노동하고 싶었던 것인지도 모른다. 그러나 그는 끝내 외면할 수 있었던가? 아니었다.

그는 거기서도 또다시 보았다. 인간을 학대하고 짓밟아 불구화하는, 그리하여 '현실이 쓰다 버린 쪽박'으로 만들어버리는 저 잔혹하고 비정한 현실의 냉혈한 얼굴을. 평화시장만이 아니었다. 인간을 억압하는 현실의 힘은 전태일이 가는 곳 어디에나 뻗쳐 있었다. 그는 도저히 도피할 수 없었다. 그는 또다시 분노하였다. 어두운 거리 거리에서 현실로부터 버림받고 소외당한 인간들의 고통에 대한 괴로운 연민이 그의 가슴에서 다시금 끓어올랐다.

이제 여러분에게 이 시기에 쓰인 전태일의 글 하나를 소개한다. 이 글은 원섭(元燮)이라는 그의 청옥 시절의 친구에게 보내는 편지의 형식으로 쓰여 있다. 쓴 날짜는 1969년 9월 30일경. 여기서 그는 고통받고 있는 민중에 대한 뜨거운 연대감과 애정을 절절한 필치로 표현하고, 그들을 학대하는 억압적인 현실을 불타는 분노로써 비판·고발하고 있다.

원섭에게 보내는 편지

원섭아.

내가 너에게 편지를 쓴다.

이 얼마나 중대하고 이상한 현상이고 평범한 사실이냐? 너는 내가 아는 친구, 나는 네가 아는 태일이. 그러나 이것은 당연한 일이야.

왜 펜을 잡게 되는지 확실한 것은 모르겠다. 그러나 속이 답답하고 무엇인가 누구에게 말하지 않고는 못 견딜 심정이기에 쓰고 있는 것 같구나.

서울에 와서 5년이란 세월이 지난 지금 너에게 할 말이 너무나 없다. 그러나 너무 많아서 그런지도 모르겠다. 현실적으로 애통(哀痛)한 것을 너에게 심적으로 위로를 받으려고 이렇게 펜대를 할퀴는 것이다. 누구에게 겨누어 할퀴는 것은 아니다. 이렇게 착잡한 심정을 어느 누구에게 나누어주어야 한단 말인가?

불행히도 너는 나의 친구.

내가 괴로움을 당하고 있으니까, 너는 나의 친구이니까 정(情)이라는 것을 통해 너에게 답답하고 괴로운 심정을 보이는 거다. 너도 괴롭겠지만 보지 않을 수 없을 걸세.

어쩌면 좀 잔인한 것 같지만 내가 지나온 길을 자네를 동반하고 또다시 지나지 않으면 고갈할 내 심정을 조금이라도 적실 수 없을 것 같네.

내가 앞장설 테니 뒤따라오게.

나는 한 보름 전에 그러니까 9월 15일경에 공사판에 품팔이를 갔었다네. 자네에게는 좀 이상하게 곧이 안 들리겠지만 어쩔 수

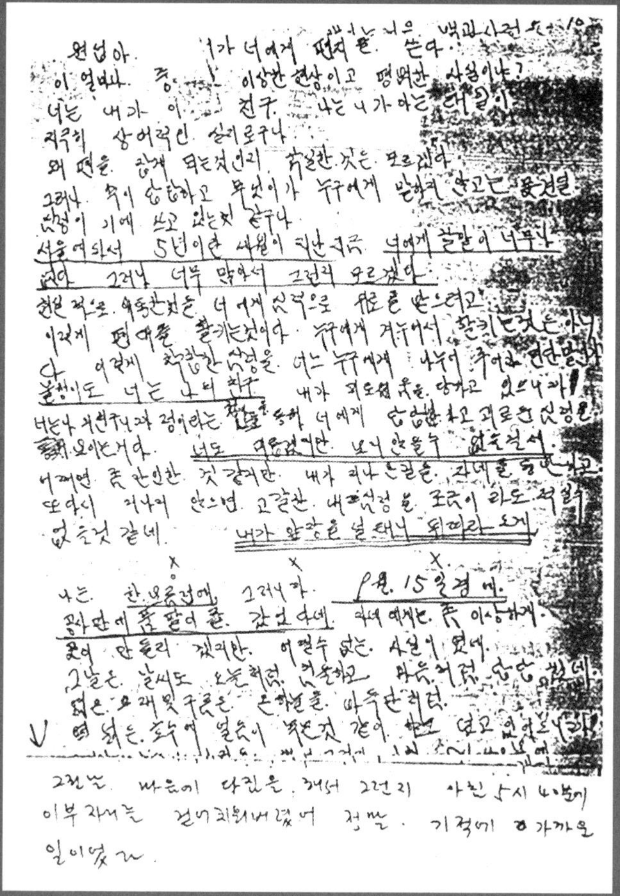

전태일이 친구 원섭에게 쓴 편지

(1969년 9월)

없는 사실이었네. 그날은 날씨도 오늘처럼 침울하고 마음처럼 답답했네. 엷은 잿빛 구름은 온 하늘을 바둑판처럼 넓은 호수에 얼음이 녹는 것같이 뒤덮고 있었으니까.

그 전날에 마음에 다짐을 해서 그런지 아침 5시 40분에 이부자리를 걷어치워 버렸어. 정말 기적에 가까운 일이었다. 내가 이런 시간에 기상을 했다는 것은 백과사전을 다 뒤들겨보아도 없는 사실일세.

우리 집안 식구들도 이런 나의 행동을 이해할 수가 없다는 표정들이었네. 이상하지만 그저 두고 보자는 것일 거야.

곧 양치를 하고 세수하고 낡은 작업복바지를 꺼내 입고 팔꿈치가 보이는 검정 와이셔츠를 바지춤으로 집어넣고 허리띠를 불끈 매었네. 불과 십 분도 안 걸렸을 걸세. 어머니께서 아무 말씀 없으신 것이 이상하네. 꼭 무슨 말씀을 하실 것인데 한마디의 말씀도 없이 밥상이 들어왔네. 이것 또한 이해할 수 없는 일일세.

나는 지금 어머니께서 무슨 말씀이든지 먼저 하시면 그것을 서두로 해서 오늘 아침의 나의 행동에 관해, 그리고 앞으로 있을 일에 관해 자초지종을 설명하고 이해를 구하려고 버텼지만, 식사를 다 마칠 때까지 내 방엔 두문불출이시니…….

조용히 식사는 끝나고 아침 해가 조금 머리를 내밀었네. 아무 말 없이 집을 나왔네. 6시 20분이었네.

왜 그랬을까? 아무래도 이상하네. 어머니의 행동이 마음에 걸려 땅만 내려다보면서 버스정류장까지 왔네.

아! 그렇다! 자학이다. 지극히 못난 행동이다!

내가 얼마나 바보였던가. 장사광주리를 이고 그 만원버스를 타려고 안간힘을 다하시는 어떤 부인을 보고, 나는 그만 나 자신을 책망하지 않을 수 없었네. 보라! 얼마나 정직한, 충실한, 거짓이 없는, 생존경쟁의 한 인간이냐?

불쌍하다면 곧 집터를 닦을 자리에다 집을 짓고 있는 개미보다도 더 가엾고, 밉다면 지금 당장이라도 목을 졸라 죽여 버리고 싶네.……

이런 어질고 꾸밈없는 현실 그대로를 알몸뚱이 하나라도 놓칠세라 있는 힘을 다해 약한 자기와 불쌍한 자기의 분신을 위해 강한 이상을 동원하여 팔과 허리 사이를 오리발의 물갈퀴처럼 벌리고 가시투성이고 얼음처럼 찬, 바위처럼 무거운 냉혈한 현실을 그대로 받아들이는 어떤 어머니.

왜 내가 저런 현실적인 인간을, 사람을, 내가 정신적으로나마 학대해야 된단 말이냐? 나는 오늘 아침 분명히, 어머니를 정신적으로 학대한 걸세. 그리고 나 자신을 학대한 걸세.

어머니께서는 내가 공사장에 삽질을 하러 간다는 것을 알고 계셨거든. 약한 내가, 그런 일을 한 번도 해본 일이 없는 자기의 소중한 전체의 일부가 오늘 뜨거운 태양 아래 비지땀을 흘려야 한다. 신체적으로 약하고 자존심이 강한 내가 하루를 무사히 넘길지, 정신적으로 얼마나 많이 상처를 당할 것인가를 생각하신 것일세. 어미의 그런 심정을 자식은 이해하지 못하고 모든 부조리한 현실을 자식은 어미의 책임인 양 학대했던 거야. 무언(無言)으로 책임추궁을 했던 거야. 대답을 못하게 해놓고 대답을 아니 한다고 자신에게 냉소했지. 언제나 그랬듯이 언제나 그렇구나.

무슨 잘못이 있단 말이냐?

현실이 나를 보고 외면하고 냉소한다고 나도 현실과 같은 패가 되어 나를 조롱하는구나. 조롱과 냉소가 지긋지긋하고 너무나도 답답했어……. 잠시나마 본래의 나를 밀어놓고 감정의 나는 입을 비죽거렸던 것일세.

버스가 왔네.

콩나물시루 같다고 흔히들 말하지. 버스는 고무풍선처럼 자꾸 늘어났고 머리가 긴 화려한 산소, 모자를 쓴 산소, 형형색색의 산소들은 철판과 유리로 된 벽돌을 힘껏 밀었지. 조금이라도 더 크게 늘리려고. 드디어 하나둘 비명소리를 내기 시작했네. 자기의 존재를, 지금 당하고 있는 형편을 좀 알아달라고 거의 동물과 같은 신음소리를 내는 것일세.

그렇지만 누가 그것을 알아준단 말이냐?

어찌하란 말이냐?

내가 탄 버스엔 한 백 명은 탔을 것 같네. 벌써부터 땀이 나고 공기가 희박하여 숨이 막힐 지경이다. 뭇 짐승보다 천대를 받는 인간들. 그것도 인간이 만든 차에게 말이다.

앞에 젖소가 트럭에 실려 간다.

다섯 마리를 칸막이를 해서 실었다. 우습지? 원섭아.

악몽 같은 40분이 지나고 현장엘 도착했지.

인부들이 나와 있었네. 늙은이가 넷, 중년 남자가 십여 명 되었고 나같이 젊은 사람은 셋이었네. 두 사람은 다 훤칠한 키에 머리는 대학생 타입이고 얼굴은 더욱 학생티를 내게 하는 애숭이 청년이었어.

일이 시작되었네.

나는 삽을 하나 배당받았지. 손잡이에 종이 상표도 안 떨어진, 끝이 둥글고 뾰족한 어느 공사판에서나 볼 수 있는 삽이야. 십오륙 명이 다 같은 목적을 가지고, 파내다가 중단한, 장차 지하실이 될 곳을 향해 파내려갔지. 내가 집에서 생각하던 것처럼 두려움이라든지 또 수치심이라든지 하는 것은 조금도 없었어.

오늘 처음 왔건만 누구 하나 간섭이나 주의를 주는 사람도 없었지. 이름을 물어보는 사람도 없었고, 나라는 존재를 인식하는 사람도 없었고, 그저 묵묵하게 오늘 하루를 어떻게 견딜 것인가만을 생각하는 것 같애.

무슨 회사나 공장 같으면 최소한 이름 정도는 물어올 걸세. 그러나 묻는 게 다 뭔가? 아는 체도 않네. 도무지 이상할 지경일세. 원래 노동판이란 다 그런 것인가 싶네.

밑바닥을 파 흙을 위로 올리는 작업이었네.

나는 뚱뚱한 중년 남자와 마주 보고 삽질을 했지. 꽤 재미있는 일이었네. 반시간이 되기도 전에 이마에 땀이 났고 손바닥이 후끈거리거든. 그런데 우스운 일이 있네.

나와 마주보고 삽질을 하던 그 배가 사장 배 이상으로 앞으로 처지고 키는 1.7m나 될 사람이 어디서 얻어 쓴 건지 기름에 절은 운전수 모자를 쓰고 바지는 군복바지에 흰 고무신을 신었네. 런

닝샤쓰는 구멍이 벌집처럼 뚫린 것을 입고 오른손엔 목장갑을 끼었는데 손가락은 다섯 개가 다 나오고 손바닥 부분만 장갑 구실을 하는 것일세.

얼굴은 일을 할 때나 쉴 때나 꼭 마도로스가 지평선을 바라보는 그런 표정일세. 그저 무의미하게 사물을 판단하지 않고 사는 사람 같았네. 삽질을 하나 점심을 먹으나 시종 무표정일세. 만약에 그 기름에 절은 운전수 모자를 벗겨버린다면 그 사람은 그 자리에서 쓰러져 바보가 되지 않으면 죽어버릴 것 같네. 그만큼 그 모자는 그 사람을, 그 돌부처 같은, 어떻게 표현할 수 없는 그런 얼굴을 하고 있는 그 사람 전체를 육체의 맨 꼭대기인 머리 위에서서 감독하면서 그를 속세의 사람과 같이 만들어버리고 있었네. 지금 현재 삽질을 하고 있으니 말일세.

사실 그 사람이 삽질을 하고 있는 것이 아닐세.

그 때에 절은 모자가 하고 있는 걸세.

얼마나 위로해야 할 나의 전체의 일부냐!

얼마나 불쌍한 현실의 패자(敗者)냐!

얼마나 몸서리치는 사회의 한 색깔이냐!

그렇다! 저주받아야 할 불합리한 현실이 쓰다 버린 쪽박이다! 쪽박을 쓰기 시작했으면 끝까지 부서지지 않게 잘 쓰든지 아니면 아예 쓰지를 말든지, 이것도 아니고 저것도 아니고 그저 무자비하게 사회는 자기 하나를 위해 이 어질고 착한 반항하지 못하는, 마도로스 모자를 쓴 한 인간을, 아니 저희들의 전체의 일부를 메마른 길바닥 위에다 아무렇게나 내던져버렸다.

이 가엾은 인간은 처음 얼마간은 뜨거운 길바닥에서 정신을 못 차린 채로 얼마를 지내고, 또 정신을 차리고 얼마간의 시간을 보내고, 또 의지와 자존심으로 얼마를 보내고, 마침내 금이 간 쪽박은 뜨거운 열기에 물기가 증발되어 말라 비틀어져서 두 쪽이 난다.

그 중 한 쪽은 자진해서 쓰레기통에 기어들어가 눈을 감고 죽어버렸다. 또 한쪽, 떨어져나간 한쪽은 어떻게든지 다시 물기를 빨아들여 비틀어졌던 육체를 다시 펴고 어떡해서든 그 전체 속에 다시 뭉쳐보기를 희망하는 것일 거야.

그런데 내 앞에 선 이 반쪽은 희망하는 것이 아니라 떨어져나간 반쪽을 생각하고 있는 것 같애. 지난날 그 많은 양의 물을 삼키던 그 반쪽을 말일세. 나도 예외는 아닐세. 그렇지만 나는 그 속에 뭉치지를 않고, 그 뭉친 덩어리를 전부 분해해버리겠네.

오늘 나는 여기서 내일 하루를 구(求)하고 내일 하루는 그 분해하는 방법을 연구할 것일세. 방법이란 여러 가지가 있겠지만, 특히 나는 그 덩어리가 자진해서 풀어지도록 그들의 호흡기관 입구에서 향(香)을 피울 걸세. 한번 냄새를 맡고부터는 영원히 뭉칠 생각을 아니하는 그런 아름다운 색깔의 향을 말일세. 그렇게 되면 사회는 덩어리가 존재할 수 없기 때문에 또한 부스러기란 말이 존재하지 않을 걸세.

어떤가? 서로가 다 용해되어 있는 상태는 멋있겠지?

배가 고프기 시작일세.

아직 일이 끝나려면 서너 시간은 있어야겠는데 뱃속에는 아무 것도 없는 것 같고 머릿속이 텅 비어 있네. 확실히 노동은 건강에 좋은가 보네. 내가 배고픈 것을 느끼고 있으니 말일세.

그 운전수 모자를 쓴 사람은 나보다 더 시장한가 보네. 벌써 두 번이나 수도꼭지에 입을 대고 그리고도 시원찮은지 담배를 꺼내 피우기를 서너 번. 그래도 무엇이 부족한지 연방 십장 쪽을 쳐다본다. 세 삽 뜨고 또 쳐다본다. 왜 그렇게 쳐다보는지 처음에는 궁금했으나 나의 궁금증을 풀어주기나 하려는 듯 십장이 간식을 가져오는 것이 아닌가?

아……얼마나 반가운 물질이냐? 십 원짜리 삼립빵 두 개. 정말 꿀맛 같다. 두 개만 더 있었으면 얼마나 족할까? 너무 시장했으므로 '코끼리에 비스킷' 정도밖에 욕구를 못 채웠네.

오후 5시. 아, 얼마만 더 지나면 집에를 갈 수 있겠구나. 빨리 가고 싶다. 그 보기 싫던 열무김치에라도, 이십 년을 하루같이 나를 대하던 구수한 밥을 마음껏 욕심을 내어 먹어보리라. 이런 공상을 하면서 한 짓을 계속하고 있었네. 손바닥은 부르터서 피가 나오고 허리는 아파서 펴질 못하겠네. 얼마 있지 않으면 7시가 되겠지.

자넨 내가 왜 이런 짓을 했는지 모를 걸세. 암, 나도 이런 짓을 하리라고는 생각 못하였네. 오늘 하루를 무사히 넘겨 나는 그저 내일을 위해 오늘을 빨리 넘기려는 생각밖에 없었네. 아침 때 생각으로는 말일세.

자넨 내가 삼 년 전부터 제품 계통의 재단사인 줄로만 알 걸세.

그리고 묻지 않는 자네의 그 침착한 성격을 잘 아네. 지금쯤은 한참 골똘하게 생각을 하고 있겠지. 애써 생각하지는 말게. 내가 서서히 실토할 테니까.

들어보게. 이런 현실 속에서 떨어져 나온 나일세.

내가 일하던 공장은 종업원이 30여 명쯤 되는 어린아이들 잠바를 만드는 곳이었다네. 지금은 가을잠바를 만들지만 조금 있으면 동복용으로 잠바 속에다 털을 넣고 스펀지를 넣을 걸세.

종업원 대부분이 여자로서 평균 연령 19~20세 정도가 미싱을 하는 사람들이고, 14~18세가 시다를 하는 사람들일세. 보통 아침 출근은 8시 반 정도. 퇴근은 오후 10시부터 11시 반 사이일세. 어떤가? 너무 지루하다고 생각하지 않나. 여기에 문제가 있네.

시간을 따져보세. 하루에 몇 시간인가? 1일 14시간일세. 어떻게 어린 시다공들이 이런 장시간을 견뎌내겠는가? 연령이 많은 미싱공들도 마찬가지일세. 남자들보다 신체적으로나 정신적으로 약한 여공들이, 더구나 재봉일이라면 모든 노동 중에서 제일 고된 노동일세. 정신과 육체를 조금이라도 분리시키면 작업이 안 되네. 공사판 인부들은 육체적 힘을 요구하고 사무원은 정신적 노동을 요구하지만, 재봉사들은 양자를 다 요구하거든. 그 많은 먼지 속에서 하루 14시간의 작업을 마치고 집으로 돌아가는 노동자들의 모습은 너무나 애처롭네.

아무리 부(富)한 환경에서 거부당한 사람들이지만 이 사람들도 체력의 한계가 있는 인간이 아닌가?

원섭아! 나는 재단사로서 이 사람들과 눈만 뜨면 같이 지내거든. 정말 여간 고역이 아니야. 이제 겨우 열네 살이 된 어린아이가 아침부터 퇴근시간까지 그 힘에 겨운 작업량을 빨리 제 시간에 못

해서 상관인 재봉사들에게 꾸중을 듣고, 점심시간이면 싸가지고
온 도시락을 먹는데 코끼리가 비스킷을 먹는 정도의 양밖에 안
될 거야.

부잣집 자녀들 같으면 집에서 아버지 어머니 앞에서 한창 재롱
이나 떨 나이에, 생존경쟁이라는 없어도 될 악마는 이 어린 동심
에게 너무나 가혹한 매질을 하고 있네.

나를 따르라

전태일, 1969년 가을, 그는 고독하였다.

서울에 와서 5년이란 세월이 흐른 지금 그는 할 말이 아무것도 없
었다. 그 세월 동안 현실의 냉혹한 얼굴을 가장 가까이서 바라보면
서 그의 가슴에 쌓여온 것은 깊이를 알 수 없는 분노와 슬픔이었다.
속에서 끓어오르는 말은 너무나도 많았건만, 그러나 그 말을 누구에
게 무엇이라고 이야기해줄 수 있을 것인가? 누가 들어준단 말인가?
온 세상이 '현실과 한패'가 되려고 침묵 속으로 떠나버렸을 때, 홀로
소스라쳐 깨어 일어나 짓밟히는 인간들의 괴로운 영상을 끌어안고
몸부림치는 그의 외로운 길을 누가 있어 동반한단 말인가? 외로운
나머지, 외로움에 너무나도 시달려 지친 나머지, 그는 허탈하였다.

나는 삼거리에 이정표(里程標)처럼 누가
같이 가자고 하는 이가 없구나

바람이 부나 눈비가 오나

모든 것을 그대로 받아들여야 하는 나

— 1969년 9월 말의 낙서에서

"이렇게 착잡한 심경을 어느 누구에게 나누어주어야 한단 말인가?"라고 그는 울부짖었다. 그러나 그는 끝내 모든 것을 그대로 받아들이고 있을 수만은 없었다. 그는 끝내 침묵할 수가 없었다. "속이 답답하고 무엇인가 누구에게 말하지 않고는 못 견딜 심정"이었기에.

그것은 한 인간으로서 지탱하기에 너무나도 엄청난 고통과 분노와 슬픔의 한가운데에서, 저 깊은 침묵의 끝바닥에서, 마침내 견딜 수 없이 터져 오르는 인간의 목소리였다. 이 목소리—'원섭에게 보낸 편지'—아니, 우리 모두에게 보낸 편지를 통하여 전태일 사상은 우리의 가슴에 지워지지 않는 뚜렷한 영상을 아로새긴다. 이 사상의 내용과 함축과 의의를 샅샅이 규명하는 일은 우리 모두의 과제로 남겨두고 싶다. 여기서는 이 사상의 몇 가지 특징만을 살펴보기로 하자.

1) 전태일 사상은 밑바닥 인간의 사상이다. 밑바닥 인간에게도 '사상'이 있단 말인가? 그렇다. 있다. 중학교도 제대로 졸업하지 못한 밑바닥 인간에게도 사상은 있다. 전태일 사상이 우리에게 가르치는 첫 번째 교훈은 바로 이것이다.

그것은 수천 권의 장서로 채워진 서재에서 커피를 마셔가며 정교한 개념과 논리를 구사하여 유려한 문체로 서술된 사상은 아닐지 모른다. 그것은 미칠 듯한 격정에 교란당하면서, 머릿속에 터질 듯이 맴도는 생각을 정확하게 표현할 개념을 잡지 못하여 안타까워하면서 서투른 어법(語法)으로 띄엄띄엄 뱉어낸 외마디소리들의 집합에 불과할지 모른다. 그럼에도 불구하고 여러분이 보시다시피 전태일 사상은 그 어떤 고명한 철학자의 다변(多辯)보다도 더욱 생생하고 감동적인 진실을 담은 사상일 수가 있었다.

밑바닥 인간인 전태일은 '소외'라는 어려운 철학용어를 알지 못하였지만 이렇게 말할 수 있었다.

사실 그 사람이 삽질을 하고 있는 것이 아닐세. 그 때에 절은 모자가 하고 있는 걸세.

모든 것을 빼앗기고, 모든 것으로부터 거부당하고 밀려난 소외된 인간의 아픔을, 그 시대의 모순을 이렇듯 정확하게, 생생하게, 절실하게 지적한 표현을 우리는 알지 못한다.

밑바닥의 체험 속에서, 시대의 모순에 못 박혀 존재의 극한상황에 선 인간의 모습을 통하여 전체 인간조건을 적나라하게 바라볼 수 있었던 전태일에겐, 인간의 현실에 대한 인식뿐만이 아니라 인간에 대한 사랑 또한 관념과 추상의 문제가 아니라 지극히 구체적이고 생생한 체험의 세계였다. 그의 일기장 곳곳에서 우리는 그가 다른 모든 인간을 지칭하여 "나의 전체의 일부" 또는 "나의 또 다른 나"라고 부르고 있는 것을 본다. 어째서 그가 이렇게 대담한 표현을 거침없이 쓰게 되었던가를 알기 위하여 우리는 어려운 추론을 할 필요가 없다. 단지 앞에서 우리가 인용하였던 그의 다음과 같은 말을 상기하면 족하다.

나는 언제부터인지 모르지만 감정에는 약한 편입니다. 조금만 불쌍한 사람을 보아도 마음이 언짢아 그날 기분은 우울한 편입니다. 내 자신이 너무 그러한 환경들을 속속들이 알고 있기 때문인 것 같습니다.

2) 전태일 사상은 **각성된** 밑바닥 인간의 사상이다. 그것은 오랜 침묵에서 깨어나서 이제껏 현실이 자신에게 강요해왔던 가치관을 전면적으로 거부하고, 오직 스스로의 인간적인 체험에 의거하여 그 자신의 가슴으로 느끼고 자신의 머리로 생각하고 자신의 눈으로 세계를 보는, 주체적인 인간의 사상이었다. 그러므로 그것은 **거꾸로의 거꾸로**, 사회의 거꾸로 된 가치관을 하나부터 열까지 다시 거꾸로 뒤집어놓는다. 그것은 자기비하에서 자존으로, 비굴에서 긍지로, 공포와 위축에서 분노와 용기로, 의존과 자학에서 자주와 해방으로, 체념과 침묵에서 비판과 투쟁으로 전환하여가는 사상, 노예에서 인간으로 거듭나는 민중의 사상이다.

전태일 사상의 이러한 특징은 그의 민중관의 저 감동적인 전환에서 가장 잘 표현되고 있다. 어느 날 아침 그는 버스정류장에서 장사 광주리를 이고 만원버스를 타려고 차장과 실랑이를 벌이는 한 부인을 본다. 그것은 20여 년 동안 그가 하루도 빠짐없이 지겨울 정도로 보아온 이웃의 모습, 어머니의 모습, 그 자신의 모습이었다. 그것은 아무 이상도, 희망도, 인간다운 삶의 보람도 지니지 못한 채 그저 버러지 같은 목숨을 이어보려고 아등바등 기를 쓰며 남과 다투며, 때로는 비굴하게 때로는 매몰차게 이웃을 대하며 살아가는 밑바닥 인생의 모습이었다. 그리고 그것은 '품위(品位)'니 '인격'이니 '존엄'이니 하는 것들과는 담을 쌓고 세상으로부터 철저히 경멸당하고 있는 모습이었다.

전태일, 그도 때때로 그 모습을 미워하고 경멸하였고 짜증을 내었다. 그러나 어머니와 신경전을 벌이고 집을 나섰던 그 우울한 아침에 웬일인지 그는 그만 그 부인의 모습을 보고 통곡했다. 무슨 죄가 있단 말이냐? "저 약하고 어질고 꾸밈없는 한 인간이······."

그는 너무나도 잘 알고 있었다. 그것은 그가 결코 침 뱉어야 할 인간상이 아니었다. 어쩔 수 없지 않았던가? 20여 년을 겪어보았지만 어쩔 수 없지 않았던가? 아무리 정직하게 애써도, 아무리 '근면·검소·절약'(!)했어도 이 권력 있는 자, 부유한 자들이 판치는 사회현실 아래서는 이렇게밖에 될 수 없지 않았던가?

너무나도 뻔하게 알고 있는 진실이었건만, 온 세상이 소리를 합하여 경멸하고 조롱하고 냉소할 때에 그는 때때로 이 진실을 잊어버리고 '현실과 한패'가 되어 어처구니없게도 민중, 아니 그 자신의 얼굴에 침을 뱉곤 했다. 노예의식이란 바로 이런 것이다. 노예의식의 출발도 바로 이 어처구니없는 '스스로 업신여김(自己卑下)', 억압자의 가치관에 대한 무비판적이며 굴욕적인 동조에 있다.

그러므로 그는 "현실이 나를 보고 냉소한다고 나도 현실과 같은 패가 되어 나를 조롱하는구나"하고 뼈아프게 뉘우쳤다. 그는 고개를 흔들었다. "왜 내가 현실과 한패가 되어야 한단 말인가?", "왜 내가 내 자신의 얼굴에 침을 뱉어야 한단 말인가?"

그는 고통받는 민중의 모습에 고개를 숙이고 그것을 온몸으로 끌어안고 자학의 늪으로부터 빠져나왔다.

3) 억압받는 한 인간이 저항과 투쟁의 길로 나서는 데 이러한 가치관의 전환은 비할 데 없이 중요한 의미를 지니는 사건이다. 비인간으로 몰락한 민중이 그 몰락을 자신의 원죄로 돌리는 한, 그리하여 그것을 부끄러워하고 스스로를 경멸하고 자학하는 한, 현실을 개혁하려는 의지는 절대로 움틀 수 없다. 먼저 터무니없는 부끄러움에서 벗어나야 한다. 터무니없는 열등의식에서 벗어나서 자존심을 되찾아야 한다. 같은 처지에서 고통받고 있는 이웃에게 침을 뱉기를 그만두고 돌아서서 자신을 학대하고 경멸해온 질곡의 현실을 향하여, 부유한 자 강한 자들의 세상을 향하여 되레 침을 뱉어야 한다. 이것이 모든 것의 출발이다.

인간적인 모든 것을 박탈당하고 '반쪽'만 남은 공사판의 한 처절하게 소외된 인간의 모습을 보고 전태일은 이제 "얼마나 몸서리치는 사회의 한 색깔이냐!"고 분명하게 말할 수 있었다. 이 저주받을 인간 쓰레기를 만들어내는 사회현실을 보고 그는 "저주받아야 할 불합리한 현실"이라고 분명하게 못 박았다. 이 현실은 도대체가 '인간'에 대하여 철저하게 무관심한 현실이었다. '인간이 만든 차'에게 학대받으며 '자기의 존재'를, 현재의 고통을 호소하는 인간들의 절규.

그렇지만 누가 그것을 알아준단 말이냐?

모든 인간이 모든 인간으로부터 외면당하는, '인간'이 죽어버린 시대의 아픔을 그는 이렇게 통곡하였다. 그렇다, 평화시장의 고통, 그렇지만 그것을 누가 알아준단 말이냐?

써먹을 데까지 써먹다가 쓸모가 없어지면 아주 간단하게, '그저 무자비하게' 한 인간을 "메마른 길바닥 위에다 아무렇게나 내던져 버리는" 현실의 잔인한 얼굴을 눈앞에 대할 때 그의 비탄은 절정에 달하고, 그것은 곧 "가시투성이고, 얼음처럼 찬, 바위처럼 무거운, 냉혈(冷血)한" 현실에 대한 새파란 증오로 변하여 불타오른다.

기존 현실에 대한 이러한 철저한 비판으로 인하여 전태일 사상은 **완전한 거부-완전한 부정**의 사상이 된다. 우리는 그가 현실의 '덩어리' 속에 뭉쳐지지 않겠다고 단호하게 선언하고 있는 데에 주목하여야 한다. 한 인간이 다른 한 인간의 참된 희망과 관심과 가치를 존중하지 아니하고, 그를 단순히 자기의 탐욕을 채우기 위한 도구로 이용하기 위하여 야합하고 있는 기존 사회의 덩어리, 그것은 **완전히** 무가치한, 완전히 부정되어야 할, 완전히 추악한 덩어리였다. 지금 그에게 있어서 참으로 가치 있는 일은 그 "덩어리를 전부 분해"해버리는 일뿐이었다.

4) 그리하여 그의 사상은 근본적인 개혁의 사상·행동의 사상이 된다. 그는 왜 행동하지 않을 수 없었던가? 그것은 모든 인간이 서로서로가 서로서로의 "전체의 일부"였기 때문이었다. 그러므로 어

떤 한 인간에게라도 적대적인 현실은 곧 모든 인간에게 적대적인
현실이며, 한 사람의 이웃의 신음소리는 곧 전태일 그의 가슴을 미
어지게 하는 아픔이었다. 그리하여 한 인간이라도 '부스러기'로 밀
려나는 일이 없는, 한 인간도 남김없이 그 인간적인 관심을 존중받
는 그러한 질서—"모두가 용해되어 있는 상태"가 이룩되기 전까지
그의 행동은 그칠 수 없었다.

　이것이 그 혼자만이 아니라 다른 모든 사람의 인간으로서의 존립
조건임을 그가 알고 있었기 때문에 그의 행동의 사상은 고독한 행
동의 사상이 아니다. 그것은 "내가 앞장설 테니 뒤따라오게!"라고
우리 모두를 행동으로 불러내는, 우리 모두로 하여금 행동하지 않
고는 배길 수 없도록 만드는 연대행동의 사상이다. 그는 우리 모두
를 향하여 이렇게 선고한다.

　너는 괴롭겠지만 보지 않을 수 없을 걸세.

　그렇다면 그는 대체 무엇을 보았단 말인가? 우리는 대체 무엇을
보지 않을 수 없단 말인가?

인간의 과제

1969년 겨울이 될 무렵부터 바보회의 활동은 거의 정지상태에 들
어갔다. 전태일은 이제 친구들과 노동문제를 토의하기보다는 그 혼

4 전태일 사상　**227**

자서 사회와 인간의 현실에 관하여 곰곰이 생각에 잠기고 이것저것 마음을 정리하는 일에 몰두하였다. 그날그날의 생활을 위하여 일터를 찾아 여기저기 떠돌아다니기는 했으나, 밤중에 집에 들어오면 방에 틀어박혀서 밤을 밝히면서 글을 쓴다든가 멍하니 앉아 있는다든가 하는 일이 많았다. 한때는 그렇게 열심이었던 근로기준법 공부까지 중단하였다.

그는 지금껏 자신이 걸어왔던 고달픈 삶의 발자취를 돌이켜보았다. 어두웠던 어린 시절. 그늘과 그늘로 옮겨다니면서 때로는 부유한 사람들의 세계를 부러운 시선으로 바라보며, 때로는 굴욕감과 패배감으로 자신을 죽이고 싶도록 증오하며, 때로는 분노하고 항의하며 자라온 22년의 지루한 세월, 굶주림과 질병과 짓눌림과 굴욕과 좌절과 노동의 세월.

교차로에서 저는 언제나 좌회전입니다. 세상에서 우회전의 우선권이 있다는 법칙 속에서, 우회전의 부러운 우선권을 바라보며, 알파와 오메가.

— 1969년 12월 낙서에서

밝게 뛰놀지 못하였다. 남들처럼 배워보지도 못하였다. 평화시장의 우리 속에서 갇혀 시들었다. 웃음이 없는 세월, 원망스러운 세월이었다. '하루가 또 돌아온다는 것이 무서웠던' 죽음과 같은 고통의 세월, 그 속에서 그는 어머니와 아버지에게 마음속으로 짜증을 내었고 스스로 자학을 짓씹기도 했다.

그러나 이제 와서 보니, 그것은 결코 부끄러운 과거는 아니었다. 부끄러워할 아무것도 없었다. 그의 버림받은 과거는—그의 가난함은, 그의 배우지 못함은, 그의 얼굴에 팬 어둡고 우울한 그늘은, 그의 비천함은, 그의 잔약한 체구와 질병은, 그의 돼지우리 같은 집과 그의 초라한 차림새는, 그가 '무능한' 한낱 노동자임은, 그 모두가 사회라는 거대한 기구가 지워준 십자가였을 뿐 결코 그 자신의 책임이 아니었다. 그는 '세상 죄를 지고 가는 어린 양'이었을 뿐이었다. 그는 이 무거운 십자가에 짓눌리면서도 너무나도 정당하게 한 인간으로서의 생존을 위하여 전력을 다하여 열심히 살아왔던 것이다. 세상은 그의 불우한 과거를 보고 손가락질할지도 모른다. 그러나 그마저 자신의 과거를 손가락질한다면, 그것을 부끄러워하고 숨기고 싶어 한다면, 그는 주체성을 잃은 인간, '현실과 한패'가 되어버린 인간이 되는 것이다.

과거가 불우했다고 지금 과거를 원망한다면 불우했던 과거는 영원히 너의 영역의 사생아가 되는 것이 아니냐?

— 1969년 12월 31일 일기에서

그의 불우했던 과거는 이 땅 위의 고통받는 모든 민중의 역사이기도 하였다. 그는 이 민중의 역사를 기록해두고 싶은 충동을 느꼈다. 그가 자신의 과거를 소설 형식으로 회상한 수기를 쓴 것은 이 무렵의 일이다. 그밖에도 그는 여러 가지 문학 형식과 작품 구성 방법에 관하여 책을 읽고 메모를 해가면서 극작 구상(역시 그 자신을 모델로 한)을 하기도 하였다. 얼마 전까지만 해도 평화시장의 노동문제에 전념하였던 그가 이 시기에 와서 이런 일을 한 것은 아마도 평화시장의 현실이 전체 사회현실의 떼어놓을 수 없는 한 고리이며, 따라서 도려내야 할 '불합리한 현실'의 뿌리는 더 깊은 데에 있다는 것을 어렴풋하게나마 직감하였기 때문이 아닐까 생각된다.

말하자면 평화시장의 기업주들만을 상대로 싸워보았자 그것은 표적을 잘못 맞춘 무모한 싸움이 된다는 것이다. 기업주들의 비위를 폭로하기만 하면 근로감독관이니 노동청이니 혹은 사회의 다른 기구들이나 힘들이 그것을 시정시켜줄 것으로 믿었던 착각이 그의 지금까지의 투쟁을 좌절시키고 바보회를 해체상태로 몰아넣게 한 근본원인이 아니었을까? 정작 싸워야 할 대상은 억압하는 사회의 전체적인 구조와 힘이 아니었을까? 전태일이 그의 자서전을 쓰려고 했던 것은 이러한 억압적 구조와 그것이 인간에게 미치는 파괴적인 영향을 적나라하게 폭로·고발하고, 그럼으로써 사회에 가득 찬 위선을 발가벗기려는 하나의 투쟁이었다고 볼 수 있다.

그는 그가 보아왔던 인간과 사회의 모순과 그 상호관계를 돌이켜보았고, 그것이 어떤 모습으로 존재해야 마땅한가를 꿈꾸어보았다.

그는 먼저 평화시장에서 본 기업주의 초상을 그려보았다. 그들은 최대의 이윤을 유일한 목표로 하여 존재하며, 그 이윤을 추구하는 과정에서 노동자를 착취하고 소비자 대중을 희생물로 삼았다. 그들은 '인간의 윤리와 희망과 가치'를 생각하지 아니하고 오직 그들의 '금전대의 부피'만을 생각하고 있었다. 그들은 또한 위선자였다. 입으로는 무슨 인도주의자인 양 가장하고 자신이 마치 노동자의 아버지와 같은 보호자, 은혜를 베푸는 자인 듯 자처하면서도 기실은 노동자를 기름 짜듯 짜낼 생각만 할 뿐 아무런 애정이나 인간적인 관심을 베풀지 않았다.

이러한 기업주들의 비인도적인 착취는 사회라는 거대한 틀 속에서 만들어져 지배권력에게 보호받고 있다. 전태일은 그가 근로감독관을, 또는 노동청을 찾아갔을 때의 일을 생각해보았다. 그리고 사회는 어째서 기업주들의 죄악을 "알면서도 묵인하고 있는가"라고 자문해보았다. 근로감독관이나 노동청뿐만이 아니었다. 정치가도, 신문도, 종교인이나 지식인도, 사회의 어느 누구, 어떤 기구도 노동자의 참상에 깊은 관심을 기울이지 않았다. 노동절 행사 때마다 "이 나라 경제성장은 묵묵히 땀 흘려 일하는 산업전사들의 헌신 덕분"이니 무어니 입에 발린 소리를 떠들어대면서도, 정작은 노동운동을 탄압하고 경제발전을 위해서는 노동자들의 복지후생 문제가 뒤로 미루어져야 한다고 공언하는 사람들의 뻔뻔스러움에 그는 심한 혐오를 느꼈다. 그리하여 그는 대통령에게 보내는 분노의 서한을 쓰면서 노동자의 참상을 일일이 열거하고 "이것도 나라의 경제발전을 위해서는 어쩔 수 없는 실태입니까?"라고 항의하였다.

노동자들만이 아니었다. 이 땅에서 고통받고 있는 모든 민중이 비인간적인 약육강식의 질서 아래 짓밟히고 있었다. 그는 노동자들을 '더욱 살찌기 위한 밑거름'으로 사용하는 기업주들의 모습이 이 사회의 모든 것을 보여주는 척도라고 생각하였다. 사회 전체가 "인간의 둘레를 얽어매고 있는 타율적인 구속"으로 느껴졌다.

그 타율적인 구속 아래서 인간들은 어쩔 수 없이 하나의 '물질적 가치'로 전락하고 있었다. 그 구속 아래서 인간의 행위 하나하나는 모두 '타인을 해치는 무책임한 행위', '인간 본질을 해치는 비평화적·비인간적 행위'로서 행해지고 있었다. 그는 '생존경쟁이라는 없어도 될 악마' 때문에 인간과 인간과의 관계가 기본적으로 적대관계에 놓이는 것을 보았다. 그리하여 오늘날의 세대는 "한 인간이 인간으로서의 모든 것을 박탈당하고 박탈하고 있는 무시무시한 세대"였다.

그러나 모든 인간은 서로서로가 떨어질 수 없는 "전체의 일부"이다. 사회적인 지위나 신분에 관계없이 모든 인간은 "생각할 줄 알며, 좋은 것을 보면 좋아할 줄 알고, 즐거운 것을 보면 웃을 줄 아는 하느님이 만드신 만물의 영장"이며, 다 같이 "고귀한 생명체"로서 본능과 희망을 갖춘, "가치적으로는 동등한 인간"이다. 인간은 또한 "서로서로를 필요로 하는" 존재들이다. 모든 인간은 서로의 동등한 인간적 권리를 존중하고 서로의 인간적 요구에 관심을 기울여야 한다.

어떠한 인간적 문제이든 외면할 수 없는 것이 인간이 가져야 할 인간적인 과제이다.

—1969년 12월 31일 일기에서

여기서 그는 모든 인간이 서로 용해되어 있는 상태를 꿈꾼다. 그것은 사람들이 서로서로에게 무관심한 외톨이로서, 다만 생존경쟁의 냉혹한 질서 아래서 탐욕과 이해관계로 야합하고 있는 세상, 그리하여 '덩어리가 존재하기 때문에' 거기에 끼지 못하고 밀려나는

'부스러기' 인간이 존재할 수밖에 없는 그러한 사회가 아니라, 서로가 서로의 인간적인 필요에 봉사하면서 참된 관심과 애정으로 결합하고 있는 이상사회를 향한 꿈이었다. 그는 오늘날의 차디찬 사회 현실 아래서도 인간 심정의 밑바닥에 흐르고 있는 소박한 물줄기를 볼 때면, 그것이야말로 그러한 이상사회의 단초이며, '참으로 아름다운 것'이라고 생각하였다.

그는 다시 현실로 돌아왔다. 모든 인간이 서로를 적대하고 있는 이 현실, 강자가 약자를 부조리하게 학대하는 이 현실, '인간 최소한의 요구'마저도 외면당해 짓밟히고 있는 이 현실은 분명히 불의한 현실이었다. 그것은 개조되어야 할 현실이었다. 그러나 현실의 뿌리는 너무나 깊고 그 벽은 너무나 두터운 것이어서 그는 자신이 자꾸만 나약해지고 있는 것을 느꼈다. 그러나 그는 백 번이고 다시 일어나 '타협하지 않고 싸우겠다'고 다짐했다.

그는 자신이 택한 길이 그 자신의 '양심의 명령'이므로 진리이며, '역사가 (그것을) 증명'할 것이라고 확신했다. '그저 주어진 현실'에 순종하면서 남들처럼 안일한 생활을 추구해볼까 싶은 생각이 들 때면, 그는 그러한 생활이 가치 없는 것이며 현명한 삶의 길이 아니라고 그 자신을 꾸짖었다. 세상 사람들이 추구하는 안일한 생활은 그것이 "아무리 화려한 생활의 연속일지라도 감방 안에 갇힌 죄수가 감방 벽의 돌담에 화려한 그림을 그려놓고 자기도취에 취한 꼴"에 불과한, 어리석은 행복의 환각이며, 인간의 참된 기쁨은 서로서로를 사랑하는 데 있는 것이고, 오늘보다 내일이 낫도록 노력하는 것이 참된 인생의 길이라고 그는 거듭거듭 확인하였다.

이와 같은 관찰, 사색, 분노, 고뇌, 결의, 그때그때의 심정을 그는 생각나는 대로 틈틈이 기록해두었다. 대개 1969년 12월을 전후하여 쓰인 다음의 글들을 소개한다. 이 글들이 동서고금의 사상을 수십 년에 걸쳐 섭렵한 상아탑 속의 철학자의 서재에서 집필된 것이 아니라, 중학교도 제대로 마치지 못한 밑바닥 인간의 거친 손길에 의해, 서울 외곽 쌍문동 산비탈의 한 초라한 무허가 판잣집 골방 속에서 쓰였다는 사실을 염두에 둘 때, 여러분은 그것이 얼마나 생생하고 절절한 인간의 육성(肉聲)인가를 알 수 있을 것이다. 작은 제목들은 모두 저자가 붙인 것이다.

왜 노예가 되어야 하나

내가 보는 세상은

내가 보는 세상은, 내가 보는 나의 직장, 나의 행위는 분명히 인간 본질을 해치는 하나의 비평화적 · 비인간적 행위이다. 하나의 인간이 하나의 인간을 비인간적인 관계로 상대함을 말한다. 아무리 피고용인이지만 고용인과 같은, 가치적(으로) 동등한 인간임엔 차이가 없기 때문이다.

인간을 물질화하는 세대, 인간의 개성과 참인간적 본능의 충족을 무시당하고 희망의 가지를 잘린 채 존재하기 위한 대가로 물질적 가치로 전락한 인간상을 증오한다.

어떠한 인간적 문제이든 외면할 수 없는 것이 인간이 가져야 할 인간적 문제이다. 한 인간이 인간으로서의 모든 것을 박탈당하고 박탈하고 있는 이 무시무시한 세대에서 나는 절대로 어떠한 불의와도 타협하지 않을 것이며, 동시에 어떠한 불의도 묵과하지 않고 주목하고 시정하려고 노력할 것이다.

인간을 필요로 하는 모든 인간들이여. 그대들은 무엇부터 생각하는가? 인간의 가치를? 희망과 윤리를? 아니면 그대 금전대의 부피를?

자본가의 초상

저는 이렇게 생각합니다.

한정된 자본으로 막대한 이득을 취하려고 한다면 잘못입니다. 우리나라의 현 실정으로 금리는 3부가 못 됩니다. 그러나 기업주들은 어떠합니까? 여기에 A, B 두 자본가들의 대화를 들어봅시다. 이 두 사람은 생산공장을 가진 사람들입니다.

A : B씨, 나는 올해 안으로 나의 재산을 현재의 2배로 만들 계획
　　일세.

B : (생략)

A : 자, 그럼 우리 경쟁을 하세. 누가 빨리 달성시키는가를 말이
　　오. 하하하.

생산주들은 서로 경쟁을 직공들의 공임(工賃)에서 한다.

생산주의 경쟁으로 피해를 당하는 것은 생산공과 소비자들이다. 이유―첫째로, 어떤 수를 쓰든지 가격을 인하할 목적으로 상

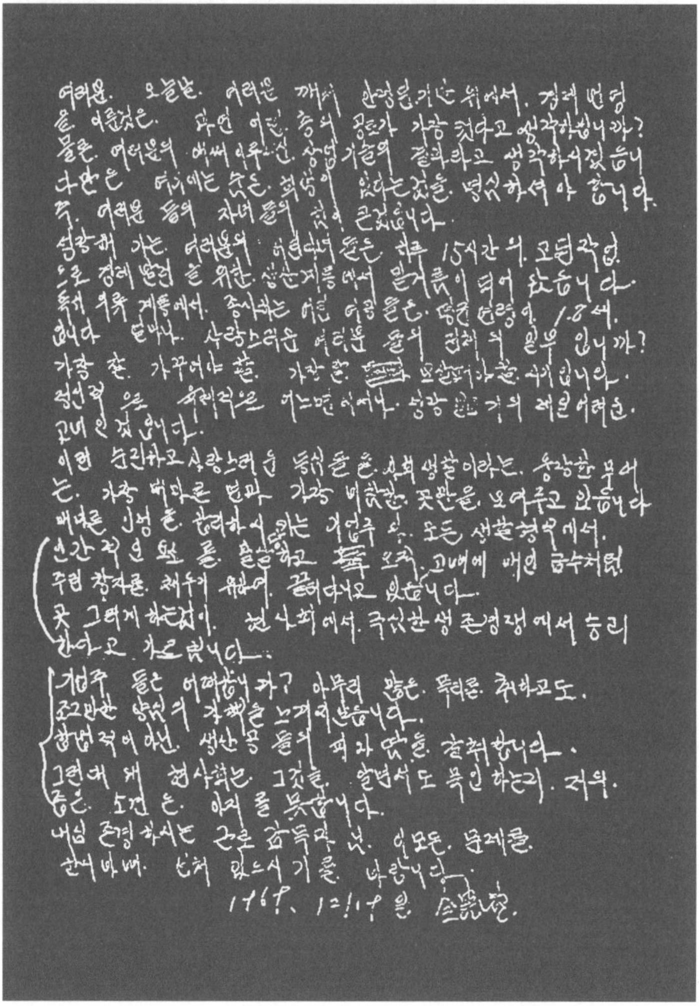

품을 아주 형식적으로 생산한다. 예를 들면, 원가의 지출을 줄이기 위해 외향에서 보이지 않는 부분은 보이는 부분보다 떨어지는 비율이 1:5. 그러니까 겉 기지는 5개월을 입어도 속 우라*는 1개월밖에 입을 수 없다는 결론이다.

왜 당치도 않는 말을 늘어놓아야 한단 말인가? 저 혼자 가장 인도주의자인 척 빠른 입을 나불거리고, 저 혼자만의 안일한 자리에, 안도의 한숨을 내쉬고 기회주의자의 본심을 다 드러내놓고 우리 대한민국이라고.……

제주도의 화이트 빠꾸샤** 같은 기업주는 기름기계에 집어넣은 불쌍한 샐러리맨들을 마구 조롱하고, 큰 오락이라도 하는 것처럼 짜낸 샐러리맨들의 기름을 흐뭇한 기분으로 주판질한다.

이런 현실이 있습니다.

한 아버지가 30명의 자녀를 가지고 있습니다. 그 집에서는 의복을 만들어 팔아서 생계를 이어가는데 몇 년이 지나는 동안에 장사가 점점 잘 되어 부자가 되었습니다. 그런데 아버지 되는 사람은 자녀들을 예전과 같이 일을 시킵니다. 그리고 아버지 되는 사람은 호의호식하면서 자녀 되는 사람들을 혹사합니다. 아버지는 한 끼 점심값으로 2백 원을 쓰면서 자녀들은 하루 세 끼 밥값이 50원, 이건 인간으로 행할 수 없는 행위입니다.

---

* うら. 뒷면, 뒤를 뜻하는 일본어로, 봉제업에서 우라는 안감을 가리킨다.
** 영국 버크셔(Berkshire) 지역 원산의 돼지 품종. 일본식 발음이다.

왜 노예가 되어야 하나

업주들은 한 끼 점심값에 2백 원을 쓰면서 어린 직공들은 하루 세 끼 밥값이 50원, 이건 인간으로서는 행할 수 없는 행위입니다. ……나이가 어리고 배운 것은 없지만 그들도 사람, 즉 인간입니다. 태어날 때부터 생각할 줄 알고, 좋은 것을 보면 좋아할 줄 알고, 즐거운 것을 보면 웃을 줄 아는 하나님이 만드신 만물의 영장, 즉 인간입니다.

다 같은 인간인데 어찌하여 빈(貧)한 자는 부(富)한 자의 노예가 되어야 합니까. 왜 빈한 자는 하나님께서 택하신 안식일을 지킬 권리가 없습니까?

종교는 만인이 다 평등합니다.

법률도 만인이 다 평등합니다.

왜 가장 청순하고 때묻지 않은 어린 소녀들이 때묻고 더러운 부한 자의 거름이 되어야 합니까? 사회의 현실입니까? 빈부의 법칙입니까?

인간의 생명은 고귀한 것입니다. 부한 자의 생명처럼 약자의 생명도 고귀합니다. 천지만물 살아 움직이는 생명은 다 고귀합니다. 죽기 싫어하는 것은 생물체의 본능입니다.

선생님, 여기 본능을 모르는 인간이 있습니다. 그저 빨리 고통을 느끼지 않고 죽기를 기다리는 생명체가 있습니다. 그리고 죽어가고 있습니다. 그것도 미생물이 아닌, 짐승이 아닌, 인간이 있습니다. 인간, 부한 환경에서 거부당하고, 사회라는 기구는 그들 연소자를 사회의 거름으로 쓰고 있습니다. 부한 자의 더 비대해·

지기 위한 거름으로.

선생님, 그들도 인간인 고로 빵과 시간, 자유를 갈망합니다.

— 1970년 초의 소설작품 초고에서

근로감독관에게

여러분, 오늘날 여러분께서 안정된 기반 위에서 경제번영을 이룬 것은 과연 어떤 층의 공로가 가장 컸다고 생각하십니까? ……여기에는 숨은 희생도 있다는 것을 명심하셔야 합니다.

성장해가는 여러분의 어린 자녀들은 하루 15시간씩의 고된 작업으로 경제발전을 위한 생산 계통에서 밑거름이 되어왔습니다. ……이런 순진하고 사랑스러운 동심(童心)들에게 사회라는 웅장한 무대는 가장 메마른 면과 가장 비참한 곳만을 보여주고 있습니다. ……그들은 모든 생활형식에서 인간적인 요소를 말살당하고 오직 고삐에 매인 금수처럼 주린 창자를 채우기 위해 끌려다니고 있습니다. ……기업주들은 아무리 많은 폭리를 취하고도 조그마한 양심의 가책도 느끼지 않습니다. 비합법적인 방식으로 생산공들의 피와 땀을 갈취합니다. 그런데 왜 현 사회는 그것을 알면서도 묵인하는지, 저의 좁은 소견은 알지를 못합니다.

존경하는 근로감독관님. 이 모든 문제를 한시바삐 선처해주시기 바랍니다.

인간, 최소한의 요구

대통령에게

대통령 각하.……

저는 서울특별시 성북구 쌍문동 208번지 2통 5반에 거주하는 22살의 청년입니다. 직업은 의류 계통의 재단사로서 5년의 경력을 가지고 있습니다. 저의 직장은 시내 동대문구 평화시장으로서 종업원은 3만여 명이 됩니다. 큰 맘모스 건물 4동에 분류되어 작업합니다. 한 공장에 평균 30명은 됩니다. 근로기준법에 해당이 되는 기업체임을 잘 압니다. 그러나 저희들은 근로기준법의 혜택을 조금도 못 받으며 더구나 3만여 명이 넘는 종업원의 90% 이상이 평균 연령 18세의 여성입니다. 기준법이 없다고 하더라도 인간으로서 어떻게 여자에게 하루 15시간의 작업을 강요합니까?

미싱사의 노동이라면 모든 노동 중에서 제일 힘든(정신적·육체적으로) 노동으로 여성들은 견뎌내지를 못합니다. 또한 3만여 명중 40%를 차지하는 시다공들은 평균 연령 15세의 어린이들로서 육체적으로 정신적으로 성장기에 있는 이들은 회복할 수 없는 결정적이고 치명적인 타격을 입고 있습니다. 전부가 다 영세민의 자녀들로서 굶주림과 어려운 현실을 이기려고 하루에 70원 내지 160원의 급료를 받으며 1일 15시간의 작업을 합니다.

사회는 이 착하고 깨끗한 동심에게 너무나 모질고 메마른 면만을 보입니다. 저는 여기에서 각하께 간구하지 않을 수 없습니다. 저 착하디착하고 깨끗한 동심을 좀 더 상하기 전에 보호하십시

240

오. 근로기준법에서는 동심들의 보호를 성문화하였지만 왜 지키지 못합니까? 이 동심들이 자라면 사회는 과연 어떻게 되겠습니까?……

저는 피끓는 청년으로서, 이런 현실에 종사하는 재단사로서, 도저히 이 참혹한 현실을 받아들이지 못합니다. 저의 좁은 생각 끝에 이런 사실을 고치기 위하여 보호기관인 노동청과 시청 내에 있는 근로감독관실을 찾아가 구두(口頭)로써 감독을 요구했습니다. 노동청에서 실태조사도 왔습니다만, 아무런 대책이 없습니다.

1개월에 첫 주일과 셋째 주일, 2일은 쉽니다. 이런 휴식으로는 아무리 강철 같은 육체라도 곧 쇠퇴해버립니다. 일반 공무원의 평균 근무시간 1주 45시간에 비해, 15세의 어린 시다공들은 1주 98시간의 고된 작업에 시달립니다. 또한 평균 20세의 숙련 여공들은 대부분 6년 전후의 경력자들로서 대부분이 햇빛을 보지 못해 안질과 신경통, 신경성 위장병 환자입니다. 호흡기관 장애로 또는 폐결핵으로 많은 숙련 여공들은 생활의 보람을 못 느끼는 것입니다.

응당 근로기준법에 의하여 기업주는 건강진단을 시켜야 함에도 불구하고 법을 기만합니다. 한 공장의 30여 명 직공 중에서 겨우 2명이나 3명 정도를 평화시장주식회사가 지정하는 병원에서 형식상의 진단을 마칩니다. X레이 촬영 시에는 필름도 없는 촬영을 하며 아무런 사후지시나 대책이 없습니다. 1인당 3백 원의 진단료를 기업주가 부담하기 때문입니까? 아니면 전부가 건강하기 때문입니까? 이것도 이 나라의 경제발전을 위해서는 어쩔 수 없는 실태입니까? 하루속히 신체적으로 약한 여공들을 보호하십시오. ……

저희들의 요구는, 1일 15시간의 작업시간을 1일 10시간~12시간으로 단축해주십시오. 1개월 휴일 2일을 늘려서 일요일마다 휴일로 쉬기를 원합니다. 건강진단을 정확하게 하여주십시오. 시다공의 수당(현재 70원 내지 100원)을 50% 이상 인상하십시오.

절대로 무리한 요구가 아님을 맹세합니다. 인간으로서의 최소한의 요구입니다.

(1969년 11월경에 집필한 것인데 발송하지는 않았던 것으로 보임)

아름다운 것

아름다운 것을 보았냐구요?

네, 보았습니다. 아름다운 것의 극치를 보았습니다. 도스토예프스키(모파상의 착오)의 『비곗덩어리』 중에서, 프러시아 군대의 병사가 자기들의 점령지역 안에서 혼자 사는 노파의 빨래를 빨아준다는 그 아주 형용할 수 없는 감정의 아름다움을 음미했습니다.

내 존경하는 친구여.

자네는 어떤 것이 가장 아름다운 것이라고 생각하십니까? 저보다 더 아름다운 것을 보신 일이 있으면 저에게도 나누어주십시오. 저의 메마른 심령 위에 향기로운 기름을 부어주십시오. ……심한 생존경쟁의 싸움터에서 휴식을 간구하는 미약한 저에게 동심의 감화로 눈물을 일으켜주십시오.

저는 너무나 메말랐습니다. 너무나 외롭습니다. …… 휘황찬란

한 물질문명의 베일보다는, ……밤이 되면 형형색색의 네온싸인이 불야성을 이루고 자동차의 행렬이 불야성을 이루는 도시의 소음보다는, 귀뚜라미 우는 사랑방에 모여 동네방네 친구들과 벌이는 사랑의 토론이 얼마나 멋있을까요!

친구여.

나는 그토록 많은 시간을 그토록 허무하게 보냈습니다.

아닐세!

김 군, 자네도 나도 인간임에는 틀림없는 것일까? 역시 삼단논법에 의해 태일이도 죽는 날이 한 발 두 발 다가오고 있는 것일세……. 아무리 화려한 생활의 연속이라도 감방 안에 갇힌 죄수가 감방 벽의 차가운 돌담에 화려한 그림을 그려놓고 자기도취에 취한 꼴이라고 말할 수 있겠지. 앞으로 가는 길이 어디며, 가야 할 곳도 목적도 모르며, 그저 주어진 운명에 순종하는 것만이 가장 현명한 방법인가? ……젊은 피의 소유자인 인간 내가, 나 역시 화려하지도 못한 벽에 억지로 도취되어야 된단 말인가?

아닐세!

낙서들

사람들의 공통된 약점은 희망함이 적다는 것이다.

인간은 불공평한 입자(粒子)인가, 공평한 입자인가?

불공평한 분수에는 공평한 대수(代數)를!

인생이란 내일이 오늘보다 낫도록 노력하는 그것이 인생이다.

진리란 경험에 의한 양심의 소리 그것이다.

천차만별, 인생무대는 웅대(雄大)했지만 배우는 작았다. 인간은
백 가지 욕망을 가진다. 그렇지만 겨우 한두 가지를 달성하고 죽
을 뿐이다. 죽음 그 자체를 증오하기에 앞서, 생 그 자체에 환멸을
느낀다. 생 그 자체에 환멸을 느낀다면 죽음 그 자체를 감사해라.
앙상한 가지마다 잎새는 매달렸지만 짓궂은 북풍은 앙칼지게 발
버둥치는 매달림을 비웃는다.

—1970년 1월 7일

어찌할 수 없는 현재를 세월의 전체 속에 일부씩 떠내려가게
하는 것은?

여보세요. 생각할 수 없는 현재 속에 나라는 무능한 인간은 무
척이나 많이 원망도 하였습니다.

신앙이 한 번 실족(失足)을 하면 얼마만한 속도로 떨어지는지
자네는 생각해본 일이 있는가?

과연 가공할 만한 가속도일세.

너의 정신은 결코 헛된 결과를 낳지는 않겠지.

현 시점에서 내가, 인간 태일이가 취해야 할 가장 올바른 방향
은 어느 길이냐?

사나이 희망은 태양같이 부글거리지만 너무나 독단적인 이상
인지 출발을 못하는구나.

인정(인간으로서의 권리와 존엄을 인정받는 것, 인간적인 대우를 보장받
는 것을 뜻함. 그의 어떤 극작 구성 메모에는, '인간적인 인정의 투쟁', '인정을

얻기 위한 간구'란 구절이 보인다) 되어야 한다. 그럼으로써 존재한다.

인생은 연극이다.

그런고로, 될 수 있는 대로 슬픈 연기를 하지 말고, 자기 양심에 가책을 받지 않는, 대중을 위한 연기를 하자.

그는 생각한다

그는 생각한다. 그리고 환멸과, 자기 자신의 나약한 소리를 증오하면서

인간의 둘레를 얽어매고 있는,

인간이 만든,

빠져나올 수 없는.

인간 본질의 희망을 말살시키고 있는, 모든 타율적인 구속을.

그는 생각한다.

이 세상 어느 곳에서 누구를 지적하여 인간상의 표준을 삼을 것인가.

인간의 참 목적인 평화와 희락을 추구하는 과정에서.

그는 생각한다.

인간은 어딘가 잘못 가고 있는 것 같다고.

생존하는 목적의 본질이 희미함을 다행으로 생각하는 세대.

흐린 탁류 속에서 어쩔 수 없이 존재한다고 생각하는 세대.

자기 자신의 무능한 행위의 결과를 타인이 책임져야 한다고 생각하는 세대.……

나의 또 다른 나들이여.

생각해야 할 것을 생각하므로 그대들의 존재가 인정받고 있다는 것을 아는가? 한 영혼의 절규를 외면하기 이전에 자기 자신의 심적 더러움을 점고(點考)해본 일이 있는가?

1969년 12월 31일의 일기

왜 안 된단 말이냐?

여러분, 친애하는 시민 여러분, 대단히 감사합니다. 끝에서부터 끝까지,

처음부터 끝까지, 많이 관람하시고 만장의 대성황을 이루어주셔서 대단히 감사합니다.

—1969년 12월 31일

올해와 같은 내년을 남기지 않기 위하여 나는 결단코 투쟁하련다. 역사는 증명한다.

중간치기 비행기 좌석표는 필요 없다. 마차의 차부를 원하오. 평화시장주식회사 핑글핑글 도는 의자 회전의자는…… . 내 마음속에 있는 생각도 정리 못하는 내가 어찌하여 대망을 바라고 사회 정화의 선구자가 되려고 한단 말이냐?

모범업체 설립의 꿈과 죽음의 예감 사이

1970년, 전태일이 "올해와 같은 내년을 남기지 않기 위하여 결단코 투쟁하련다"고 맹세한 바로 그 해가 돌아왔다. 그리고 이 해는 그의 생애의 마지막 해가 된다.

이 해 3월 달의 그의 일기장에는 근로기준법을 준수하여 종업원들에게 인간다운 대우를 해주는 모범적인 피복업체를 만들기 위한 구상과 방대한 계획서가 기록되어 있다. 여기에 소개하는 것은 그 계획서 첫머리에 있는 일종의 개요에 해당하는 부분이다.

진심으로 하고 싶은 일

무엇을……제품 계통에서 근로자를 위해서 근로기준법을 준수하는 일

누구와……제품 계통에 종사하는 어린 기능공들과

언　　제……1970년 음력 6월 달 이전에

어디서……서울 평화시장에서

이 일을 하려면 어떤 방법을 택할 것인가?

1969년 4월 달부터 이 일을 본격적으로 시작했다. 이 문제는 1968년 12월 달에 착상한 것이다. 나 자신이 꼭 해야 될 일로 생각했다.

그러나 1969년 서울특별시 근로감독관실에 진정서를 제출했으나 심사도 받지 못하고 말았다. 나 자신이 너무 어리다고 무시

했기 때문이다.

(가) 나 자신이 직접 제품사업을 시작해서 정당한 세금을 물고, 기능공을 기계와 다른 인간적인, 배움의 적령에 있는 소년 소녀로서 여기에 합당한 대우를 하고도 사업을 성공시켜 나갈 수 있다는 것을 사회의 여러 경제인, 특히 평화시장 제품 계통의 사업주에게 인식시키기 위함이다.

A) 첫째는, 사업자금을 구하여야 하기 때문에 사회의 여러 독지가들에게 나의 목적하는 바를 이해시키고 자금을 구하는 것이다. 사회는 보통 사람들이 생각하는 것처럼 그렇게 궁색하고 메마르지 않은 것을 믿기 때문이다. 각자가 다 해방(해방 직후의 혼란을 뜻함)과 6·25를 겪은 강박관념을 떨쳐버리지 못하기 때문에 일어나는 정신적인 오해이다.

나는 사업계획을 세워놓았고 나를 도와서 일할 사람이 주위에 있다. 때문에 사업자금만 준비되면 일의 80% 이상을 행한 거나 다름없다.

B) 자금을 구하기 위하여

① 나는 학력이 없으므로 대학 동창이 없다. 또한 집안 친척들 중에도 나에게 필요한 만큼의 자금을 댈 만한 사람이 없다. 그러므로 나의 가진 것 중에서 사회에 내놓을 것이라고는 사회가 필요로 하는 것, 즉 한쪽 눈을 사회에 봉사하는 것이다.

연습 문제 3.

제 8의 법칙   ◎ 진심으로 하고 싶은 일 ◎

무엇을 --- 제품계통에서 근로자를 위해서 근로기준법을 준수하는일.
누구와 --- 제품계통에 종사하는 ... 과.
언제 --- 1970년. 음력 6 ...   ... 이건미
... ...

⊙   ⑨ 이일을 하려면 어떤 방법을 얻을것인가 ?
△ 1969년 4 월 달 우의 ┃ 완료 본격적으로 시작 했다.
이문제는 1968년 12 월 달 에 착상한것이다. 나자신이 극적이나 뭘
문제로 생각 했다. △

△ 근 1969년 서운 독면서 근로감독관 앞에 건설 서를 제출했
으나 의식도 ... 못하고 말았다. 나자신이 너무 어리다고
무시 쉽게 여긴이라. △

〈가〉. 나자신이 직접 ◎ 제품사업을 시작했어 정당한 세금과.
기등은 ... 다른 인간적인 ... 에 있는 소년 소녀
로써 여기에 항상한 여우훈착고도 사업을 성광해 나아갈수
있다는 것을 사회의 여러 경리 건 ... 평화 시장 제품계등에
사람들 에게 인식시키기 위함이다.

A. 첫 째는 사업자금을 구해여야서 되는데. 사회 이 여러
무지 가 들에게 나의 목적하는 바 를 어색시키고 싶음 을 구하는
것이라. 사회는 오늘사람 들의 생각 하는 저처럼 그렇게 구색
않고 버 마의 없는 것을 빛이 여명기라 각자가 다 ... 와
... 이오 ... 겪은장부 ... 만념 을. 덕이 어리구 ... 못나기 ...
싶어 나는 정신 적인 ... 은씨 이라.

눈을 사회에 봉사하고 나는 사회로부터 자금주를 소개받을 것이다. 내 목숨이 붙어 있는 한, 이 사업을 꼭 이루고야 말 결심 아래 행하는 두 번째 방법이다.

② 자금주에게 이득이 되는 조건 제시 : 나는 이 사업을 3~5년간 내가 전 권한을 책임지고 맡는 대신에 이 사업이 완전한 궤도 위에서 행해질 수 있다는 것을 자타가 공인할 시기에는 아무런 조건 없이 전부를 자금주에게 반환할 것이다. 그러므로 조건이 좋기 때문에 투자를 할 것이다. 나는 이 사업이 끝나면 경제계에서 떠나서 주(主)사업에 일생을 바칠 것이다.

—1970년 3월 17일 10시 全 泰 壹

이렇게 시작한 사업계획서는 대학노트 30페이지에 걸쳐서 사업방침(10개항), 필요한 각종 설비 비품의 숫자와 가격, 필요한 인원과 직공의 숫자와 인건비, 예상되는 한 달 수입과 지출의 내역과 총계, 생산할 제품의 종류와 그 판매방법, 소비시장 45개를 일일이 조사·기록한 '서울특별시 시장조사도', 직공들의 교육·오락시설과 처우 문제 등에 관한 세밀한 구상을 담고 있으며, 그밖에도 이 사업계획의 성공 여부에 관한 전망 평가('부정적인 것' 3개항과 '긍정적인 것' 15개항) 및 계획 추진에 있어서의 마음가짐, 착상이나 관찰방법(예컨대, '정확한 관찰을 하기 위한 12법칙')에 관한 주의사항까지도 포함하고 있다. 그는 특히 소비자들에게 값싸고 질 좋은 제품을 공급할 것과 또 직공들에게 인간다운 대우를 할 것에 대하여 세심한 관심을 보이고 있다.

이 계획서 중간 부분에 그는 또다시 이 사업의 목적을 이렇게 밝히고 있다.

목적

정당한 세금을 물고, 근로기준법을 준수하고도, 제품 계통에서 성공을 할 수 있다는 것을 여러 경제인에게 입증시키고, 사회의 여러 악조건 속에 무성의하게 방치된 어린 동심들을 하루 한시라도 빨리 구출하자는 데 그 취지가 있다.

미싱 50대, 종업원 157명, 자본금 3,000만 원의 이 업체의 노동자 처우문제에 대해서 그가 이 계획서에서 예정하고 있는 것은 다음과 같다. 당시 월급 수준이 1만 원 선이었던 미싱사에게는 월 3만 원, 그리고 월급 1,000~1,500원 선이었던 시다들에게는 8,000원을 지급한다. 교사 5명을 1인당 월급 25,000원씩으로 고용하여 직공들에게 공부를 가르치도록 한다. 직공 1인당 월 800원의 '위생비'와 월 1,000원의 '교육비'를 기업주 측에서 지출한다. 노동시간은 8시간 이하로 감축하여 주간 작업반과 야간 작업반으로 나눈다. 직공들에게 편리한 노동환경을 조성해주기 위하여, 다른 업체들이 갖추고 있지 않은 여러 가지 비품을 갖춘다(예컨대 스팀장치, 조립식 탁구대, 도서실 등). 한 달의 작업일수는 25일로 한다.

계획서 내용 중에서 또 한 가지 눈에 띄는 것은 그가 이 모범기업체를 일종의 학원 형태로 운영하면서 직공들을 훈련하여, 그들로 하여금 일정한 기간이 지나면 독립하여 다른 기업체를 차리도록 원

조해주고 그 기업체에서도 근로기준법을 준수하도록 만들려고 구상한 흔적이다. 예컨대 이런 구절이 있다.

입학자격을 제한하고, 지방 출신을 위한 단체 기숙사 생활제도로서 단체 생활의 이점을 살려 협력정신을 기른다.
여기에서는 모든 절차를 학원식으로 처리한다.
졸업생이 사업을 할 경우는 근로기준법을 준수하는 업체로.

이 계획서는 피복제조업 계통 노동자들의 노동조건 향상에 발판이 될 수 있는 하나의 선구적이며 시범적인 이상기업체의 실험을 꿈꾸고 있는 것이라고 볼 수 있다. 이 구상은 전태일이 바보회 창립 당초부터 때때로 친구들에게 이야기한 바 있었던 것인데, 그는 1970년 초반에 들어서면서 부쩍 이것에 치열한 집념을 보이며 매달렸던 것 같다. 친구들의 말에 따르면 그가 애초에 이러한 구상을 하게 되었던 동기는, 업주들이 걸핏하면 장사가 잘 안 된다는 핑계로 노동자들의 임금인상 요구를 억누르거나, 심지어는 주어야 할 노임을 몇 달씩 안 주고 미루다가 짤라먹는 일이 흔하였기 때문에, 그것에 분개하여 노동자들이 저임금과 악조건에 시달리는 것이 사실은 업주의 이익이 박해서가 아니라 업주가 이익을 독점하려고 하기 때문이라는 것을 입증하려는 목적이었다.

그런데 이 구상은 무엇으로 보더라도 실현 불가능한, 그야말로 하나의 꿈, 공상이라고 할 수 있다. 다 그만두고라도, 우선 전태일의 형편으로 보아 사업자금 문제가 거의 해결될 수 없는 난관이다. 계획서에 의하면 총 자본금이 3,000만 원은 되어야 할 것으로 예산을 잡고 있는데, 우리 사회에 아무리 돈 많은 독지가가 있다 한들, 가진 것이라고는 아무것도 없는 일개 재단사인 전태일에게 3,000만 원의 거금을 선뜻 내놓을 사람이 있을 리 없고, 뿐더러 다른 업체들보다 모든 경비를 절감한다 하여도 시원치 않을 판에 도리어 직공들 월급을 딴 업체의 서너 배씩 올려주고, 교육비·위생비 같은 것까지 지출하고, 작업시간을 대폭 단축하여 모든 경비를 잔뜩 늘리고, 반면에 생산능력을 떨어뜨릴 계획만 세우고 있는 이 계획서에 찬동할 자본주가 있을 리 없다.

그의 친구들도 누구나 이 계획을 귀담아듣지 않았으며, 그 자신도 이것이 반드시 실현되리라고 확신하지 않았다. 그가 가끔 일기장에다 낙서처럼 이 계획이 반드시 이루어질 수 있다는 식의 글귀를 쓴 것도, 그것이 실현 불가능한 것임을 잘 알았기 때문에 자꾸만 낙담하는 자기 자신을 애써 격려하기 위해 안간힘을 쓴 흔적으로 보아야 한다. 이 계획서를 작성한 지 얼마 지나지 않아서 그가 썼던 소설작품 구상 중에는 이런 구절이 있다(전문은 이 책 5부 '불꽃' 참조).

옛 동창 앞에서 자기 선전을 한다. J 자신이 자기를 극도로 과장해서 선전하며 **현실적으로 이루어지지 않으리라고 믿었지만**……얼마 안 있으면 곧 되는 것처럼 J 동창들에게 과장해서 자랑하며 **실로 어처구니없는** 미래의 자기 위치를 설명한다. 즉, 기능공에 대한 교육기관을 건축하고 오락시설을 겸비하며…….

여기에서 일동은 잠시나마 벅찬 감격을 느낀다. J 자신도 자기 자신이 정말 그렇게 되는 줄로 잠시나마 생각하다가 **자기만이 느끼는 사회환경에 몸서리치면서**……. (강조는 지은이)

모범업체를 만든다는 것이 '현실적으로 이루어지지 않을', '실로 어처구니없는' 공상이라는 것을 그 자신이 스스로 알고 있었다고 고백하고 있는 셈이다.

그렇다면 어째서 그는 이 뻔히 실현 불가능한 계획에 집착하여 적지 않은 시간을 바쳤는가 하는 문제가 제기된다.

전태일이 평화시장의 근로조건 문제에 관심을 갖기 시작한 이래로 그 해결을 위해 택하려던 방법에는 네 가지가 있었다.

첫째는, 그 자신이 재단사가 되어서 재단사로서 지위를 이용하여 함께 일하는 어린 여공들을 돌봐주는 것. 말하자면 온정주의적 방법이다.

둘째는, 노동자들의 노동실태를 조사하여 기업주와 노동당국에 진정을 하여 그 시정을 호소함으로써 근로기준법이 준수되도록 하려는 것. 말하자면 진정주의(陳情主義)라 할 수 있다.

셋째는, 바로 근로기준법을 준수하는 시범업체를 설립하는 방법이다.

넷째는, 노동자를 억압하고 노동조건 개선을 반대하는 모든 세력들을 명백히 투쟁대상으로 하여 적극적으로, 필사적으로 항의 투쟁하는 것. 이것은 1970년 가을의 투쟁에서 택하게 되는 방법인데, 말하자면 적극투쟁주의라고 할 수 있다.

그런데 이중 첫 번째 것은 앞에서도 보았듯이 전태일이 본격적으로 노동운동에 나설 결심을 하기 이전에 품었던 생각으로, 이것은 평화시장 일대의 전반적인 노동조건을 개선한다는 문제와는 거리가 있는 것으로 보아야 하며, 그나마도 뜻대로 이루어질 수 없다는 것을 전태일은 곧 깨달았다. 두 번째 방법도 실태조사를 실제로 하고 각계에 진정을 내보았으나 모두 묵살되고 도리어 조직까지 와해되어 실패로 돌아갔음을 우리는 잘 알고 있다. 그렇다면 이제 남은 것은 모범업체 설립계획을 추진시키느냐 아니면 적극적인 투쟁이냐 두 가지 길 중의 하나이다. 전태일은 최소한 이 두 가지 가운데 하나는 하지 않을 수 없는 처지에 놓였다. 그것은 물론 그가 평화시장의 참혹한 노동지옥을 타파한다는 과제를 절대로 포기할 수 없었기 때문이며, 그 길밖에는 어떠한 긍지 있는 삶의 길도 발견할 수 없었기 때문이다.

그런데 적극적인 투쟁으로서 취할 수 있는 구체적인 투쟁 형태는 대체로 데모나 파업 등인데 이런 것들이 과연 성과 있게 실천될 수 있으리라고 예견하기에는 현실의 벽이 너무나 두터웠다. 전태일은 그것을 뼈저리게 느끼고 있었던 것 같다.

바보회 시절부터 그는 간간이 친구들에게 데모니, 파업이니 하는 이야기를 했다. 1969년도는 이른바 '3선개헌파동'으로 학생들의 데모가 잦은 해였는데, 이때 전태일은 데모 광경을 여러 차례 목격하면서 깊은 충격을 받았던 것 같다(평화시장은 서울대학교에서 가까운 거리에 있었고 데모가 있을 때면 데모 학생들의 함성과 진압경찰의 최루탄 가스가 이 부근에까지 와서 충돌하는 일도 흔하였다). 그는 이즈음 언젠가 친구들과 모인 자리에서 "대학생들이 데모 한번 신나게 잘 하더라" 하면서, "우리도 대학생 아는 사람 하나 있었으면 데모하는 방법 좀 배웠으면 원이 없겠는데……" 하고 한탄을 한 일도 있었다 한다.

그러나 이런 이야기를 간간이 하면서도 그가 데모를 하자고 적극적으로 주장하지 않았던 것은 진정(陳情)으로 문제가 어느 정도 해결될 것을 기대한 탓도 있었겠지만, 그러나 무엇보다도 노동자들의 투쟁 자세가 확고하지 못하여 적극적으로 데모에 호응할 만한 사람이 적으리라고 예상했고, 그러니만큼 그런 상태에서 데모를 해보았자 쉽사리 탄압받고 깨지기만 할 뿐 소기의 성과를 거두기 어렵다고 느꼈기 때문이었다.

다만 한 가지, 전태일이 성과를 거둘 수 있으리라고 생각한 투쟁방법이 있었다. 그것은 무엇이냐 하면, 바로 목숨을 건 저항이었다.

노동청에 대한 진정이 실패로 돌아가고 바보회가 해체상태에 이르러 그가 깊은 실의와 아울러 종전보다 더욱 깊은 분노에 사로잡히게 되었던 1969년 겨울부터 그는 '생명'이라는 문제를 상당히 진지하게 고려한 것 같다. 일종의 예감이었다고 할까? 앞에서도 약간 보았듯이 이 무렵의 그의 일기장 곳곳에는 '죽음'에 관한 기록들이 발견되는데, 당시의 암울한 시대상황이 그에게 극단적인 상상을 하도록 강요한 것이다.

다음은 1969년 11월 1일을 전후로 하여 쓰인 것으로 추정되는 그의 소설작품 구상의 한 대목인데, 특히 이 글 마지막 구절을 보면 그가 현실의 두터운 벽을 얼마나 투철하게 인식하고 있었던가를 짐작할 수 있다.

동아일보 ×년 ×월 ×일.

법학도(法學徒). 법 자체의 모순을 시정 못하자 기준법(基準法)이 시정되기를 기도, 자살.

서울특별시 관수동 25의 4호에 세들어 자취를 하던 법대생 김준오군, 오늘 아침 새벽 2시 50분쯤, 방에서 신음하던 것을 주인집에서 발견, 곧 성모병원에 급송되었으나 워낙 다량 복용으로 아침 4시 50분에 숨졌다.……

보도통제로 기사화하지 못한 것이 유감이다. 이중환 성모병원 원장의 말씀은 원래 심장병의 증세가 있었던 것으로 보인다는 말씀이시다.

이 섬뜩한 예감 앞에서 그는 깊은 인간적인 고뇌에 빠졌다. 치욕적인 굴종의 삶에 대한 혐오, 짓밟히고 있는 평화시장 어린 동심들의 참상에 대한 가슴 찢기는 연민, "인간 본질의 희망을 말살시키고 있는 모든 타율적인 구속"에 대한 증오와 울분이 가슴속에서 미칠 듯이 끓어오를 때면 그는 몸을 떨었다.

이제 겨우 만 스물한 살, 꽃다운 나이였다. 가족들 생각, 못 다 이룬 꿈, 해보고 싶은 일들, 숲과 산과 바다와 하늘과 별과 바람과, 그리고 삶이 가져다줄 수 있는 모든 아름다운 추억과 유혹과 미련들, 이런 것들이 그의 상념을 사로잡을 때면 그는 머리를 흔들어 "절망은 없다" "절망은 없다"고 부르짖으면서 죽음이라는 불길한 예감을 떨쳐내려고 발버둥쳤다.

바로 이러한 순간에, 죽음의 예감을 머릿속으로부터 쫓아내려고 애쓸 때에 그가 안간힘을 쓰면서 매달린 것이 '모범기업체 설립'이라는 하나의 화려한 꿈이었다고 보인다.

되풀이해서 말하자면, 근로조건 개선을 위한 남은 두 가지 방법 중 적극적인 투쟁의 길은 곧 그의 죽음으로 통하는 길을 뜻한다. 될 수 있는 대로 죽음의 길은 피할 수 있는껏 피해보고 싶다. 그렇다면 남은 길은 되든 안 되든 모범기업체 설립을 모색해보는 길이었다. 앞서 본 전태일의 모범기업체 설립계획서에서 그는 이 계획이 "내 목숨이 붙어 있는 한 이 사업(근로조건 개선을 뜻함)을 이루고야 말 결심 아래 행하는 두 번째 방법"이라고 말하고 있다.

번민

산타클로스를 믿으라. 행복의 신(神).

긍정적이며 낙천적인, 그리고 활동적인 인생관.

얻는 것은 지불하는 노력보다 훨씬 크다.

매우 곤란한 처지에 부딪쳐도, 실패가 두려워서 하던 일을 포기치 말라.

여하튼 사람은 자기 자신보다 위대하고 강력한 어떤 것의 존재를 믿지 않으면 안 된다. 자기 개인의 힘으로는 자기가 바라는 바를 달성하지 못한다.

인생의 건축기사로서 사람은 그 일에 온갖 정력을 퍼붓지 않으면 안 된다. 물질적으로 1달러도 못 나가는 육체까지도.

위의 구절들은 전태일의 모범기업체 설립계획서 앞 페이지에 적혀있는 구절들이다. 죽음의 예감으로부터 도망칠 수 있는 데까지 도망치고 싶어서 그는 '행복의 신', '자기 자신보다도 위대하고 강력한 것의 존재'에 매달렸다. 그리고 그 행복의 신이란 모범기업체 설립자금 3,000만 원을 그에게 선뜻 던져줄 기적의 독지가를 말하는 것이다.

그러나 그 행복의 신은 끝내 그에게 미소를 던지지 않았다. 1969년 말부터 1970년 초에 걸쳐 그는 일기장에다 때때로, "제품 계통에서 성공을 하려고 발버둥치지만, 내 인생의 기점에서 나는 걷는 에너지가 모자라 애태우고 있다"라든지, "……차디찬 북풍은 발버둥치는 매달림을 비웃는다"라든지 하는 따위의 낙서를 휘갈기곤 했다. 이제 그는 그 행복의 신을 스스로 찾아나서야 했다.

전태일이 3,000만 원의 자본금을 구하기 위해 어떤 노력을 하였던가는 상세히 알 길이 없다. 친구 김개남의 말로는, 태일이 가끔 모범기업체 이야기를 하다가 자본금 문제에 부닥치면 "어디 부잣집 딸이라도 하나 꼬실 수 있었으면 좋겠는데……" 하고 웃었다고 하나, 부잣집 딸이 전태일 같은 노동자에게 반할 리가 없다. 어머니 이소선 씨의 회고에 의하면 태일이 대구에 내려가서 친척들에게 자본금 얘기를 한 일도 있었다고 하는데, 아마 하도 답답해서 그랬을 테지, 되리라고 생각하고 한 일은 아니었을 것이다.

한 가지, 전태일이 오래전부터 유력한 방법으로 구상하고 있었던 것은 '한쪽 눈을 사회에 봉사'해서 자본주를 구한다는 것인데, 이것은 자기의 눈알 하나를 빼서 실명자에게 기증함으로써 그 사실이 신문에 보도가 되면 그 신문을 본 독지가가 그의 사람됨을 믿고 투자를 할 수 있게 될 거라는 생각이었다. 1970년 3월 당시의 중앙일보(1970. 3. 24) 사회면에 어떤 실명자에 대한 기사가 난 것을 보고 전태일은 그 실명자 앞으로 다음과 같은 편지를 보내어 자기 눈을 각막이식 수술용으로 제공하겠다는 제의를 하였다.

형의 불편을 조금이라도 감하기 위하여 제가 취할 수 있는 범위 내에서 생각했습니다. 인간으로 제한된 능력의 한계를 처음으로 인식하면서, 자비로운 배려로 두 눈을 주신 여호와 하나님 아버지의 은혜에 감사드리며, 저의 한쪽 눈을 김형께 드리겠습니다.……
형님과 저 사이의 조그만 일이 사회를 위해서 이로운 행위가 될 것을 바라면서 속답을 기다립니다.
1970. 3. 23. 전태일 올림
추신 : 3월 26일까지 회답을 기다립니다.

이 편지는 겉봉에 노란 반송딱지가 붙어 되돌아온 채로 전태일의 일기장 갈피에 보관되어 있었다(반송 이유는 알 수 없음). 이런 노력들 외에도 방대한 사업계획서를 작성하였던 그의 집념으로 보아 그는 3,000만 원을 구하기 위하여 모든 방법을 다 써보았으리라고 짐작된다. 그러나 결국 모두가 허사였다.

사업계획서를 작성한 지 얼마 지나지 않아 그는 '모범기업체 설립'이라는 꿈을 결국 포기하고 말았다. 그 이후로는 그의 일기장에서 모범기업체에 대한 언급을 전혀 찾아볼 수가 없고, 친구들도 그에게서 그 화려한 꿈에 대한 얘기를 일절 듣지 못하였다.

　이제 그는 차디찬 현실로 돌아와서, 죽음이 손짓하는 저 불길한 미래와 정면으로 맞섰다. 싸울 것이냐? 이제 투쟁이란 그 자신의 목숨을 끊는 것을 의미하는, 한 치도 물러설 길 없는 낭떠러지이다. 투쟁을 포기하고 연명할 것이냐? 그것은 평화시장의 파괴되고 있는 동심들을 외면하고, 아니 인간성을 파괴하는 현실 앞에 굴복하고, 그 아래에서 굴종의 삶을 감수한다는 것을 뜻한다. "젊은 피의 소유자인 내가, 화려하지도 못한 벽에 억지로 도취하여야 한단 말이냐?"

　전태일은 괴로웠다.

　그는 번민에 번민을 거듭하였다. 말수도 적어졌다. 친구들도 만나지 않았다. 한동안은 일기도 쓰지 않았다. 그런데 동네 빚쟁이들은 매일같이 찾아와서 그를 들볶았다. 어느날인가는 한 빚쟁이가 전태일에게, "남의 빚 내다쓰고 안 갚는 놈은 쥐약 먹고 자살하는 게 낫다"고 저주를 퍼부었던 일을 그의 어머니는 아직도 잊지 못하고 있다.

　1970년 5월경에는 시청에서 무허가건물 철거반까지 파견되어 나와서 그가 살던 집을 헐었다. 당장 잠자리는 있어야 하니 전태일은 어머니와 함께 낮에 헐렸던 집을 밤이면 다시 지었다. 블록과 나무 판자 몇 개로 얼기설기 조립한 집이니 하룻밤 사이면 다 지을 수 있었는데, 짓고 나면 바로 그 다음날이나 혹은 2~3일 뒤쯤 되어 또다시 철거반 차가 들이닥쳐 다 부숴버렸다. 이렇게 그의 집은 일곱 번

헐렸다가 일곱 번 다시 지어졌는데, 그동안에 전태일은 다소 생기를 되찾은 것 같았다. 그는 철거반이 와서 힐난하면 "법이 어떻게 되었든, 살기 위해서 집 짓는 것이니 죄 될 것 없다"고 항변하곤 하였고, 한 번씩 헐렸다가 다시 지을 때마다 안방을 점점 더 크게 만들었다. 어머니가 까닭을 물으면 앞으로 노동자들이 모여서 회의할 방이니 크게 짓는다고 대답했다.

그러나 이러한 사이에도 전태일의 번민은 견딜 수 없을 정도로 깊어져갔다. 봄철이라 피복제품의 성수기였음에도 불구하고, 그는 이제는 남대문, 구로동 등지를 돌아다니며 돈벌이를 해볼 생각도 하지 않았다. 머리도 몇 달씩 깎지 않아 텁수룩하였다.

그해 4월 말경 어느 날, 그는 어머니에게 "뺀뺀이 집에 앉아서 밥 먹고 있으려니 견딜 수 없다"고 하면서, '임마뉴엘' 수도원 원장에게 이야기해서 거기에 좀 가 있게 해달라고 부탁했다.

임마뉴엘 수도원이란 삼각산 기슭에 자리잡고 있는 작은 기도원인데, 때마침 그곳에서는 교회 신축공사가 한창 진행되고 있었다. 전태일의 어머니는 그 당시 창동에 있는 한 교회(창현교회)에 다니고 있었는데, '임마뉴엘' 원장을 거기서 알게 되어 가깝게 지내고 있던 터였다. 태일의 부탁은 '임마뉴엘'의 건물 신축공사장에서 인부 노릇을 하며 밥을 먹게 해달라는 것이었다.

어머니는 아들이 산중에서 그 힘든 공사판 인부 노릇을 하겠다는 게 아무래도 마음이 내키지 않아 만류해보았으나, 태일이 "이대로 있다가는 병날 것 같다"면서 부득부득 졸라대자 결국 그가 부탁한

평화시장 노동자들과 우이동계곡에 놀러가서
(선글라스 쓴 이가 전태일, 1969년 10월)

대로 하였다. 이렇게 하여 전태일은 그로부터 약 5개월 동안을 삼각산에서 생활하였다.

삼각산으로 떠나는 전태일의 마음은 납덩이처럼 무거웠다. 그는 '죽음'을 생각하기 위해서 떠나는 것이다. 이 당시 그는 이미 자신이 죽는 경우를 가정하여 유서(뒤에 소개함)까지 써놓은 뒤였다. 이제 날카로울 대로 날카로워진 그의 신경을 더욱 들볶아대는 주위의 견딜 수 없는 모든 소란과 잡담(雜談)으로부터 벗어나 산속에서 묵묵히 노동을 하면서 죽음의 결단을 내리려 떠나는 것이다.

태일은 전송하는 어머니의 얼굴을 똑바로 쳐다볼 수가 없었다. 형과 같이 가겠다면서 삼각산까지 따라온 동생 태삼이를 보고, 그는 "도로 내려가서 내 없는 동안 구두 닦으면서 어머니 잘 모시고 있으라"고 간절히 당부했다.

삼각산에 올라온 전태일은 다른 일꾼들보다 유난히 말이 적었다. 그저 묵묵히 노동만 했다. 낮이면 바위를 깨서 집터를 닦고, 석재(石材)를 만들고 우물을 파는 일, 밤이면 남대문시장까지 내려와 목재를 리어카에 실어 나르기를 밤 12시까지 계속하였다. 그리고 틈틈이 시간이 나면 지하실에 내려가 산에 올라올 때 가지고 왔던 근로기준법 책을 읽었다. 일은 누구보다도 열심히 하였는데, 이것은 빨리 끝내고 제 시간을 갖기 위해서였다. 바위를 깨다가 손을 다쳐 손장갑이 벌겋게 피로 물든 적도 있었다.

이 당시 임마뉴엘 수도원에는 목사 한 사람이 묵고 있었는데, 전태일은 그 목사와 때때로 성경 원리에 관한 토론을 하였고 그러다가 의견이 맞지 않아 다툰 일도 많았다(전태일이 분신자결한 후에 이 목사는 "자살은 교리에 위배되는 불신자의 짓"이라고 비난하였고, 또 전태일이 죽어서 "빨갱이들이 춤출 것"이라 하였다 한다).

삼각산에 있는 동안 전태일은 여러 차례 남대문시장까지 왔다갔다 하면서도 집에는 별로 들르지 않았다. 한번은 그의 어머니가 옷가지와 먹을 것을 가지고 삼각산으로 찾아왔다. 그 사이에 머리를 한 번도 깎지 않아 몇 달 사이에 더욱 길게 자란 귀신 더벅머리를 한 아들의 몰골을 보고 어머니는 이발하라고 돈 500원을 주었다. 그랬더니 그는 "태삼이 신발이 다 해졌던데 신발이나 한 켤레 사주시라"고 하면서 기어이 그 돈을 되돌려주었다.

8월 초순 어느 날 태일은 집에 한 번 들렀다. 원장이 작업복 사 입으라고 주더라면서 돈 5,000원을 꺼내어 어머니에게 드리며 "저쪽 방 세놓을라면 장판을 깔아야 할 테니 이 돈으로 장판을 사시라"고 하였다. 다시 공사장으로 돌아가면서 그는 이제 곧 아주 내려오겠다는 말을 남겼다.

결단

삼각산에 올라온 지 4개월 가량이 지난 1970년 8월 9일, 전태일은 마침내 하나의 결단을 내렸다. 그리고는 오랜만에 일기를 썼다.

이 결단을 두고 얼마나 오랜 시간을 망설이고 괴로워했던가?

지금 이 시각 완전에 가까운 결단을 내렸다.

나는 돌아가야 한다.

꼭 돌아가야 한다.

불쌍한 내 형제의 곁으로, 내 마음의 고향으로, 내 이상의 전부인 평화시장의 어린 동심 곁으로. 생을 두고 맹세한 내가, 그 많은 시간과 공상 속에서, 내가 돌보지 않으면 아니 될 나약한 생명체들.

나를 버리고, 나를 죽이고 가마. 조금만 참고 견디어라. 너희들의 곁을 떠나지 않기 위하여 나약한 나를 다 바치마. 너희들은 내마음의 고향이로다.……

오늘은 토요일. 8월 둘째 토요일. 내 마음의 결단을 내린 이날, 무고한 생명체들이 시들고 있는 이때에 한 방울의 이슬이 되기 위하여 발버둥 치오니 하나님, 긍휼과 자비를 베풀어주시옵소서.

—1970년 8월 9일 일기에서

바로 이것이 그가 삼각산에 올라가 돌을 깨고 땅을 파고 장작을 져 나르던 넉 달 동안에 결심한 모든 것이었다. 1970년 8월 9일, "나는 돌아가야 한다"고, "꼭 돌아가야 한다"고 오랜 망설임 끝에 전태일이 내린 이 결단은 20여 년 동안 그가 겪어온 그 지독한 가난과 고통과 학대와 모멸을 벗어나기 위한 피할 수 없는 선택이었다. 아니, 이 땅 밑바닥 인생이 겪고 있는 모든 가난과 고통과 학대와 모멸을 끝장내기 위한 피할 수 없는 선택이기도 했다. 아무 미련도, 아무 후회도, 아무 두려움도 없이 "나를 버리고, 나를 죽이고 가마"고 분명하게 말할 수 있었던 이 결단을 위해 그는 얼마나 피투성이로 몸부림치며 고뇌해 왔던가!

이 결단은 이미 예정되어 있었다. 잠 안 오는 주사를 맞고 사흘 연거푸 야간작업을 한 끝에 눈만 멀뚱히 뜨고 석상처럼 앉아서 손을 놀리지 못하는 시다를 보고 그가 일을 대신해주면서 위로의 말을 던지고 있었을 때, 피를 토한 여공의 손을 잡고 그가 병원 문을 두들기면서 텅텅 빈 호주머니를 한탄하고 있었을 때, 막노동판에서 버림받은 밑바닥 인생을 바라보고 "얼마나 위로해야 할 나의 전체의 일부냐! 얼마나 몸서리쳐지는 사회의 한 색깔이냐!"라고 외치면서 그가 저주받은 현실을 분해해버리겠다고 결의하고 있었을 때, 이 결단은 이미 예정되어 있었다.

한 인간이 현실을 철저하게 비판할 수 있을 때에 그는 비로소 그 현실에 철저하게 저항하고 그것을 철저하게 변혁할 수 있게 된다. 전태일이 오늘날의 세상을 '인간을 물질화하는 세대'라고 못 박고, 물질적 가치로 전락한 인간상을 증오한다고 외쳤을 때, 이 결단은 예정되어 있었다. 그리고 이 결단의 순간이 오리라는 것을 예감하고나 있었던 듯 그는 1969년 11월에 이렇게 썼던 것이다.

친구여. 나를 아는 모든 나여.

부탁이 있네. 나를, 지금 이 순간의 나를 영원히 기억해주기 바라네.

그러면 뇌성 번개가 천지를 무너뜨려도, 하늘의 바닥이 빠져도, 나는 두렵지 않을 걸세.

그 순간 무엇이 두려워야 한단 말인가?

두려워서야 될 말인가?

도리어 평온해야 될 걸세. 완전한 형태의 안정만을 요구하네.

순간, 그 순간만이 중요한 거야. 그 순간이 지나면 그후론 거짓이 존재하지 않네.

그후론 아주 완성된 백(百)일세. 그 순간은 영원토록 존재하는 거니까 전후(前後)는 염려 없네……

이 글을 쓴 후로 9개월이 지나서 그는 '완전에 가까운 결단'을 내렸다고 쓰고 있다. 그것은 무슨 결단인가? "돌아가야 한다"는 결단이다. 거짓이 존재하지 않는 그 완전한 결단을 위하여, 다시 현실 속으로, 다시 평화시장의 짓밟힌 동심들 곁으로, 아무리 외면하려고 애써도 끝내 외면할 수 없었던 저 버림받은 목숨들의 신음과 탄식과 통곡의 현장 속으로 다시 돌아가겠다는 결단이었다. 그것은 다만 존재하기 위한 대가로 물질적 가치로 전락하는 것을 거부하고, 노예의 삶의 모든 굴욕과 허위와 유혹을 떨쳐버리고, 아무리 수난과 고통과 외로움으로 가득 찬 가시밭길일지라도 인간성을 위하여 싸우는 존엄한 인간의 길로 기어이 돌아가겠다는 결단이었다.

소시민적인 안일한 삶에 연연하는 일부의 지식인이나 종교인들이 상투적으로 "억눌린 사람들의 고통에 동참하겠다"고 선언할 때에 우리는 그것이 그야말로 단순한 '동참', 억눌린 사람들의 주위에서 얼쩡거리며 배회하는 데서 끝나는 것을 흔히 본다. 전태일의 경우 '돌아가겠다'고 하는 것은 결코 이런 식의 어정쩡한 얘기가 아니었다. 그것은 '목숨을 들어 돌아감'을 뜻하는 것이었다. 그것은 한

치도 물러설 수 없는 투쟁, 타협 없는 투쟁, 한 인간의 모든 것을 아낌없이 거는 단호한 투쟁을 의미하는 것이었다.

그는 "내 이상의 **전부**인 평화시장의 어린 동심 곁으로"라고 말하였다. 평화시장의 어린 동심들을 구출하는 것이 '이상의 전부'라고 말할 수 있는, 이 심정의 단순함, 이 단호함, 이 절절함이야말로 그의 결단이 어떠한 것인지를 말해주는 것이다. 이제 전태일에게 '평화시장의 어린 동심'을 위한 투쟁이란 곧 비인간적인 현실에 의해 파괴되어 가고 있는 모든 인간상을 위한 투쟁을 뜻하는 것이다.

이 어린 동심들, 아니 고통받고 있는 모든 인간들을 전태일은 "내가 돌보지 않으면 아니 될 나약한 생명체들"이라고 불렀다. 이것을 건방지다 하는가? 영웅주의에 사로잡힌 과대망상이라 하는가? 아니, 이것이야말로 참된 인간의 목소리이다. 여기서 우리는 이미 전태일이 가난하고 못 배운 밑바닥 인간에게 강요되어온 무력감과 열등의식을 완전히 청산해버리고, 자신의 힘과 인간성의 승리를 확신하는 한 주체적인 인간으로 스스로 선 것을 본다. 여기서 우리는 전태일의 성숙한 모습, 한 각성한 청년노동자가 스스로의 인간적인 책임에 대하여 가지는 강한 자긍을 보는 것이다.

그는 말하였다. "무고한 생명체들이 시들고 있는 이때에 한 방울의 이슬이 되기 위하여 발버둥"치겠다고. 이것이 그가 원한 모든 것이었다. 이것이 그의 사랑이었고, 이것이 그의 슬픔이었고, 이것이 그의 법열(法悅)이었다. 오직 한 방울의 이슬이 되기 위하여 그는 자신의 삶의 모든 것을 던져야 했다.

한 인간이 아무리 고양된 감정으로, 아무리 절절한 언어로 투쟁을 결의한다 해도, 그가 "나를 버리고, 나를 죽이고 가마"라고 말하지 않는다면 완전한 결단이 아니다. 그 언젠가는 가혹한 현실의 벽, 생사의 벽에 부딪혀 힘없이 허물어지고야 말 헛맹세이다.

삶의 문제는 결국 죽음의 문제이며, 죽음의 문제는 결국 삶의 문제이다. 비인간의 삶에 미련을 갖는 자는 결코 인간으로 살 수 없다. 전태일이 죽음을 각오한 투쟁을 결단할 수 있었던 것은 그가 비인간의 삶에 대한 온갖 미련을 떨쳐버릴 수 있었기 때문이었다.

그가 이 사회의 밑바닥에서 겪고 보아온 비인간의 삶은 너무나도 '지긋지긋하고 답답한' 것이었다. 그것을 철저하게 인식하였을 때 그는 그것을 철저하게 증오하지 않을 수 없었다. 그는 비인간적인 현실의 '덩어리에 뭉쳐지기'를 원하지 않는다고 외쳤다. 그는 "죽음 그 자체를 두려워하기 전에 (비인간의) 삶 그 자체에 환멸을 느낀다"고 고백하였다. 그리고는 아주 분명하게 "나를 버리고, 나를 죽이고 가마"라고 말하였다.

그는 그러기에 마침내 모든 것을 버릴 수가 있었다. 그가 끝내 버릴 수 없었던 것은, 끝내 버려서는 안 된다고 확인하였던 것은 그의 마음의 고향, 저 '인간시장'의 현장에서 학대받고 수모당하고 짓밟혀 파괴되고 있는 인간성을 위한 투쟁의 길뿐이었다.

이제 마음의 준비는 끝났다.

오직 거짓이 없는 그 결단대로, 아무 두려움도 남지 않는 그 완전한 결단대로, 그는 이제 돌아가야 한다. 여기서 전태일 사상은 완결되었다.

남은 것은 오직 행동뿐. 불꽃같은 행동뿐. 한 병약한 인간이 어떠한 굴종의 성채도 파괴해버리는 저 처절한 분노와 사랑의 불길을 여러분은 곧 보게 될 것이다.

5

1970년 11월 13일

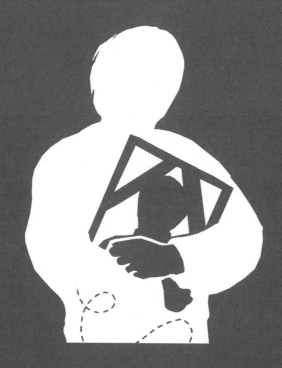

어쩌면 좀 잔인한 것 같지만
내가 지나온 길을 자네를 동반하고
또다시 지나지 않으면
고갈한 내 심정을 조금이라도
적실 수 없을 것 같네.
내가 앞장설 테니 뒤따라오게.

— 전태일의 1969년 9월의 수기에서

삼동친목회

1970년 9월 전태일은 다시 평화시장에 모습을 나타내었다. 머리를 빡빡 깎은 모습으로 오랜만에 나타난 그를 보고 사람들은 "저 사람 한동안 안 보이더니 그 사이에 큰집 갔다 온 모양"이라고 숙덕거렸다. '큰집'이란 형무소를 뜻하는 은어이다.

우선 돈도 급하고, 또 노동운동을 제대로 하려면 평화시장 안에 근거를 잡아야 했으므로 취직을 해야 할 터인데, "큰집 갔다 왔다"는 평판 때문에 좀처럼 취직이 되지 않았다. 그렇다고 큰집 갔다 온 것이 아니고 삼각산에 가서 노동운동을 본격적으로 할 결심하고 머리 깎고 내려왔다고 선전하고 다닐 수도 없는 일이라, 한동안 그는 모자를 푹 눌러써서 머리를 가리고 평화시장을 돌아다녔다.

그러다가 때마침 재단사를 구하는 가게가 있어서 거기에 취직이 되었다. 1년 전만 하더라도 전태일은 평화시장의 웬만한 업주들 사이에서는 노동운동 선동하고 다니는 놈으로 소문이 나 있어서 취직하기가 거의 불가능하였지만, 그 사이에 그런 소문도 어느 정도 가라앉고 또 업주가 바뀐 곳도 더러 있었으므로 겨우 취직이 되었다. 그가 취직한 곳은 왕성사.

취직 문제가 일단락되자 태일은 김개남을 찾아갔다. 삼각산 올라

갈 때 아무 연락도 않고 올라간 터이므로, 한 다섯 달쯤 만에 다시 만나게 된 셈이었다. 그동안 어디 갔다 왔으며 왜 그렇게 소식 한번 없이 지냈느냐고 궁금해 하는 개남에게 태일은 그 사이의 일을 대충 털어놓았다. 그리고는 "이번에 가서 고생도 많이 했는데 뜻있는 사람들끼리 다시 한번 모여서 본격적으로 해보자"라고 하였다. 다시 한번 해보자는 것은 물론 '근로조건 개선' 문제였다.

전태일은 어쩔 수 없이 젊은 재단사들의 지도자였다. 아니 그렇게 말하기보다는, 이 당시만 해도 평화시장에서 노동운동을 자신의 필생의 사업으로 생각하고 있었던 거의 유일한 사람이었다. 그가 평화시장을 떠났던 기간 동안에 뿔뿔이 흩어졌던 바보회 회원들이 그의 출현을 계기로 다시 모였다. 그 사이에 군대에 간 사람들과 직장이 바뀌어 어디로 가버렸는지를 알 수 없는 사람들을 제하고 나니, 모두 여섯 명의 회원이 다시 규합되었다. 여기에 나중에는 여섯 명의 재단사가 새로 추가되어 도합 열두 명의 재단사가 자주 모임을 갖는 사이로 발전하였다.

이때를 전후하여 전태일은 틈나는 대로 서울시청, 노동청 등을 찾아다니며 진정서를 내기도 하고, 신문기자들을 만나거나 방송국을 찾아가기도 하였다.

9월 중순 어느 날이었다. 재단사인 차정운(가명)과 유상천(가명)은 때마침 추석 대목을 막 지난 뒤라 새로운 일자리를 구하기 위하여 평화시장에 나오다가 국민은행 건물 앞 '인간시장'을 지나는데, 이

때 전태일이 두꺼운 책 한 권과 무슨 서류뭉치 같은 것을 한아름 안고 나왔다.

정운이 상천을 돌아보며, "저 친구 참 재미있는 친구야. 우리들 근로조건이 개선될 수 있게 한다고 밤낮 돌아다니는데 상천이 너도 한번 사귀어봐라"고 하였다.

이때 태일이 정운에게로 다가와서, 오늘 동양방송˚ '시민의 프로'에 나가서 우리들의 요구사항을 발표해보려고 하는데 같이 가자고 권했다. 그래서 세 사람은 동양방송국 쪽으로 가는 시내버스에 함께 탔다.

버스 안에서 상천은 태일과 처음으로 인사를 나누었는데, 상천의 기억으로는 이때 전태일이 아주 열의에 차서 찻간에서 근로기준법 책을 펴들고 근로시간(제42조), 휴일실시(제45조) 등의 항목을 소리내어 읽어주면서, "……우리는 너무 억울하게 살고 있다. 근로기준법대로 하면 평화시장의 3만 명 노동자들이 지금보다 훨씬 나은 조건에서 일할 수 있게 되는데, 그렇게 되도록 만들려면 우리 재단사들이 단결해서 근로기준법을 물고 늘어져서 싸우는 수밖에 없다. 이렇게 만났으니 앞으로 힘을 합쳐서 잘 해보자" 하였다 한다.

유상천은 그때까지만 해도 근로조건이니 노동운동이니 하는 것은 말도 몰랐고 생각해본 일도 없었는데, 태일의 열변을 들으면서 "그런 법도 다 있었나? 정말 법대로 할 수 있을까? 어쨌든 그렇다면

˚ KBS2의 전신. 1965년부터 1980년까지, 삼성이 출자해 운영했던 민간방송으로, 채널은 7번이었으며, 사옥은 서소문에 있었다(현 중앙일보 사옥). 약칭은 TBC (Tongyang Broadcasting company). 드라마와 오락(「쇼쇼쇼」는 동양방송의 간판 프로그램이었다)에서 강세를 보였다. 1980년 언론통폐합 조치에 따라 KBS에 흡수됐다.

한번 해볼 일이다……" 하는 놀라움, 호기심, 기대감, 새삼스러운 분노 따위가 뒤범벅이 된, 무어라고 표현할 수 없는 흥분된 심정으로 버스가 목적지까지 닿아도 닿은 줄도 모르고 내릴 생각도 하지 않았다.

세 재단사는 동양방송국에 도착하여 '시민의 소리' 프로 담당자를 만났다. 태일이 평화시장 실정을 대충 이야기하고 '시민의 소리'에 출현하여 시청자들에게 호소할 수 있도록 해달라고 간청하였다.

그러나 담당자는 거절하였다. 확실한 통계자료나 근거가 없는 '추상적인 이야기(?)'는 방송에 내보낼 수 없으니 좀 더 구체적인 자료를 정리해가지고 다음에 와보라는 것이었다.

방송국의 화려한 건물 문을 벗어나면서 태일은 정운과 상천을 보고, 이대로 그냥 돌아가기도 뭣하니 여기까지 온 김에 서울시청 사회과에나 한번 들러보자고 했다. 동양방송국에서 시청까지는 걸어서 5분 정도밖에 안 걸리는 거리였다. 그들이 사회과에 도착하여보니, 마침 점심시간이어서 관계 직원들이 자리를 비우고 없었다. 기다려서 만나보려면 한 시간 이상을 보내야 했다. 정운과 상천은 무료하여 그냥 돌아가기로 하였고, 태일은 혼자 남아서 직원을 만나보고 가겠다고 하여 거기서 그들은 일단 헤어졌다.

정운과 상천이 평화시장에 돌아와보니 국민은행 앞길에 평소부터 친한 재단사 친구 몇 명이 모여서 이야기를 하고 있었다. 이 국민은행 앞길은 점심시간이나 퇴근시간에 평화시장에서 쏟아져나오는 노동자들이 가장 많이 통과하는 길목에 위치하고 있었는데, 노동자들끼리 만나는 약속장소로 많이 사용되었고, 직장을 구하는 노동자들이 서로 일자리에 대한 정보를 교환하거나 또는 업주들이 고용할 노동자를 구하는 노동력의 거래가 이 장소를 통해서 이루어지는 일이 많아서, 언제부터인지 노동자들은 이곳을 '인간시장'이라고 불렀다. 정운과 상천이 조금 전에 태일과 헤어지면서 저녁에 다시 만나기로 한 약속장소도 이곳 인간시장이었다.

두 사람은 먼저 모여서 이야기하고 있던 재단사들 틈에 끼어들어 전태일을 화제로 여러 가지 이야기를 하게 되었는데, 모두들 흥미 있어 하였고 그중 성준창(가명)이란 재단사는 특별한 관심을 보이면서 전태일을 기다렸다가 한번 만나보겠다고 하였다.

이날 오후 늦게(6시경) 태일이 인간시장으로 돌아왔다. "반가운 소식을 전한다"고 하면서 친구들에게 낮에 있었던 일을 보고하였다. 서울시청 사회과에 가서 담당직원에게 평화시장의 근로조건을 기준법대로 개선시켜달라고 요구하였더니, "너무 어려운 문제가 되어서 여기서는 어떻게 해볼 도리가 없다"고 발뺌을 하면서 노동청 본청에 가서 말해보라고 미루더란다. 그래서 노동청을 찾아갔는데 가보니 담당자가 출타 중이어서 한동안 기다리다가 그냥 나오는 길에 노동청 정문 앞에서 마침 출입기자들을 만났다고 한다. 잘 되었다 싶어서 기자들을 붙잡고 사정 이야기를 하며 신문에 평화시장의 참상이 보도되도록 해줄 수 없겠느냐고 매달려봤더니, 그들이 무척 호의적인 반응을 보이며, 혼자서 일을 하려면 잘 안 될 뿐만 아니라 3만이 되는 직공에 앙케트 30매 정도로는 자료가 충분하지 못하니 여럿이서 힘을 합쳐서 좀 더 많은 조사보고서를 받고, 구체적인 자료들을 모아서 여러 사람 이름으로 정식으로 진정서를 제출해보라고 권했단다. 상기된 표정으로 이런 경과를 이야기하면서 전태일은 앞으로 잘만 하면 평화시장 얘기가 신문에 실릴 수도 있으니, 이제부터 본격적으로 조직을 갖추어 실태조사를 대대적으로 해보자고 제의하였다.

평화시장의 실정을 신문을 통하여 세상에 폭로한다는, 또 그렇게 할 수 있다는 새로운 전망, 그것은 실로 암흑 속에서 빛을 보는 것 같은 가슴 뛰는 발견이었다. 전태일은 용기백배하였고, 이제껏 '근로조건 개선'이 과연 실현될 수 있는 일인가 하는 회의 때문에 소극적이었던 그의 친구들도 아연 생기에 차고 활발해지기 시작했다.

1970년 9월 16일 저녁, 그동안 자주 모여서 노동문제를 이야기하던 열두 명의 재단사들이 평화시장 근처의 은호다방에서 회합을 가졌다. 이 은호다방은 다방 마담이 태일이 하는 일에 퍽 동정적인 사람이어서 여러 가지로 도와주고 싶어하였고, 그래서 태일의 연락처처럼 되어버린 곳이었다.

이날 밤의 모임에서 그들은 그동안의 '바보회'를 '삼동친목회'로 이름을 바꾸어 새 조직을 꾸렸다. 바보회가 그동안 별다른 활동 없이 지내온 지 오래되기도 하였고 그 사이에 회원들도 많이 바뀌었으므로, 면모를 일신하여 새 기분으로 출발하자는 생각이었다. 저녁 7시에 시작되어 밤 11시가 가까워지도록 계속되었던, 열기로 설레던 이날 모임의 분위기를 다음 글이 전한다.

지금도 들려오는 쟁쟁한 목소리.

목이 메도록 외쳐도, 목이 터지도록 외쳐봐도

들은 체도 않는 냉정한 세상.

옳게 살아보자고 의롭게 살아보자고 굳게 손을 잡던 그날.

......

우리의 이름이 바보라 바보처럼 살 수밖에 없나 보다.

이름을 바꿔서 만인을 위해 횃불을 밝히고자 약속하던 그날.

처음엔 비웃던 레지양들이 마감시간이 넘도록 나가달란 말도

못하던 모습.

이미 그것은 우리의 진심에 감동해서였으리라.

그리고 다시 태어난 바보 아닌 삼동회의 일들을 잊을래야 잊을

수 없으리라.

—고 전태일 1주기 추도식 삼동친목회 대표의 추도사에서

삼동(三棟)이라 함은 평화시장·동화시장·통일상가의 세 건물을
가리킨다. 삼동친목회는 1년 전에 창립되었던 바보회를 단순히 이
름만 바꾼 것처럼 보이지만, 그러나 이것은 바보회와는 성격이 구
별되는 하나의 새로운 조직으로 보아야 한다.

'바보 아닌 삼동회'라는 구절에서도 느껴지듯이, 삼동회는 바보
회 창립 당시에 비하면 훨씬 더 구체적인 투쟁의 전망을 가지고 발
족한 것이었다. 바보회의 활동이 실제로는 기업주나 노동 당국에
'진정'하고 '호소'하는 데에 그쳤던 것에 반하여, 삼동회는 평화시장
의 불법적이며 비인간적인 노동현실을 세상에 '폭로'하고, 그것을 하

나의 발판으로 하여 공동으로 '투쟁'할 것을 활동지침으로 하였다.

이날 그들은 삼동회의 목적을 새로이 "연소 근로자를 보호하기 위한 대책을 강구하고, 근로조건 개선을 위해 **공동으로 행동**"(강조는 지은이)하는 것으로 설정하였다. 이로써 우리는 삼동회가 바보회와 같은 '진정단체'가 아니라 '투쟁조직'임을 느낄 수 있다. 말하자면 바보회가 한 단계 발전하여 삼동친목회가 된 것이다.

이날 토의된 삼동회의 당면 활동 계획은 대체로 다음과 같았다.

① 빠른 시일 안에 노동조건 실태조사용 설문지를 돌리고, 한편으로 3개 시장 일대의 작업환경을 조사하여 보고서를 작성하고, 노동청 앞으로 그 보고서를 제출함과 함께 근로조건 개선을 요구할 것.

② 회원 각자가 최소한 10명 이상씩의 협력자를 확보하여 조직을 넓힐 것. 이 협력자들에 대하여는 평소의 회합에서 회원 상호 간에 정보를 교환하고 철저히 신상을 파악하여 믿을 수 있다고 판단될 때는 정회원으로 가입시킨다.

③ 근로조건 개선 요구가 관철되지 않을 때는 데모·농성 등으로 항의한다.

④ 삼동회를 노동조합으로 발전시키며, 회사 측과 노동청에 그 지원을 요구한다.

임원 선출이 있었는데 회장에 전태일, 총무에 임현재, 서기에 이승철이 각각 뽑혔다.

평화시장 피복제품상 종업원 근로개선 진정서

삼동친목회의 첫 사업으로 전태일의 동지들은 평화시장 일대의 근로자들을 상대로 설문지를 돌렸다. 이 설문지는 그 전 해에 전태일이 인쇄해두었다가 미처 다 돌리지 못하였던 것으로 그 내용은 다음과 같다.

성명   성별   종교
생년월일 19   년   월   일생
본적
주민등록지
직종   경력

1. 1개월에 며칠을 쉽니까?
   (   )일
2. 1개월에 며칠을 쉬기를 희망합니까?
   A. 휴일마다   B. 일요일마다   C. 2번   D. 1번
3. 왜 주일마다 쉬지를 못하십니까?
   A. 수당을 더 벌기 위하여   B. 기업주가 강요하기 때문에
   C. 공장 규칙이니까
4. 1일에 몇 시간을 작업하십니까?
   (   )시부터 (   )시까지
5. 몇 시부터 몇 시까지 작업을 하시면 적당하시겠습니까?

( )시부터 ( )시까지

6. 왜 본의 아닌 시간에 작업하십니까?

　A. 수당을 더 벌기 위하여　B. 일이 바쁘니까

　C. 공장주가 강요하기 때문에

7. 그만한 시간이면 당신 건강에 어떤 영향을 줄 것 같은가?

　A. 무방하다　B. 피로하다　C. 유해하다　D. 모르겠다

8. 건강 상태는?

　A. 신경통　B. 식사를 못한다　C. 신경성 위장병

　D. 폐결핵　E. 눈에 이상이 있다 (날씨가 좋은 날은 눈을 똑바로

　뜨지 못하고 눈을 바로 뜨려면 정상이 아니다)　F. 심장병

9. 작업장에서 근로기준법 22조의 규정을 비치한 것을 볼 수는?

　A. 있다　B. 없다

10. 보건소의 건강진단은?

　A. 1개월에 한 번　B. 4개월에 한 번　C. 6개월에 한 번

　D. 1년에 한 번　E. 한 번도 한 적이 없다.

11. 당신 교양을 위한 서적은?

　A. 본다　B. 안 본다　C. 볼 시간이 없다

12. 취미

13. 1개월 수당

　위의 설문지는 전태일이 평화시장 노동자들의 작업조건에 관한
주요한 문제점이라고 평소부터 느껴왔던 것을 반영한 것이었다. 이
른바 '과학적인' 조사방법론자들은 이 설문지가 답변자들의 답변을

일정한 방향으로 유도하고 있어서 '객관적 공정성'을 결여하고 있다고 비판할는지 모르나, 어쨌든 전태일은 이 설문지를 받은 노동자들이 어떤 내용의 답변을 할 것인지 충분히 예견하고 있었다고 보인다. 그는 너무나 깊은 관심을 가지고 너무나도 오랫동안 보아왔기 때문에 너무나 잘 알고 있었다.

설문지를 돌리는 데에는 작년의 실패 경험도 있고 하여 기업주 측에 새어나가지 않도록 만반의 주의를 다하면서 신중을 기하여 돌렸다. 삼동회 회원 전원이 동원되어 각자의 친분에 따라 연줄연줄로 각 작업장에다 돌렸는데, 여기에 협력한 재단사나 미싱사들은 삼동회의 정회원은 아니라 하더라도 최소한 삼동회의 취지에 찬동하고 회원들과 다소간의 면식(面識)이 있었던 사람들이었다.

작업장 안에서 일반 노동자들에게 전달할 때는 반드시 업주가 자리를 비운 틈을 이용하도록 하였으며, 업주의 친척이나 연고자가 종업원으로 근무하는 작업장에는 아예 뿌리지도 않았다. 그 결과 며칠 만에 126매의 설문지가 성공적으로 회수되었다.

회수된 설문지들에 나타난 조사결과가 어떠했는지는 삼동회 회원들이 그것을 기초로 하여 노동청 앞으로 제출한 진정서에 반영되어 있으므로 다음에 설명하기로 하고, 여기서는 한 예로 전태일 자신의 답변 내용을 보기로 한다. 앞의 설문 항목과 대조해보시기 바란다.

한 달에 4일을 쉬었으면 싶은데 2일밖에 못 쉰다. 기업주가 강요하기 때문이다. 하루에 아침 8시부터 오후 5시까지 9시간만 일했으

설문항목	답변
1	2일
2	B
3	B
4	오전 8시부터 오후 10시까지
5	오전 8시부터 오후 5시까지
6	C
7	B,C
8	A,B,C,E
9	B
10	E
11	C
12	독서
13	23,000원

면 싶은데, 오전 8시부터 오후 10시까지 14시간을 노동해야 한다. 기업주가 강요하기 때문이다.

이와 같은 과중한 노동으로 건강은 형편없이 나빠진다. 신경성 위장병을 앓고 있어 식사를 제대로 할 수 없을 정도이며, 눈은 항상 충혈되어 있어서 밝은 햇빛 아래서 눈을 제대로 못 뜨고, 젊은 나이에 신경통까지 앓고 있다. 이런 형편인데도 기업주들은 치료는커녕 건강진단 한번 제대로 안 시켜준다. 긴 노동시간으로 나의 취미인

독서도 할 겨를이 없다. 그렇게까지 일해주는데도 경력 5년의 재단사인 나의 한 달 임금은 고작 23,000원이다.

이러한 말을 전태일은 설문지를 통하여 하고 싶었다. 그리고 이러한 말을 거의 모든 노동자들이 하게 되리라는 것을 그는 잘 알고 있었다.

삼동회 회원들은 회수된 설문지 126매에 나타난 자료를 종합하는 한편, 설문지에 나타나지 않은 자료에 관해서도 평화시장 일대를 직접 돌아다니며 조사를 진행하였다. 이 무렵 그들은 거의 매일같이 은호다방을 중심으로 모였다. 모여서는 그날그날의 활동내용을 합의·결정하고, 흩어져서는 각자가 맡은 임무를 수행하곤 했다. 이렇게 하여 그들은 시장 일대에 흩어져 있는 작업장 수백 개의 위치, 건평, 직공 숫자, 조명시설, 다락 높이, 환기장치, 그리고 평화시장 전체의 상수도시설, 변소시설에 이르기까지 방대한 자료를 수집할 수가 있었다.

또 그들은 노동청에 낼 진정서의 진정인 명의를 가급적 많은 노동자들을 끌어들여 공동명의로 하기로 하고, 노동자들의 서명을 받아내기 위하여 동분서주한 결과, 삼동회 회원 외에도 90여 명의 서명을 받는 데 성공했다.

1970년 10월 6일 그들은 드디어 노동청장 앞으로 '평화시장 피복제품상 종업원 근로개선 진정서'를 제출하였다. 이 진정서의 원본은 노동청에 제출되어 현재로는 그 행방을 찾을 길이 없고, 그 내용도 당시 신문에 보도된 중요 부분 외에는 정확히 알 길이 없으나, 다만 전태일의 일기장 갈피에 이 진정서의 초안으로 보이는 기록이 끼어 있어서 그것을 소개한다.

대학노트 15페이지에 걸쳐 전태일의 필적으로 씌어 있는데, 그중 한 페이지는 찢겨 나가서 내용을 알 수가 없다. 당시의 신문보도를 보면 전태일 등이 평화시장 노동자 126명을 상대로 설문조사를 한 결과, 그중 120명(95%)이 하루 14시간~16시간 노동을 하고 있고, 96명(77%)이 폐결핵 등 기관지 계통 질환에 걸려 있으며, 102명(81%)이 신경성 위장병으로 식사를 제대로 못하고 있으며, 전원이 밝은 곳에서 눈을 제대로 뜰 수 없고 눈곱이 끼는 안질에 걸려 있는 것으로 나타났다고 하는 기사가 있는데, 이 찢어진 페이지에 바로 이러한 내용이 기재되어 있었다고 추측하는 것이 전후 문맥으로 보아 온당할 듯하다.

노동청장 귀하
제목 : 평화시장 피복제품상 종업원 근로조건 개선 진정
평화시장 피복제품상에 근무하고 있는 종업원 3만여 명의 대부분은 매일 12시간 이상의 격무와 작업환경의 불량으로 인하여 위장병, 신경통, 눈병 등 각종 직업성 질환에 허덕이고 있음이 우리들의 자체 조사 별첨 앙케트처럼 나타났습니다.

우리 피복 계통에 종사하는 종업원들은 이와 같은 악조건하에서는 더 이상 작업을 계속할 수가 없고, 건강을 더 이상 유지할 수가 없어, 당국의 강력한 시정조치가 요구된다고 사료되어 94명의

서명으로 진정하는 바입니다.

…… (가운데 한 페이지 찢어지고 없음)

진단을 받는 당사자의 입장에서는 건강진단이라 인정할 수 없으며, 진단을 하는 의사를 믿을 수가 없습니다. 서류상의 형식에 지나지 않으며, X레이 촬영 시 필름을 사용하는지 심히 의심스럽습니다.

종업원의 직종

① 재단사 : 재단사는 대부분 남자로서, 연령은 23~50세 층이며, 1천2백 명이며 1개월 월급은 평균 3만원

② 미싱사 : 미싱사는 전체가 여성으로서, 연령은 18~23세 정도이며, 1만2천 명, 월급은 평균 1만5천 원

③ 시다 : 시다는 전체가 어린 소녀이며, 연령은 13~15~17세의 다층이며, 1만2천 명, 1개월 월급은 3천 원입니다(4~5년 전에 책정된 임금임).

1일 작업시간 : 평균 오전 8시부터 오후 9시까지

1개월 작업시간 : 28일(첫 주일과 셋째 주일 휴일) 336시간

③ 번에 해당되는 시다들은 시간수당이 없으며, 연령이 어린 관계로 정신과 육체적으로 성장기에 있으므로 장시간의 많은 작업량이 정신, 육체의 발육과정에 있어 재기할 수 없는 심한 피해가 됩니다.

진정인 대표 :

평화시장 종업원의 친목회인 삼동친목회 회원 일동

대　표 전태일 인
서　기 이민섭 〃
정회원 신진철 〃
　　　최종인 〃
　　　김영문 〃
　　　조병섭 〃
　　　강진환 〃
　　　주현민 〃
별　첨 93인

호수 : 286호, 3층까지 하면 825호(가, 나, 가, 나, 한 줄은 2층 가게로
서 제외). 호당 10명의 종업원(여기서 호수는 평화시장의 피복 제조공
장이나 점포의 총 숫자를 말함).

평화시장 직공 명수 : 약 10,000명(동화시장 : 160개 공장 4,800명, 통
일상가와 근접 건물 : 200여 개 공장 8,000명, 평화시장·신평화시장 : 500개
공장 14,000명)

전체 명수 10,000명에서 직책별로 나누어보면 :
– 미싱사 　　　　　　　　　　4,000명

- 시다   4,000명

- 재단사   300명

- 재단보조   460명

- 기타(시아게, 공장장, 점원)   300명

- 주인, 주주(株主)   1,000명

- 합계   10,000명

하루의 작업시간 :

- 아침 8시 30분부터 저녁 10시 30분까지 1일 14시간 작업.

- 1달 720시간 중 372시간. 휴일은 매달 첫 주일과 셋째 주일 2일.
  국제 근로기준의 2배에 해당하는 시간임.

급료 :

- 재단사   15,000원에서 30,000원까지

- 미싱사   7,000원에서 25,000원까지

- 시다   1,800원에서 3,000원까지

- 재단보조   3,000원에서 15,000원까지

연령별 직책 :

- 12세부터 21세까지 시다, 19세부터 38세까지 미싱사.

- 22세부터 50세까지 재단사, 18세부터 25세까지 재단보조·점원.

- 12세부터 21세까지 여자 시다가 하루 수당 70원, 14시간 작업.

건강상태 :

- 재단사는 100% 전원이 신경성 소화불량, 만성위장병, 신경통, 기타 병의 환자.
- 미싱사는 90%가 신경통 환자임, 위장병, 신경성 소화불량, 폐병 2기까지.
- 시다는 평균 15세 어린이들로서 하루 14시간의 작업을 당해내지 못함.
- 평화시장 종업원 중 경력 5년 이상된 사람은 전부 각종 환자임. 특히 신경성 위장병, 신경통, 류머티즘이 대부분임.

시장 안의 구조 :

- 현대식 3층 건물로서, 1층은 점포, 2·3층은 공장임.
- 10,000명 이상을 수용하는 건물이면서도 환기장치가 하나도 없으며 더구나 휴식시간인 오후 1시부터 2시까지에도 햇빛을 받을 장소가 없음.

작업 정도 :

- 우리나라의 어떤 노동보다도 제일 힘과 정신이 빨리 피로해지는 노동임. 정신적, 육체적 최하 노동.

공임(工賃) :

- 우리나라에서 여기보다 더 싼 데가 없음. 경영주들은 서로 경쟁을 직공들의 공임에서 함. 가령 하루에 8시간을 작업하고

도 1개월 급료가 10,000원인 사람과, 하루에 15시간을 작업하고도 1개월 급료가 10,000원밖에 안 됨.

세면시설 :

– 평화시장 400여 공장에 상수도 3곳임. 1평 정도

……

이상이 진정서 초안의 중요 부분이다.

진정서 대표의 이름들이 서명된 곳을 경계로 하여 뒤의 부분은 앞부분과 다소 중복이 되는데, 서로 어긋난 내용도 있다. 예컨대 앞부분에서는 1일 작업시간이 "평균 오전 8시부터 오후 9시까지"로 되어 있는 데 반하여, 뒤에 와서는 "아침 8시 반부터 저녁 10시 반까지 1일 14시간 작업"으로 되어 있다.

실제로 노동청에 제출한 진정서에서는 앞부분에 가깝게 하였는데, 이것은 계절에 따라 또 그때그때의 제품 수급 사정에 따라 작업량이 차이가 있고, 따라서 작업시간이 일정하지 않기 때문에 삼동회 회원들의 지식 수준으로 평균치를 낼 수가 없어서 결국 될 수 있는 한 노동청 당국자들이나 기업주들이 과장된 숫자라고 반론을 제기할 수 없을 정도로 줄여서 계산한 결과였던 것 같다.

이 초안에는 위에 소개한 부분 외에도 진정인들의 성명, 주소, 본적이 첨부되어 있고, 한 페이지 가득히 큰 글씨로(전태일의 필적) 쓴 기준법을 준수하라는 구호도 적혀 있으며, 평화시장 안의 각 작업장의 명세(明細)도 기록되어 있는데, 예를 들면 다음과 같다.

① 평화시장 3층 가 176 창별사

　건평 2평 종사원 13명

　다락 높이 1.6m 형광등

② 평화시장 3층 가 181 단성사

　건평 8평 종사원 32명

　다락 높이 1.5m 형광등

③ 평화시장 2층 277 동방사

　12평 50명 형광등

'평화시장 기사특보' 나던 날

1970년 10월 7일, 그러니까 노동청에 진술서를 낸 그 다음날, 시내 각 석간신문에 평화시장의 참상에 관한 보도가 실렸다. 기다리고 기다렸던 기적이 마침내 일어난 것이다.

　경향신문사 신문 게시판 앞에서 가슴을 조이며 기다리던 전태일은 새로 나온 석간신문 한 장을 사들고 미친 듯이 평화시장으로 달렸다. 인간시장에서 기다리고 있던 삼동회 회원들은 바라던 기사가 난 것을 확인하자 환호성을 터뜨리며 모두 얼싸안았다.

　그날 『경향신문』 사회면 톱기사로 「골방서 하루 16시간 노동」이라는 표제와 「소녀 등 2만여 명 혹사」, 「거의 직업병……노동청 뒤늦게 고발키로」, 「근로조건 영점……평화시장 피복공장」이라는 부제 아래 실렸던 기사 내용은 다음과 같다.

나이 어린 여자들이 좁은 방에서 하루 최고 16시간 동안이나 고된 일을 하며 보잘것없는 보수에 직업병까지 얻고 있어 근로기준법을 무색케 하고 있다. 이들은 서울 시내 청계천 5~6가 사이에 있는 평화시장 내 각종 기성복 가공업에 종사하는 미싱사, 재단사, 조수 등 2만7천여 명으로 노동청은 7일 실태조사에 나서 근로기준법을 위반한 업체는 전부 고발키로 했다. 노동청은 이밖에 5백여 개나 되는 서울 시내 기성복 가공업소도 근로자의 실태를 조사키로 했다.

평화시장 내의 피복가공 공장은 4백여 개나 되는데, 이들 대부분의 작업장은 건평 2평 정도에 재봉틀 등 기계와 함께 15명씩을 한데 넣고 작업을 해 움직일 틈이 없을 정도로 작업장은 비좁다. 더구나 작업장은 1층을 아래위 둘로 나눠 천장의 높이가 겨우 1.6m 정도밖에 안 돼 허리를 펼 수 없을 정도인데, 이와 같이 좁고 낮은 방에 작업을 위해 너무 밝은 조명을 해 이들 대부분은 밝은 햇빛 아래서는 눈을 똑바로 뜰 수 없다고 노동청에 진정까지 해왔다.

이들에 의하면 이런 환경 속에 하루 13시간~16시간의 고된 근무를 하고 있으며 첫째, 셋째 일요일을 제외하고는 휴일에도 작업장에 나와 일을 하고, 여성들이 받을 수 있는 생리휴가 등 특별휴가는 생각조차 못할 형편이라는 것이다.

특히 13세 정도의 어린 소녀들이 대부분인 조수의 경우 이미 4~5년 전부터 받는 3천 원의 월급을 현재까지 그대로 받고 있다. 이밖에도 이들은 옷감에서 나는 먼지가 가득 찬 방안에서 하루 종일 일해 폐결핵, 신경성 위장병까지 앓고 있어 성장기에 있는 소녀들의 건강을 크게 위협하고 있는 실정이다.

이처럼 근로조건이 나쁜 곳에서 일하는데도 감독관청인 노동 청에서 매년 실시하는 건강진단은 대부분이 한 번도 받은 일이 없으며, 지난 69년 가을 건강진단이 나왔으나 공장 측은 1개 공장 종업원 2~3명씩만 진단을 받게 한 후 모두가 받은 것처럼 했다는 것이다.

이 짤막한 몇 줄의 기사가 어째서 평화시장의 젊은 재단사들을 기쁨에 미쳐 날뛰게 만들었던 것일까.

삼동회 회원들은 경향신문사로 달려가서 경향신문 300부를 샀 다. 가진 돈이 없어서 우선 회원인 최종인이 차고 있었던 손목시계 를 풀어서 신문사 측에 담보로 맡겨놓고 신문대금은 신문을 팔아서 갚기로 했다. 그렇게 산 신문 300부를 들고 그들은 다시 평화시장으 로 달려갔다. 큰 모조지를 잘라서 그 위에다 붉은 글씨로 '평화시장 기사특보'라고 쓴 완장을 만들어 그것을 모두 어깨에다 두르고 시 장 내 이 건물 저 건물을 쫓아다니며 신문을 돌렸다. 돈을 받고 팔기 도 하였고 어린 시다들에게는 무료로 주기도 하였다.

신문 한 장이면 그때 값으로 20원, 노동자들이 신문을 사서 보는 일이란 드물었는데, 그날 신문 300부는 삽시간에 다 팔렸다. 어떤 노동자들은 신문을 나눠주고 있는 삼동회 회원들을 보고 "수고가 많다"고 말하면서 100원씩 또는 200원씩을 신문값으로 내기도 했 는데, 신문 한 장 값으로, 1,000원을 내놓은 노동자도 한 명 있었다.

그날 저녁의 평화시장 일대는 축제 분위기로 들떴다. 군데군데에 노동자들이 몰려 서서 신문 한 장을 두고 서로 어깨너머로 읽으면서 웅성거렸다. 평화시장의 오랜 침묵이 깨어지는 순간이었다.

세상으로부터 버림만 받아온 그들, 고층건물이 곳곳에 솟아 있는 수도 서울에 살면서도, 바로 창문만 열면 삼일고가도로를 호기롭게 달리는 자가용차의 화려한 행렬을 볼 수 있으면서도, 어제도 오늘도 내일도 햇빛조차 주어지지 않는 먼지구덩이 속에서 온종일 꼿꼿이 앉아서 손발이 닳도록 중노동에 시달리면서 살아야만 한다고 생각해왔던 그들. 굶주림과 질병과 멸시와 천대를 받고서도 세상의 철저한 무관심에 너무나도 익숙해져 있었던 그들. 좋은 것은 모두 남들의 것, 더욱이 신문이라고 하는 것은 높은 사람들만의 것이라고 생각할 수밖에 없었던 그들. 바로 그들이 바로 그 신문에 하찮은 쓰레기 인간들인 자신들의 비참한 현실을 고발이라도 하듯 실려 있는 것을 보았을 때, 그것은 깊은 지층 속을 숨죽여 흘러가던 용암이 분출구를 만나 지맥(地脈)을 찢고 드디어 터져오르는 듯 오랫동안 쌓이고 쌓였던 통곡과 탄식과 울분이 한꺼번에 폭발하는 순간이었다.

"우리도 인간인가보다. 우리 문제도 신문에 날 때가 있나보다……."

이러한 자각이 노동자들의 잠자던 가슴을 뒤흔들며 평화시장 일대에 퍼져나갔다. 다음날도 또 다음날도 각 작업장 비좁은 먼지구덩이 속의 화제는 모두 '평화시장의 기사특보' 이야기였다. 많은 노동자들이 삼동회 회원들을 찾아와서 인사를 하고 '근로조건 개선'을 위해 협력하며 싸울 것을 다짐했다.

엘리자베스 테일러라는 외국 여자가 리처드 버튼이라는 외국 남자와 몇 번 결혼하고 몇 번 이혼했는가를 사람들은 안다. 신문에 나기 때문이다. 그러나 평화시장의 열세 살짜리 여공들이 하루 몇 시간을 노동해야 하는가를 사람들은 알지 못한다. 신문에 안 나기 때문이다. 재클린 케네디 오나시스라는 외국 여자가 승마를 하다가 발가락을 삐었다 한다면 사람들은 늦어도 바로 다음날까지는 그 사실을 알게 된다. '신속 정확한' 신문보도 덕분이다. 그러나 강원도 어떤 탄광에서 갱도가 무너져 광부들이 매몰되어 죽었다 하더라도 사람들은 그 사실을 반드시 알지는 못한다. 신문에 나지 않거나, 나더라도 거의 눈에 띄지 않을 만한 구석자리에 작은 기사로 나기 때문이다. 이것이 바로 오늘날 우리 사회의 신문인 것이다.

우리 사회가 빈익빈 부익부의 현상에 비틀거린다면, 우리 사회의 신문 역시 강한 자, 부유한 자의 속성에 비틀거리고 있다. 신문사의 주인은 대재벌급의 기업가. 그들이 밑바닥 인생들의 문제에 기본적으로 관심을 표시할 이유가 없다. 그들은 자기의 신문경영에 막대한 영향력을 행사하고 있는 정치권력의 비위를 일부러 거스를 필요가 없기 때문이다. 하지만 신문경영도 하나의 장사이므로 신문을 사보는 독자들의 구미에 당기는 기사를 제작할 필요는 있다. 그러나 신문의 독자층이래야 대체로 중산층이다. 그들의 구미를 맞추려면 엘리자베스 테일러 같은 것으로도 충분하다고 신문경영자들은 판단한다.

그리하여 대부분의 서민대중들은 신문과 인연이 멀어지게 마련이다. 그들이 신문을 사서 보는 일도 드물거니와 그들의 문제가 신문에 취급되는 일도 드물다.

신문 제작에 종사하고 있는 일선 기자들은 대학교를 갓 졸업한 젊은이들로 개중에는 비인간적인 사회현실에 대한 젊은이다운 분노를 아직 지니고 있는 사람들도 적지 않다. 그러나 그들은 대부분이 그저 이 눈치 저 눈치 살펴가며 안일하게 살고 싶은 소시민들이다.

　노동청 출입기자들이 왜 한국에 수많은 근로기준법 위반업체들이 있다는 사실, 아니 거의 대부분의 업체가 그러하다는 사실을 몰랐을 리가 있겠는가? 평화시장의 참상에 대해서도, 기자들은 적어도 전태일을 만난 후로는 충분히 알고 있었음에 틀림없다. 그럼에도 불구하고 그들은 스스로 평화시장에 찾아가서 그 노동실태를 파헤쳐서 보도하려고 하지는 않았다. 그럴 용기가 나지 않았을 것이다.

　만약 어떤 기자가 자진하여 그런 일을 하였더라면 신문사 안의 어떠한 '윗사람(上司)'도 그것을 달가워할 사람은 없을 것인 반면에, 권력자나 기업주들은 "왜 너만 유독 노동문제에 관심을 가지느냐"고 색안경을 쓰고 그를 주시하게 될 것이다. 전태일이 모든 자료를 갖추어 노동청에 정식으로 진정서를 제출하였을 때에야 비로소 노동청 출입기자들은 그것을 빌미로 하여 평화시장 기사를 다룰 용기가 났던 것이었다.

　전태일과 그의 친구들이 뚫은 것은 바로 이와 같은 두터운 벽의 일각이었다. 그것은 무관심의 벽, 차디찬 상업주의의 벽, 인간을 물질화하는 이 세대의 억압과 침묵의 벽이었다. 스스로의 힘으로 그것을 뚫었다. 스스로의 행동이 저 어마어마한 신문에까지 영향을 미치는 중요한 의미를 지니는 것으로 인정되었다는 엄연한 사실을 눈앞에 보고, 그들은 참으로 용기백배하였다. 자신들의 손으로 평화시장의 현실을 개혁할 수 있다는 확신이 삼동회에 모인 젊은 재단사들을 정력적인 투쟁으로 몰아넣었다.

신문보도가 있던 날부터 평화시장주식회사(사장 이동표)에서는 노동청에 진정서를 낸 사람들을 찾기 시작했다. 그날 저녁 늦게 삼동회 회원들은 다시 회합을 갖고, 평화시장주식회사 측에 대하여 요구조건을 제출하기로 결의하고 삼동회의 활동지침을 새로이 마련하였다. 이날의 회의록에는 다음과 같은 항목이 기록되었다.

10월 8일 건의사항

1. 작업시간은, 여름은 오전 8시부터 오후 7시까지로 하고, 겨울은 오전 9시부터 오후 8시까지로 한다.
2. 휴일은 정기적으로 일요일마다 쉬는 것으로 한다.
   보충사항 : 부득이한 경우, 작업초과 시는 사전에 종업원의 양해를 구하고 수당을 요구할 수 있도록 한다.
3. 작업시간을 어기는 기업주에 대해서는 본회의 명의로 고발 조치 한다.
4. 건강진단은 1년에 두 번으로 전원 다 한다. 전염병이 나돌 때는 시장에서도 꼭 예방주사를 맞을 수 있게 해준다.
5. 시다들의 월봉은 현 3천 원 기준에서 100% 인상하여 최하 6천 원으로 함.
6. 본회는 정기총회를 제3주 휴일로 정하고, 오전 10시에 사전 합의한 장소에서 한다.
7. 임시총회는 필요시에 언제든지 소집할 수 있다.

다음날(10월 8일) 전태일, 김영문, 이승철 세 사람이 삼동회를 대표하여, 위의 요구조건들에다가 다락방 철폐, 환풍기 설치, 조명시설 개선, 여성 생리휴가의 보장, 노동조합 결성의 지원 등을 합친 8개항의 요구조건을 적은 건의서를 가지고 평화시장주식회사 사무실을 찾아갔다. 처음 있는 일이었다. 사장과 종업원의 사이라면, 군대로 치자면 장성과 졸병의 사이나 마찬가지로 평소에는 감히 고개도 들지 못하고 뻣뻣이 서 있을 처지였다(한 삼동회 회원의 술회에 의하면, 바보회 시절부터 전태일이 주식회사 사무실에 올라가서 진정을 하자고 제의하여 회원들이 그렇게 하기로 동의한 일이 두어 차례 있었는데, 그때마다 번번이 막상 사무실에 올라가려니까 '떨려서' 그만두곤 하였다 한다). 그러나 이제는 달랐다. 신문보도로 인하여 용기를 얻은 재단사들이 기업주들의 대표기관에 찾아가서 당당히 1 대 1로 따질 것을 따진 것이다.

회사 측에서는 "진정 내용은 잘 알겠다"고 하면서, 지금 실정으로는 다 들어주기는 어려우니 조금만 참고 기다리면 환풍기 설치와 조명 형광등의 대체는 이루어지도록 힘써보겠다는 대답이었다. 참으로 어처구니없는 대답이었으나, 그들은 더 이상 말하지 않고 내려왔다.

이야기가 조금 늦었지만, 이 당시 전태일은 왕성사에서 다시 해고당하여 실직상태에 있었다. 10월 초순 어느 날, 그는 작업이 밤 11시 20분에 끝나게 되어 창동 집까지 갈 수가 없어서 삼각산 수도원으로 가려고 세검정행 버스를 탔다. 종점에 내려서 조금 걸으니 벌써 자정이 넘어 파출소로 연행되어, 그날 밤을 꼬박 파출소 바닥에서 새우고 그 다음날 아침 식사도 못하고 출근을 했었다. 그랬더니 하도 심신이 피로하여 낮 1시경이 되자 도저히 작업을 계속할 수 없어서 주인의 친척이었던 재단보조에게 몸이 아파 일찍 들어가야겠다고 말하고 집으로 돌아왔다. 다음날 출근한 그를 보고 주인은 전날 아무 말도 없이 조퇴하였다는 이유를 대며 그만두라는 것이었다. 이것은 트집이었다. 업주는 채용할 때는 몰랐으나 차츰 전태일이 노동운동하는 사람인 줄 알게 되었다. 언제든 무슨 꼬투리만 생기면 해고해버리려고 기회를 노리고 있었는데 전태일이 걸려들었다. 이렇게 하여 그는 취직한 지 겨우 보름 만에 쫓겨난 것인데, 그동안 일한 삯도 받지 못하고 나왔다.

10월 7일 이후 전태일은 친구들과 함께 왕성사로 밀린 임금을 달라고 요구하여 5,000원을 받아내었다. 그 돈은 그 후 삼동회의 회합비용과 데모할 때의 플래카드를 만드는 비용으로 사용되었다. 또 이 무렵 다른 회원들이나 친분 있는 재단사들이 임금을 제대로 못받고 직장을 그만두었던 경우가 있었는데, 그런 경우 삼동회 회원들은 집단적으로 그 업체에 몰려가서 임금을 받아내고는 상당히 기뻐하기도 하였다.

노동자들, 특히 삼동회를 둘러싼 재단사들이 이렇듯 사기가 충천하였던 것과는 반대로 기업주 측과 정부 당국(특히 노동청)에서는 안절부절을 못하였다. 1971년 봄의 대통령 선거를 7개월 남짓 앞두고 신민당의 김대중 후보가 국정 전반에 걸쳐 비판의 소리를 높여가고 있었기 때문에, 박정희정권이 그 어느 때보다도 사회여론을 면밀히 살피고 있던 때였다. 만약 노동자들의 참상이 매스컴을 통하여 계속 보도된다면, 그것은 대통령선거에서 마이너스 요인으로 작용할 수도 있기에 주무관청인 노동청은 책임 추궁을 당하게 될 것이 틀림없는 형편이었다.

삼동회의 진정서 내용이 신문에 보도될 것 같은 낌새를 채자, 노동청에서는 허겁지겁 뒤늦게서야 실태조사를 하겠다느니, 근로기준법 위반업체를 고발하겠다느니 하는 소란을 피웠다. 그 며칠 후 노동청 근로감독관이 삼동회 회원들을 찾아왔다. 그는 전태일 등을 보고 "모범 청년"이라느니, "노동절에 포창하겠다"느니 하는 따위의 말을 하며, 그들을 회유하려고 들었다. 또 이즈음 경찰서에서 정보계 형사들까지 파견되어 회원들의 주변을 맴돌았다.

10월 중순 어느 날, 노동청 근로기준국장으로 있던 임정삼이라는 사람이 평화시장으로 나와서 삼동회 회원들을 만나자고 하였다. 만나 보니, 그는 "너희들 깡패 모양 그렇게 직업도 없이 돌아다니고 있어서는 진정사항을 다 들어줄 수 없다. 취직을 하도록 해라. 그러면 일주일 이내로 다 개선 시켜주겠다"라고 하였다. 물론 그는 정말로 일주일 이내로 다 개선시켜줄 생각은 없었다. 회유를 해서 이 말썽의 근원이 되고 있는 재단사들을 일단 취직만 시켜놓으면 모두들 제 할 일에 바빠서 노동운동 같은 것에는 관심을 기울이지 않을 것이라고 판단하였다. 삼동회 회원들이 취직을 하고 안 하는 것과, 근로조건 개선과 대체 무슨 연관이 있단 말인가? 임 국장의 말은 애초에 논리도 닿지 않는 억지였다. 그러나 물에 빠진 사람들이 지푸라기라도 잡는다는 격으로 삼동회 회원들은 "일주일 안에 다 개선시켜준다"는 약속이 너무나도 반가워서 모두 일단 취직을 하였다. 전태일은 삼미사 재단보조로 취직을 하였다. 재단사였던 그가 한 급 아래인 보조로 취직한 것은 이것저것 조건을 가릴 여유가 없었기 때문이었다.

근로기준국장이 시장에 다녀가고, 삼동회 회원들이 모두 취직을 하고, 그러고도 일주일이 지났으나 약속했던 근로조건 개선은 조금도 이루어질 기미가 보이지 않았다. 전태일은 근로감독관을 찾아가서 약속했던 일들이 어떻게 되는 것이냐고 따졌다. 근로감독관의 대답은 진정 내용을 실현시키려고 노력을 해보았으나 현실적으로 도저히 불가능하다는 것이었다.

시위

전태일은 삼동친목회를 소집하였다.

그는 근로감독관을 만나고 온 전말을 보고하면서, "이렇게 말로는 해결이 안 나겠으니 10월 20일 날 노동청 정문 앞에 가서 데모를 하자"는 제의를 하였다. 10월 20일은 노동청에 대한 국회의 국정감사가 있을 예정이었는데, 전태일은 그 기회를 이용하여 노동청의 약점을 치자고 하였다.

평화시장 들어온 지 6년. 그 노동지옥의 쇠사슬을 끊으려는 전태일의 노력은 결국 이 '데모'라는 두 글자로 귀결된다.

시다들에 대한 개인적인 온정, 진정과 호소, 모범기업체 설립 구상 등등 여러 가지 방법을 모색해보았으나, 아무것도 해결책이 될 수 없었고 결국은 데모를 선택했다. 정면으로 맞서 싸우는 실력대결 방법뿐이었다.

데모라는 것은 '보여준다', '과시한다'를 뜻하는 영어 '데몬스트레이션(demonstration)'의 준말이다. 이것을 우리말로는 시위라고 번역하는데, 이 시위라는 말이 오히려 데모의 본뜻을 잘 나타내는 것이다. 즉, 위세·위력을 보여줌으로써 겁을 준다, 상대방으로 하여금 떨게 한다, 그리함으로 이쪽의 요구조건을 들어주지 않을 수 없도록 강박한다는 것이 데모의 본질이다. 그러므로 데모라는 것은 진정이니 호소니 청원이니 건의니 하는 따위와는 근본적으로 다른 것이다.

엉터리 비폭력주의자들이 무엇이라고 말하건 간에 데모란 상대편의 양심이나 자비심이나 동정심을 구걸하는 행위가 아니라, 이쪽편의 실력(그것이 선거에서의 투표권이든, 적나라한 폭력이든, 사회여론에 대한 영향력이든 간에)을 배경으로 한 상대편에 대한 압력인 것이다. "제발 이렇게 해주십시오" 하는 것이 데모가 아니라, "이런데도 네가 말을 안 듣고 배기겠느냐?"라고 윽박지르는 것이 데모이다.

그러므로 '데모'란 상대편에 대한 대항하는 자의 당당한 선전포고이며, 요구조건이 관철될 때까지 끊임없이, 갈수록 더욱 격렬하게, 위협적인 도전을 감행하겠다는 경고이다.

왜 억압자들은 그들이 말하듯 '일부 극소수'에 불과한 수백 명의 학생들 혹은 수십 명의 노동자들이 맨손으로 하는 데모를 그렇듯 두려워하는 것일까? 그것은 까닭이 있다. 한 개의 조약돌이 잔잔한 수면에 수백, 수천 개의 파문을 아로새기듯, 한 개비의 성냥이 산더미같이 쌓인 화약고를 모두 폭파시키듯, 데모에 나서는 이들 '일부 극소수'는 수십만, 수백만의 고통받아온 가슴에 무한한 격동을 일으킨다.

억압자에 대한 오랜 굴종을 벗어던지고 1 대 1의 당당한 선전포고를 알리는 데모 행렬의 진군의 북소리는 일상생활의 비굴에 잠겨 있던 모든 민중의 피를 끓게 한다. 그들의 북소리는 착취와 억압이 심하면 심할수록, 강요된 민중의 침묵이 오래고 굳은 것이면 굳은 것일수록 더욱 크게 울려온다. 그리하여 억압자의 깊은 죄의식으로 신경과민이 된 귀에는, 그것은 자신의 종말을 알리는 불길한 '조종(弔鐘)' 소리로 들려온다. 억압자가 수백 명의 평화적인 시위 행렬을 탄압하기 위해 광분하거나, 경우에 따라서는 그들의 요구조건을 수락하는 양보를 하는 것은 바로 그 때문이다. 역사상의 모든 억압자들의 '양보', 민권의 '평화적'인 승리란 본질적으로 바로 이러한 과정을 통하여 이루어진다.

진정한 호소만으로는 아무 문제도 해결될 수 없다. 억압자의 마음이란 구약성서 출애굽기 속의 '바로왕*'의 마음이 상징하듯이 굳고 완고한 것이다. 관료사회에서 평화시장의 저 어린 소녀들이 나

* 구약성경 「출애굽기」에서, 이집트의 왕 바로는 히브리 백성을 고향 가나안으로 돌아가게 해달라는 모세의 청원을 들어주지 않는다. 노한 여호와는 재앙을 내리는데, 바로는 모든 장자(長子)들의 목숨을 앗아가는 열 번째 재앙을 겪고 나서야 히브리 백성을 풀어준다. 바로는 이름이 아니고, 성경을 한글로 번역하는 과정에서 이집트의 왕 파라오를 우리말로 옮긴 것이다.

날이 겪고 있는 참혹한 고통에 대하여 누가 따뜻한 반응을 보였겠는가? 기업주들과 마찬가지로 노동청 관료들 또한 어떠한 관심도, 아무런 감동도, 연민도, 양심의 아픔도 느낄 수가 없었던 것이다. 그들의 양심은 억압자의 생리 또는 관료주의의 타성으로 굳게 닫혀 있었다. 그것은 그들 개개인의 마음이라기보다는 권력의 윤리, 억압자의 속성이다. 그 굳게 닫힌 마음의 문을 '진정'이나 '호소'로 아무리 목메어 두드려보았자 무슨 소용이란 말인가? 결국 자극을 줄 수 있는 행위는 시위였다.

데모를 하자는 데 대해서 두려움을 느끼고 망설이는 회원들도 있었다. 그들은 "우리가 무얼 안다고 무턱대고 데모를 한단 말이냐? 좀 더 배워서 천천히 하자"고 했다.

"아무렇게나 생각나는 대로 하면 된다. 우리의 의사를 발표하는 데 무슨 방법이 따로 필요한가? 데모도 지금 해야지 (1971년도) 선거 끝나고 나면 할 수도 없게 된다"라고 전태일은 그들을 설득했다.

평소에 쓰레기 취급을 당하던 밑바닥 인생들도 선거철만 되면 "존경하는 유권자 여러분!"의 한 사람이 되기 때문에, 사람대접을 받고 활개를 펼 수 있다. 선거 때마다 판잣집 철거가 중단되고, 곳곳에 새 판자촌이 생기고, 취로사업이 확장되고, 밀린 노임이 청산되고, 농협 융자금이 풍성해지고 하는 것은 다 그 때문이다. 이 시기에는 그동안 바보인 척 죽어지내던 서민들이 용기를 내어 제가끔 자신의 권익을 주장하는 투쟁을 전개하는데, 이에 대해 그렇게 심한 제재가 오지는 않는다. 이것이 바로 1971년도까지의 한국의 정치계절 풍경도였다(민주주의 혹은 정치적 자유라는 것도 이렇듯 민중의 생존권과 밀접한 관계를 가지고 있다. 노동운동이 필연적으로 정치운동의 성격을 띠는 것도 이 때문이다).

전태일은 확신에 찬 어조로, "지금 선거 때니까 탄압받아봤자 별거 아니다"라고 하면서 망설이는 친구들의 용기를 북돋웠다. 10월 7일의 신문보도가 있은 이래로 전태일의 지도력은 매우 강화되어 있었고, 친구들은 그의 주장을 예전보다 더 존중하게끔 되었다. 이렇게 하여 그가 제의한 10·20데모 계획은 결행하기로 합의가 되었다.

삼동회 회원들의 주변에 엄중한 사찰망을 펴고 있었던 당국은 10·20데모 계획을 눈치챘다. 근로감독관이 전태일을 찾아왔다. 그는 별별 소리를 다하며 "앞으로 근로감독권을 강력히 발휘하여 업주들로 하여금 당신들 요구조건을 다 들어주도록 할 터이니, 며칠만 참고 기다려 보라"고 애원하다시피 하면서 전태일에게 데모 계획의 중지를 요청했다. 전태일은 "속는 셈치고 또 한 번 기다려 볼 터이니 반드시 약속을 지키라"고 대답하고는, 친구들에게로 돌아와 전말을 이야기하여 10·20데모를 일단 보류하기로 하였다.

노동청에 대한 국정감사가 끝난 바로 다음날 전태일은 다시 근로감독관을 만났는데, 그는 점심을 사주겠다고 하면서 태일을 음식점으로 데리고 가더니 한다는 소리가, "너희들 요구조건은 당초부터 도저히 실현 불가능한 무리한 것이니 그만 포기하라. 네가 개인적으로나 가정적으로나 무슨 애로사항이 있으면, 그것은 내가 얼마든지 도와줄 터이니 이제 노동운동은 그만큼 하고 여기서 손 떼는 게 어떤가?" 하는 따위의 속보이는 회유였다. 전태일이 격앙된 어조로 약속이 틀리지 않느냐고 따지고 덤벼드니, 근로감독관은 도리어 화를 벌컥 내면서 "그렇게 타일러도 말을 안 듣느냐? 이제 국정감사도 다 끝났으니 그렇다면 어디 너 할 대로 해보라"고 하면서 배짱을 턱 내밀었다. 노골적인 배신이었다.

전태일의 보고를 들은 삼동회 회원들은 모두 격분했다. 그들은 만장일치로 10월 24일 오후 1시에 평화시장의 국민은행 앞길에서 데모를 감행하기로 결의했다. 이때가 10월 21일. 그들은 곧 세부계획 의논에 들어갔다.

거사 시각을 오후 1시로 한 것은 1시부터 2시 사이가 점심시간이므로 노동자들이 그 시각에 국민은행 앞길로 많이 밀려나올 것을 예상한 때문이었다. 이 사람들을 궐기시키기 위해서는 사전에 많은 협조자들을 만들어둘 필요가 있다고 인정되었다. 회원 한 사람당 10여 명씩의 협조자를 포섭하기로 결의했다. 그동안에도 협조자를 만들어내려는 노력이 있었지만, 특히 10월 7일 이후에는 많은 노동자들이 삼동회 주변에 몰려들었으므로 이것은 그다지 어려운 문제가 아니었다. 데모할 때 외칠 구호는 "근로기준법을 준수하라!", "일요일은 쉬게 하라!", "16시간 작업에 일당 백원이 웬 말이냐!" 등으로 결정했다.

다음날부터 그들은 각자 맡은 임무를 다하기 위하여 각 작업장을 돌아다녔다. 각 작업장의 노동자들 중 가장 중요한 위치를 차지하는 것은 재단사였으므로 회원들은 연줄연줄로 해서 아는 재단사들을 찾아다니며 협조를 구하고, 또 다른 믿을 만한 재단사에게도 연락을 해주도록 부탁하였다. 데모 당일에, 이 부탁을 받은 재단사들이 할 일이란 무엇보다도 자기의 작업장 안에 있는 미싱사, 보조, 시다들을 데모 현장까지 동원하는 일이었다. 기업주들에게 데모 계획이 누설되지 않도록 하기 위하여 회원들은 각 작업장에 가서는 포섭대상자인 재단사를 작업장 밖으로 불러내어 은밀히 이야기를 하곤 했다.

10월 24일이 되었다. 전태일은 노동청 출입 기자에게 오늘 오후 1시경에 데모가 있을 것이니 평화시장에 와서 취재를 해달라는 부탁을 하고 시장으로 나왔다. 나와보니 평화시장 일대의 각 작업장으로 통하는 일곱 개 골목 모두에 시장 경비원들이 쫙 깔려 있었다. 평화시장의 경비원은 모두 30명 정도로서 15명씩 격일제로 교대근무를 하고 있었는데, 그 15명 전원이 두 명씩 짝을 지어 곤봉을 들고 각 골목길을 지키고 서 있었다. 삼엄한 분위기였지만 삼동회 회원들은 각 작업장을 돌아다니며 "점심시간에 좋은 구경거리가 있으니 국민은행 앞길로 나오라"고 연락을 하였다. "무슨 구경이냐"고 묻는 사람이 있으면 "하여간 나와보면 안다"는 식으로 대답하였다.

오후 1시, 거사 시각이 가까워지자 전태일과 그 친구들은 국민은행 앞길로 나왔다. 그때부터 꾸역꾸역 밀려나오기 시작한 노동자들이 잠깐 사이에 약 500명 가까이 되어 국민은행 앞길에서 웅성거렸다. 그중에는 데모를 할 것이라는 얘기를 전해 듣고 나온 사람도 적지 않았지만, 영문을 모르고 그저 나오라고 하니까 나와본 사람들이 더 많았다. 이때부터 곤봉을 들고 늘어섰던 경비원들은 활동을 개시하여 모인 사람들을 해산시키려고 들었다.

당시 평화시장 2층에 경비실이 있었다. 그 경비실에서 삼동회 회원 이름을 부르는 소리가 들렸다. 어찌할 바를 모르고 갈팡질팡하고 있던 회원들이 갑자기 그들을 부르는 소리에 고개를 들고 쳐다보니, 경비실 창문가에서 오 형사가 이쪽을 내려다보며 올라오라고 손짓하고 있었다. 순간 그들은 모든 것을 깨달았다.

오 형사라는 사람은 10월 7일 이후 평화시장에 파견되어 나온 정보계 형사였다. 그는 삼동회 회원들 주변을 맴돌면서 능구렁이짓을 하였다. 회원들에게 가장 공감을 표시하는 척하면서, 친절하게 밥도 사주고 어려운 일이 있으면 도와주겠다고 하면서 정보를 수집해 온 것이다. 회원들 중에 여기에 속아 넘어간 사람이 있었다. 10월 24일 데모 계획만 하더라도 어떤 회원은 그것을 다른 사람에게는 다 숨기면서 오 형사에게는 협조를 구하기까지 했다. 이런 경우 정보계 형사는 어떤 태도를 취할 것인가? 오 형사, 그는 "데모? 참 좋은 생각이다"라고 하면서 그 회원을 부추겼다. 도와주겠다고 이야기까지 했다. 그리고 그는 경찰서로 달려가서는 몇 월 며칠 몇 시 어디에서 데모가 있을 것 같다는 정확한 정보를 제공하였다. 이렇게 하여 그는 한 건수를 올리고 민완형사가 되는 것이다.

알고 보니 형사들도 시장 일대 이곳저곳에 깔려 있었다. 기업주들이 문을 닫고 노동자들을 밖으로 내보내지 않은 곳이 많았다. 삼동회 회원들은 일이 틀린 것을 깨닫고 2층 경비실로 올라갔다. 전태일과 서너 명의 회원들이 경비실 안으로 들어가서 오 형사를 만났다. 오 형사는 평화시장주시회사 측 사람들과 동석하고 있었다.

"왜 여태 한 가지도 개선이 안 됩니까?"

회원들은 언성을 높였다.

형사와 회사 측 사람들은 유들유들 웃으면서 시간을 끌었다. "너희들 마음대로 해봐라"라고 협박끼 있는 조롱을 하기도 하고, 그러다가는 또 누그러진 목소리로 '현실'을 이야기하면서 "서로 좋은 것이 좋은 것 아니냐?"고 회유하기도 하였다. 전태일 등이 격분하여 다시 밖으로 뛰어나가려 하니까, 그때서야 그들은 당황한 빛을 보이며 "11월 7일까지는 선처해주겠다. 그때까지만 참고 기다려보라"고 약속을 하였다.

적잖이 위축감을 느끼고 있던 회원 몇 사람은 이 약속을 듣고 상당히 마음이 풀렸다. 그들은 11월 7일까지 한 번 더 기다려보겠다는 말을 남기고 국민은행 앞길로 다시 내려왔다. 이 사이에 1시간이 흘러버렸다. 내려와보니 아까 모여 있었던 300여 명의 노동자들이 거의 다 흩어지고 없었다. "괜히 나왔다"고 투덜대면서 작업장으로 올라갔다는 것이었다.

11월 7일. 약속한 날짜가 되었건만 약속은 아무것도 지켜지지 않았다. 삼동회는 다시 모였다. 전태일은 몹시 심각한 표정으로 '근로기준법 화형식(火刑式)'을 하자고 제의하며 모두 희생할 각오로 싸우자고 말하였다. 정해진 거사 일자는 11월 13일. 시각은 역시 오후 1시. 전태일을 포함한 세 명의 회원이 플래카드를 만들 책임을 맡았는데, 구호는 "우리는 기계가 아니다!", "1주일에 한 번만이라도 햇빛을!", "하루 16시간 노동이 웬 말이냐?" 등으로 하기로 하였다. 연설은 탁자 하나를 준비해뒀다가 노동자들이 모일 때 그 자리에 내어놓고, 전태일이 근로기준법 책을 들고 그 위에 올라가서 근로기준법 중요 조문들을 소리 내어 읽고 "이런 조문이 다 무슨 소용이냐? 지켜지지도 않는 이따위 허울 좋은 법은 화형에 처해버리자!"

라는 취지의 선동연설을 하여 '근로기준법 화형식'을 거행하고, 그리고 나서는 전태일이 구호를 선창하고 회원들과 모인 사람들이 복창하면서 곧바로 데모에 들어가기로 하였다. 이 화형식을 위하여 전태일은 휘발유통 하나를 준비하겠다고 하였다.

이러한 계획들이 세워지고 나서 전태일은 다시 회원들을 향하여 "이번만은 어떤 희생을 치르더라도 결단코 물러서지 말고 싸우자"라고 힘주어 말했다. 이 말이 바로 목숨을 던질 엄청난 결심을 품고 그 자신의 마음을 다지는 말인 줄은 아무도 깨닫지 못하였다. 휘발유통을 사겠다고 하였을 때, 이미 그의 마음속에는 자신의 몸을 불태워서라도 끝내 폭압의 벽을 뚫고야 말겠다는 움직일 수 없는 결심이 서 있었다.

불꽃

자아의 좁은 환상에 집착하여, 그 속에 밀폐되어 껍데기를 쌓고 살아가는 많은 사람들은, 아무것도 참으로 사랑할 수 없으며 아무것도 참으로 소망할 수 없다. 일상생활에서 그들은 자신들이 많은 것을 희망하고 많은 것을 사랑하는 것처럼 착각한다. 부와 권력과 명예와 미모의 이성(異性)과……. 그러나 그것들은 알고 보면 자기 자신을 더욱 빈곤하게 만들고 더욱 처절한 고통과 고독의 심연으로 몰아넣는 허구의 욕망에 불과하다. 그러므로 이 탐욕으로 가득 찬 세상에서 전태일은 오히려 "많은 사람들의 공통된 약점은 희망함이 적다는 것이다"라고 썼다.

한 인간이 그의 인간성을 풍성하게 하는 과정은 곧 좁은 자아의 환상을 버리고, 그 껍데기를 깨고, 자신과 이웃과 세계에 대한 참되고 순수한 관심의 햇살이 비치는 곳을 향하여 나오는 과정을 뜻한다. 참된 소망, 참된 사랑, 참으로 순수한 그리움만이 인간을 구원하고 풍성하게 한다.

'참되다'는 것은 무엇을 뜻하는가? 그것은 옳은 일을 위하여 자신의 생명까지 바칠 수 있다는 것을 뜻한다. 참으로 바라는 것이 있는 사람이라면, 참으로 절절하게 사랑하고 희망하고 그리워하는 것이 있는 사람이라면, 그가 사랑하고 소망하고 그리워하는 것을 향하여 당신을 위해 나의 생명까지 바치겠어요, 라고 말할 수 있게 된다.

전태일에게는 참으로 바라는 것이 있었다. 그것은 인간의 나라였다. 약한 자도, 강한 자도, 가난한 자도, 부유한 자도, 귀한 자도, 천한 자도, 모든 구별이 없는 평등한 인간들의 '서로간의 사랑'이라는 참된 기쁨을 맛보며 살아가는 세상, '덩어리가 없기 때문에 부스러기가 존재할 수 없는' 사회, '서로가 다 용해되어 있는 상태', 그것을 그는 바랐다. 부유하고 강한 자들의 횡포 아래 탐욕과 이해관계로 얽혀진 '불합리한 사회현실'의 덩어리—인간을 물질화하는 '부한 환경'—'생존경쟁이라는 이름의 없어도 될 악마'의 야만적인 질서, 그것이 분해되기를 그는 바랐다. 평화시장의 어린 동심들이 그 잔혹한 채찍으로부터 구출되기를 그는 너무나도 절절하게 바랐다.

자본가들을 살찌우기 위한 이윤의 도구로서 기계 취급을 받으며 살고 있는 노동자들이 인간다운 대접을 받게 되기를, 하나의 존엄한 인간으로서 인정받게 되기를, 그리하여 괴로운 노동이 즐거운 노동으로 바뀌는 그날이 오기를 그는 열망하였다. 그가 항상 '나의 전체의 일부'라 불렀던 소외된 밑바닥 인간들, 저주받은 현실이 쓰다 버린 쪽박들, 불쌍한 현실의 패자들을 그는 너무나도 뜨겁게 사랑하였다. 그들이 오랜 무기력과 위축과 굴종과 침묵과 자학을 벗어던지고 인간다운 위엄을 되찾아 일제히 궐기하기를, 그리하여 이제껏 자신들을 짓밟고 가두어왔던 억압과 착취의 벽을 온몸으로 두드리며 맞서 싸우기를 그는 애태우며 기다리고 또 기다렸다.

그 모든 것을 참으로 절실하게 소망하였기 때문에 그는 어떠한 어려움 속에서도 끝내 굽히지 않고 다시 일어서 싸워왔던 것이다. 그런데 아무리 애써도 그가 바라는 것은 좀처럼 오려고 하지 않았다. 산이 나에게로 오지 않으면 내가 산을 향해 가야 한다. 이제 그는 마지막으로 그의 모든 것을 던져, "나를 버리고 나를 죽이고 가마"라고 말할 차례가 된 것이다.

1970년 11월 13일의 그의 죽음을 이야기하기에 앞서, 우리는 죽음에 이르는 그의 비극적 투쟁의 내면적 과정을 다시 한번 간략히 되돌아보기로 하자.

아래에 소개하는 글은 그가 '현실에 반항하는 청년의 몸부림'이라는 제목 아래 구상한 소설작품의 줄거리인데, 여기서 그는 노동운동에 투신한 이후의 그 자신의 투쟁 과정과 그 비극적 결말을 너무나도 선명하게 그려내고 있다. 쓰인 시기는 1970년 초여름, 그러니까 아직 삼각산에서 최종적으로 죽음을 결단하기 이전에 고뇌하면서 쓴 것으로 보인다.

현실에 반항하는 청년의 몸부림

작품구상

때 : 1969년

곳 : 서울 시내 전역

주제 : 자유와 방종…… 현세대의 사회적 성격과 기성세대의
    경제관념. 그리고 현실적으로 행해지고 있는 기성세대의
    경제관념에 반항하는 청년의 몸부림

등장인물

J : 주인공…… 23세의 청년으로 제품업에 종사하는 재단사

B : 피복공장 미싱사로서 주인공의 사고력에 큰 영향력을 끼친
    20세의 나약한 소녀

줄거리

1. 중부시장의 시끄러운 공장소음으로 시작하여, B의 유린당
   하고 있는 인간본성.

2. B의 참상을 보고 마음의 충격을 받는 J의 결심.

3. 공장 분위기와 과로, 직업병으로 인한 J의 고심과 직장을 못
   다니게 된 동기.

4. 구로동 맞춤집의 고된 일과 J 부친의 사망.

5. 바보회를 조직하는 J와 친구 재단사들 간의 의견 대립.

6. 창립식 이후 다시 정기총회를 개최하지 못하는 J의 심정과,
   바짓집의 싼 공임으로 앙케트를 인쇄하기까지.

7. J의 가정 형편과 식구들의 성격 상태.

8. 일반인의 생각과 현 사회실정이라는 자기 나름대로의 판단 아래 당황하는 J.

9. 앙케트가 기능공들의 의사표시를 대변하는 것이었으나, 기업주들의 강제적인 의사 통제로 3만 기능공들의 인권을 유린하는 데까지.

10. 시청 근로감독관의 무성의한 태도와 J의 감성 상태.

11. 사회를 신임하고 있던 청년 J의 낙심과, 사회를 신임하지 않게 됨.

12. 한미사 주인의 이중인격과, 사회를 처음 대하던 18세 J의 실망과 기성세대의 탐욕으로 인해 제물이 될 뻔한 J의 상태.

13. 협신사 주인의 비인간적인 경제관념과 기업주로서의 상대적 지위 남용으로 인해 피해를 보는 기능공과 J의 울분.

14. 방황, 범죄에 대한 공상과 자본을 구하기 위한 공상.

15. 오랜 공상과, J를 중심으로 얽매여 있는 사회 환경에 견딜 수 없는 구속감과, 본능적으로 이런 환경에서 벗어나보려는 J의 방황.

16. 바보회 창립 당시 회원들에게 한 중요한 발언과, 자기가 이 문제를 성공시키지 못함으로 인한 기능공들의 예전보다 더한 실망감과, 이 문제에 대해서 더욱 실망적인 결과만을 남기게 된 책임감을 느끼고 책임을 완수하기 위해 애절하게 몸부림치는 J.

17. 대구로 여행하여 J 마음의 고향, 육신의 고향에서, J의 일생

중 가장 아름다웠던 추억이 있는 대구 여기에서, 옛 동창들을 모아놓고 파티 겸 마지막으로 쓸쓸한 사망의 길로 가려고 하는 자기의 인상을 남기기 위한 눈물겨운 크리스마스이브가 된다.

18. 옛 동창 앞에서 자기선전을 한다. J 자신이 자기를 극도로 과장해서 선전하며 현실적으로 이루어지지 않으리라고 믿었지만 이 선전을 통해 얼마 안 있으면 곧 되는 것처럼 J 동창들에게 과장해서 자랑하며 실로 어처구니없는 미래의 자기 위치를 설명한다. 즉, 기능공에 대한 교육기관을 건축하고 오락시설을 겸비하며 기능공에 대한 사회적 지위 문제, 내일의 한국 어머니로서 갖추어야 할 인격 완성 등, 기능공들을 위한 이러한 여러 가지 요건을 갖추는 데 필요한 금액의 출처, 금액을 마련하는 방법 등을 이야기한다. 여기에서 일동은 잠시나마 벅찬 감격을 느낀다. J 자신도 자기 자신이 정말 그렇게 되는 줄로 잠시나마 생각하다가 자기만이 느끼는 사회 환경에 몸서리치면서 자기의 원 계획대로 몇 개월 후의 자기 위치를 설명한다.

19. 상경하여서 J가 피부로 느끼는 사회의 반응과 마지막을 위한 환경 정리.

20. 친구들이 J를 대구에서 기다린다. 약속 날짜는 4월 19일. 여기에 날아드는 유서 한 장.

이 소설작품 구상의 주제인 '자유와 방종'에 있어서 '자유'라 함은 참된 자유, 인간으로 살기 위한 자유를 뜻하는 것으로 보아도 좋을 것이다. 그것은 또한 억압받는 자의 자유를 뜻하기도 한다. '방종'이라 함은 '자유'라는 허울 밑에 방치되고 있는 야만적 무정부적인 탐욕, 무제한적인 이윤추구의 자유(!), '사기업의 자유'라는 간판 아래 인간성을 파괴하는 착취와 억압의 횡포를 뜻한다. 그리고 이러한 '현세대의 사회적 성격'에 반항하는 그의 몸부림이 작품의 주제인 것이다.

그의 반항은 그 자신이 억압의 현실 아래 고통받는 자의 하나였기 때문에 비롯된 것이지만, 그의 몸부림이 일어나게 된 계기는 "인간성을 유린 당하고 있는 B"라는 한 여공의 참상에 충격을 받은 데 있다. 그 자신의 고통, 그리고 이웃에 대한 인간적인 애정과 관심이 그를 눈뜨게 하고 반항으로 몸부림치게 만든 것이다.

몸부림이 진행되는 과정에서 그는 하나하나 현실의 벽에 부딪혀 가고, 마침내는 부와 권력의 결합체가 지배하는 전체 사회현실의 거대한 덩어리가 인간성을 파괴하는 야수적인 힘으로 작용하고 있다는 것을 깨닫게 된다. 이 거대한 힘은 인간성을 위해 몸부림치는 그 자신을 꼼짝 못하게 얽어두고 있는 굴레였다. 여기서 그는 "J(그 자신)를 중심으로 얽매여 있는 사회현실에 견딜 수 없는 구속감"을 느끼고 "본능적으로 이런 환경에서 벗어나보려고 방황"한다.

오랜 공상과 방황이 모두 끝났을 때 그는 자신의 인간적인 책임을 완수하기 위하여 만난을 극복하고 싸워야 한다는 것을 다시 확인하고, 그 앞에 남겨진 마지막 투쟁의 길이 죽음의 길이라는 것을 깨닫는다.

그는 이 작품 구상을 쓴 후로 삼각산에 올라가 노동을 하면서 죽음을 위한 마지막 마음의 정리를 하고 내려와서, 다시 평화시장의 투쟁 속으로 뛰어들었다. 그는 어째서 최후의 투쟁 방법으로 죽음을 택하였는가, 아니 택할 수밖에 없었을까?

그것은 우리 사회의 특수한 성격과 관련이 있는 문제이다. 세계의 어떤 곳, 어떤 시대의 노동운동의 역사에서도, 분신항거를 투쟁 방법으로 택한 예는 아마도 없을 것이다. 또 그런 일은 없어야 마땅할 것이다. 물론 목숨을 걸고 싸운 노동운동가들이 없었던 것은 아니지만, 스스로의 목숨을 스스로 끊음으로써 노동운동을 전진시키려고 한 노동자는 없었다. 어느 시대, 어느 사회에서건 참된 노동운동의 길은 결코 평탄하지 않다. 그러나 6·25 이후의 한국사회만큼 노동운동이 처절한 불모지였던 곳이 있었을까?

제2차 세계대전 후의 한반도는 강대국 냉전의 제물로 떨어진 세계 사상 유례가 드문 치열한 이데올로기의 격전장이었다. 좌우익이 대립한 동족전쟁에서 수십만, 수백만의 사람들이 희생되고 학살되었다. 그리고 한반도의 남쪽에는 친미파인 우익정부가 자리 잡고 좌익세력을 철저하게 말살해버렸다. 이 과정은 물론 그것으로 그치지 않고 좌익 탄압을 핑계삼아 일체의 비판세력 제거, 일체의 대중운동 말살로 연결되었다.

이때부터 한국 노동운동의 오랜 침묵이 시작되었다. "노동운동이란 곧 좌익운동"이라는 역사적인 낙인이 찍혔고, 노동운동이니 노동자니 하는 '노'자만 발음해도 사람들은 '빨갱이'로 몰릴 두려움에 사로잡히게 되었다. 물론 표면적으로는 노동조합도 있고 노동운동이란 용어가 아주 사라진 것도 아니다. 그러나 그것은 모두 이승만 시대부터 정치권력의 철저한 통제 아래 놓인 어용단체, 어용운동에 불과한 것이다.

이러한 풍토 아래서 노동운동은 장기간 불모지대로서 존속할 수밖에 없었다. 6·25 이후의 오랜 기간 동안, 사회의 모든 계층의 사람들 대부분이 보신책에 급급한 피해망상증 환자가 되어 노동운동은 생각도 말아야 할 터부(禁忌)가 되었다. 야당은 물론이요, 권력에 대해서 다소 비판적인 지식인들도 노동문제만은 언급하기를 꺼리게 되었고, 노동자들 자신도 아예 참된 노동운동에 관심을 가지지 않는 것이 득책(得策)으로 되어버렸다.

전태일의 외로운 투쟁은 바로 이와 같은 가열한 탄압과 무거운 침묵의 시대에 전개되었다. 그것은 세상 사람들의 눈으로 보자면 그야말로 '바보' 짓이리만치 무모한 것이었다. 그것은 도대체 될 일이 아닌 것 같았다. 그가 싸우면 싸울수록, 그는 일층 무거운 벽에 부딪혀갔다. 그가 아무리 외쳐도, 아무리 싸워도, 세상은 관심조차 기울이려 하지 않았다. 심지어는 동료인 노동자들까지도 적극적으로 그와 합세하여 투쟁에 나서려 하지 않았다.

이처럼 역사상 그 유례를 찾기 어려운 혹독한 상황에다 노동자들의 참상에 대한 대중의 무관심과 무기력으로 보아, 그는 생명을 건 투쟁이 아니고는 이 철벽을 돌파할 수 없으리라고 판단했음이 틀림없다. 그래서 상황이 이렇게나 혹독하지 않았던들, 그리고 대중이 이렇게나 무관심하고 무기력하지 않았던들, 그가 이런 극단적인 투쟁방법을 택하지 않았을 것이다. 이런 점에서 그의 죽음은 스스로 선택한 것이라기보다 당시의 암울한 시대상황에 의해 강요된 것이라고 보아야 한다.

1970년 10월 7일, 그는 모처럼 만에 세상의 무관심의 벽의 일각을 뚫는 데 성공했다. 그는 새로운 희망을 가졌다. 그러나 그 희망은 잠시 반짝이다가 다시 사라지려 하였다. 신문보도로 인해 잠시 평화시장 노동자들의 참상에 관심을 가지는 듯했던 사회여론은 다시 잠잠해지려 하고 있었다. 잠시 동요되었던 노동청과 기업주들은 몇 차례 노동자들을 속이며 시간을 끌다가 사회의 관심이 평화시장에서부터 멀어지자 다시 배짱을 내밀었다. 오히려 경찰까지 끼어들어 제약은 더욱 심해졌다. 10월 7일 이후 한동안 술렁대던 노동자들은 다시 깊은 체념의 늪 속으로 빠져들고 있었다.

10월 24일의 데모가 실패로 돌아간 데에는 여러 가지 원인이 있었겠지만, 무엇보다도 결정적인 것은 노동자들의 투쟁 자세가 확고하지 못한 데 있었다.

기업주들이 작업장의 문을 닫고 내보내지 않았다고 해서 노동자들이 왜 그것을 뚫고 나오지 못했던 것인가? 경비원과 형사들 수십 명이 곤봉으로 막는다고 해서 왜 수백 명이나 모인 노동자들이 순순히 해산당해야만 했던가? 삼동회 회원들은 어째서 확고한 자세로 모인 노동자들을 규합하여 데모를 결행하지 못하고, 기업주·경비원·형사들의 눈을 피해 뿔뿔이 흩어져 우물쭈물하고 있었는가? 이와 같이 노동자들이 흔들리고 우물쭈물하였기 때문에, 노동청과 기업주 측에서는 노동자들의 투쟁을 깔보고 점차로 무성의한 태도를 나타낸 것이다.

10월 24일 데모 이후 전태일은 더 이상 기업주 측의 약속을 믿지 않았다. 11월 7일까지 기다려보기로 한 것은 친구들이 흔들리는 것을 보고 다시 그들이 타협적인 태도를 청산하고 싸움에 나설 기회를 기다린 것에 불과했다. 그날 2층 경비실에서 내려오면서 그는 옆에 있는 한 친구를 돌아보고, "11월 7일까지 개선이 안 되면 어떻게 하겠느냐?"라고 물었다. 그 친구는, "그러면 다시 한판 벌이는 거다"라고 대답했다. 전태일은 고개를 끄덕거리면서, 이번만큼은 몇 사람의 희생을 각오하고라도 반드시 데모를 성공시키도록 하자고 다짐하였다.

이 어려운 상황에서 모든 것을 내거는 단호한 투쟁이 아니고서는 아무것도 이루어질 수 없다는 것을 그는 절실히 느끼고 있었다. 억압의 벽 아래에서 인간의 고통에 대한 모든 인간적인 관심을 포기하고 침묵하고 있는 사회의 저 두터운 무관심의 벽을 깨뜨리는 것도, 진정서나 말로 하는 호소로 가능한 것이 아니라 오직 불타는 육탄(肉彈)의 항의로 가능하다는 것을 그는 절실히 깨달았다. 억눌리고 있는 모든 사람들로 하여금 마음껏 통곡하게 하고, 그리하여 그들이 위축과 좌절을 떨쳐버리고 일어서게 하려고, 그는 병든 육신을 통곡의 횃불에 바치기로 한 것이었다.

칠흑 같은 어둠 속에서도 불꽃은 모든 사람들의 눈에 빛을 던진다. 불꽃이 아니면 침묵의 밤을 밝힐 수 없다. 허덕이며 고통의 길로 끌려가고 있는 노동자들에게 삶의 길을 비추는 것은 오직 불꽃뿐, 불타는 노동자의 육탄뿐.

얼음처럼 굳고 굳은 착취와 억압과 무관심의 질서를 깰 수 있는 것은 오직 죽어가는 노동자의 참혹한 모습을 적나라하게 고발하는 불꽃뿐이었다. 당시의 시대 상황에서는 이렇게밖에 할 수 없었다.

전태일은 자신의 죽음이 결코 헛되지 않으리라고 믿었다. 그것은 인간성에 대한 신뢰 때문이었다고 해도 좋다. '원섭에게 보내는 편지'에서 그는 "……뭉친 덩어리를 분해하기 위해 아름다운 색깔의 향을 피우겠다"고 하면서, 그 향내를 맡으면 덩어리는 저절로 풀어져서 다시는 뭉칠 생각을 아니할 것이라고 하지 않았던가? 원섭에게 그는 "너는 또한 보지 않을 수 없을 걸세"라고 말하지 않았던가?

대학가 근처에 살면서 그는 학생들이 자유와 정의와 인간의 존엄을 부르짖으며 시위하는 광경을 수없이 목격해왔다. 노동청 기자들이 자신에게 격려의 말을 던지고 협조를 약속하여 그것이 마침내 평화시장에 관한 신문보도로 발전하였을 때에, 그는 불의한 억압의 손길에 의해 강요되었던 침묵은 반드시 깨어질 수 있다는 확신을 얻었다. 그리고 그는 보았다. 10월 7일의 신문보도를 접한 평화시장 노동자들의 솟구쳐 오르는 분노와 자각의 물결. 당황한 억압자들의 동요. 더구나 때는 바야흐로 대통령선거를 눈앞에 두고 여론이 힘을 발휘하는 절호의 기회였다.

여기서 그는 그의 죽음이 어떤 성과를 거두리라는 것을 확신하게 되었던 것 같다. 이 무렵 그는 친구들에게 간간이 지나가는 말처럼, "나 하나 죽어지면 뭔가 달라지겠지……" 하고 말하는 일이 잦았다.

그는 마침내 '서로간의 사랑'을 나누면서 사는 사회의 건설을 위해 목숨을 걸고 저항하기로 했다. 이 결단은 인간에 대한 사랑이다.

전태일의 사랑의 결단은 바로 인간답게 살려는 삶의 의지의 폭발이
었다.

전야

11월 13일을 며칠 앞두고부터 전태일은 마음이 고요하지를 못했다.
근로기준법을 화형에 처하기로 했다……. 그렇게 소중하게 품속에
간직하고 다니던 책. 쏟아지는 졸음을 쫓아내며 뚫어지게 보고 또
보던 책. 그의 모든 희망의 원천이었던 노동자들의 권리의 장전(章
典). 그것을 불태워버리기로 했다.

　근로기준법이 있어서 노동자들이 살 수 있게 된 것이 아니라, 근
로기준법이 있기 때문에 노동자들의 참상은 더욱더 숨겨졌다. 전태
일의 가슴은 더욱 분노로 터졌던 것이다. 있으나 마나한 법, 한 장의
휴지조각―8시간 노동제는 다 무엇이며, 주휴제, 야간작업 금지,
시간외 근무수당, 월차휴가, 연차휴가, 생리휴가, 해고수당 따위가
다 무엇인가? 누구를 위한 법이며 무엇을 위해 존재하는 법이란 말
인가?

　"평화시장을 보라!"

　전태일은 그렇게 말하고 싶었다. 국민의 혈세를 받으며 노동자들
의 피와 땀 위에 선 정부가 뻔히 지켜지지 않고 있는 줄 알면서 가장
노동자들의 권리를 보호하는 척하며, '근로기준법'이라는 빛 좋은
개살구를 내세우고 있는 그 더러운 위선을 발가벗겨 폭로하고 공격

하고 싶었다. 노동자들에게, 그리고 인간다운 삶을 바라는 모든 사람들에게, 그들의 권리는 종잇조각에 지나지 않는 그 허울 좋은 법조문에 의하여 지켜지는 것이 아니라 오직 그들 스스로의 불굴의 투쟁에 의해서만 쟁취되고 지켜지는 것이라는 진리를 일깨우고 싶었다.

며칠째 불기가 꺼진 얼음장 같은 방바닥 위에서 전태일은 지그시 그의 손때로 까맣게 절어 있는 근로기준법 책, 심태식 저 『축조 근로기준법 해설』을 노려보았다. 저 해진 책과 함께 그의 병든 육신의 생명도 이제 불길 속에 휩싸여 사라질 날이 가까워졌다. 그 무슨 기이한 인연이란 말인가?

고난과 시련의 연속이었던 스물두 해의 생애. 그러나 아직 스물둘의 젊음…….

어머니를 생각하면 가슴이 찢어지는 듯 아팠다. 며칠 후면 아시게 될 것이다……. 그때에 올 무서운 충격. 그것을 줄여야 하겠다고 생각했는지 그는 이즈음 어머니에게 평소에는 하지 않던 몇 가지 이야기를 했다.

"어머니, 시장 일이 아무래도 크게 한판 벌여야 하게 생겼어요."

"왜? 네가 안 하면 안 되니? 제발 서른 살 될 때까지라도 좀 참아라. 이 에미가 불쌍하지도 않나?"

"허 참, 어쨌든 안 할 수는 없게 되었으니, 요번 13일날 1시에 국민은행 앞으로 나와서 꼭 구경하세요. 어쩌면 아들 얼굴 오랫동안 못 보게 되실지도 모르니……."

"그건 또 무슨 소리냐? 잡혀간단 말이냐? 아니면 네가 죽기라도 한단 말이냐?"

"그런 게 아니라, 한판 왕창 벌이고 나서 불리해지면 어디 일본 같은 데로 밀항이라도 해야 될지 모르잖아요. 그러고 나면 평화시장 근로개선 운동은 어머니가 내 대신 좀 해주세요."

"듣자듣자 하니 별소리 다 듣겠다."

어머니는 불안했다. 이즈음 태일의 거동이 어딘지 모르게 수상한 구석이 있었다. 어느 날 혼자서 방 청소를 하고 있을 때 근로기준법 책이 눈에 띄었다. '보기만 해도 징그러운' 책이었다. 그날따라 꼭 저놈의 책 때문에 무슨 일이 날 것만 같은 불길한 예감이 전류처럼 온몸을 휩쌌다. 어머니는 책을 집어서 부엌에 걸려 있는 빈 솥 안에다가 숨겼다. 어머니의 기억으로는 이때가 11월 11일.

11월 12일 아침. 이날은 전태일이 그의 어머니와 동생이 살고 있는 집을 영원히 떠나는 마지막 날이었다. 그날 밤은 13일 날 사용할 플래카드를 만들기 위하여 친구집에서 보내야 했기 때문이었다. 아침에 그는 집을 나서야 했다.

집을 떠날 때, 전태일의 모습은 가족들이 보기에 참으로 이상하였다. 그는 평소에 옷차림 같은 것에 별로 신경을 쓰지 않고 아무렇게나 텁수룩한 모습으로 다니는 편이었는데, 그날 아침따라 유난히 깨끗한 차림새를 갖추려고 애를 쓰는 것이 아닌가? 간밤에 잠을 잤는지 안 잤는지 알 수 없었으나, 새벽부터 일어나 정성스레 세수를 하고 방을 깨끗이 정돈하고, 그리고는 거울 앞에서 머리를 몇 번 빗고, 작업복 바지도 새로 다리고 평소에는 입지 않던 헌 검정 바바리 코트를 꺼내어 먼지를 깨끗이 털고 입었다. 그렇게 차림새를 갖추면서도 낯빛은 몹시 침울해 보였다.

얼마 후 그는 무엇을 찾는 듯이 두리번거렸다. 말할 것도 없이 근로기준법 책이었다. 한참 동안을 혼자 찾아 헤매던 그는 어머니에게 책을 어디에다 감추셨느냐고 하면서 기어이 찾아내달라고 졸라댔다. 어머니는 모르겠다고도 하다가, 또 그 책 때문에 아무래도 사고가 날 것 같아서 내다버렸다고도 하다가, 나중에는 제발 그놈의 책 이제 그만 가지고 다니라고 애원도 해보았다. 그러나 태일은 "다른 것은 다 어머니 말씀대로 할 수 있어도 이 일만은 어쩔 수 없는 일"이라고 하면서, 책을 안 내준다고 화까지 내었다. 어머니는 하는 수 없다고 체념하고 책을 꺼내주었다. 책을 받아든 그는 "죄송하다"고 하면서 무엇을 더 말하려는 듯 잠시 머뭇거리다가 곧 입을 굳게 다물고 침울한 표정으로 한참 동안이나 묵묵히 앉아 있었다.

밥상이 들어왔다. 라면이었다. 말없이 식사를 하고 있는 그를 보고, 여동생 순옥이 옆에 앉아 있다가 조심스레 "오빠, ……15일까지 돈 좀 안 될까?" 하고 물었다. 이 말을 듣고 태일은 고개를 떨구었다. 눈물이 앞을 가렸던 것일까? 그는 "순옥아……미안하구나" 하는 한마디를 남기고는 젓가락을 놓고 일어서서 방문을 나섰다.

따라서 일어서는 순옥을 등진 채로 그는 다시, "순옥아, 며칠만 기다려라, 곧 월급을 타올 테니……. 그리고 순옥아, 아무리 살기가 어렵더라도 어머니께 돈 때문에 졸라대지 않도록 해라"하였다.

이 순간 그의 가슴을 찢는 통곡을 우리가 말로써 표현할 수 있을까? 어떻게 무엇이라고 표현한단 말인가? 가족들에 대한 죄책감이 죽음의 길을 떠나는 이 마지막 순간에까지 그의 심장을 비수처럼 후벼팔 때, 그것은 과연 누구의 탓이었던 것일까?

전태일은 막내동생 순덕이의 머리를 한 번 쓰다듬고는 집을 나섰다.

내 죽음을 헛되이 말라

1970년 11월 13일.

그날은 아침부터 옅은 잿빛 구름이 하늘을 덮고 있었다.

평화시장 일대에 감도는 긴장감은 10월 24일 데모 때보다 더욱 짙었다. 경비원들은 전보다 더 불어나 있었고 출동한 경찰대가 이곳저곳에 삼엄하게 진을 치고 있었다.

낮 1시.

각 작업장에서는 업주들이 종업원들에게 "오늘 몇몇 깡패 같은 놈들이 주동이 되어 좋지 못한 움직임이 있으니 절대로 가담해서는 안 된다"고 주의를 주고 있었다. 경비원과 형사들은 국민은행 앞길로 통하는 통로를 막고 노동자들을 못 나오게 하였다. 그러나 삼동회의 그동안의 동원 활동이 활발하였던 때문인지, 삽시간에 약 500명의 노동자들이 국민은행 앞길에서 웅성거렸다.

이 시각 삼동회 회원들은 형사들의 눈을 피하여 평화시장 건물 3층의 어둠침침한 복도의 한구석에 모여 서서 아래를 내려다보며 상황을 살피고 있었다. 회원 중 몇 사람은 이미 시장 경비원들에게 끌려가서 회사 사무실에 감금되어 있었다. 그날 아침 플래카드 제작 책임을 맡았던 전태일과 또 한 사람의 회원은 준비된 플래카드를 몸에 감아 옷 속에 감추어 시장에 나왔다.

1시 30분경.

그들은 플래카드를 꺼내어 펼쳐 들고 아래로 내려갔다. 2층 복도까지 왔을 때 형사 두 사람이 뛰어와서 플래카드를 빼앗으려 하였다. 전태일은 무어라고 소리치며 빼앗기지 않으려고 몸부림쳤다.

"우리는 기계가 아니다!"라고 씌어진 플래카드를 두고, 빼앗으려는 자와 빼앗기지 않으려는 자 사이에 밀치고 당기는 실랑이가 벌어졌다. 그 통에 종이로 만든 플래카드는 쉽게 찢어졌다. 몇 명의 회원은 형사들에게 심하게 얻어맞고 끌려갔다. 나머지 회원은 바싹 약이 올라서 "좋다! 플래카드 없으면 못할 줄 아느냐!"고 소리를 치며 국민은행 앞길로 뛰어 내려가려 하였다.

이때였다. 전태일은 몹시 심각한 표정으로 친구들을 향하여, "너네들 먼저 내려가서 담뱃가게 옆에서 기다려라. 난 좀 있다 갈 테니" 하였다.

친구들은 다소 의아하게 생각하였지만, 그의 말에 따라 그를 혼자 남겨두고 국민은행 앞길로 내려갔다. 그들이 그곳에 도착하였을 때 웅성거리던 500여 명의 노동자들은 경비원들과 경찰의 몽둥이 앞에 밀리며 이리저리로 왔다갔다 하고 있었다. 사전에 연락을 해두었건만, 신문기자들은 아직 나타나지 않았다. 먼저 내려온 회원들은 전태일이 내려오기를 기다리며 담뱃가게 옆에 서 있었다.

약 10분 후에 전태일이 근로기준법 책을 가슴에 품고 내려왔다.

전태일이 몇 발자국을 내딛었을까? 갑자기 전태일의 옷 위로 불길이 확 치솟았다. 불길은 순식간에 전태일의 전신을 휩쌌다. 불타는 몸으로 그는 사람들이 아직 많이 서성거리고 있는 국민은행 앞 길로 뛰어나갔다.

"근로기준법을 준수하라!"

"우리는 기계가 아니다! 일요일은 쉬게 하라!"

"노동자들을 혹사하지 말라!"

그는 몇 마디의 구호를 짐승의 소리처럼 외치다가 그 자리에 쓰러졌다. 입으로 화염이 확확 들이찼던 것인지, 나중 말은 똑똑히 알아들을 수 없는 비명으로 변하였다.

이렇게 근로기준법의 화형식이 이루어졌다.

쓰러진 전태일의 몸 위로 불길은 약 3분가량 타고 있었는데, 너무나 뜻밖의 일이라 당황하여 아무도 불을 끌 엄두를 못 내었다. 그러다가 한 친구가 뛰어와서 무어라고 소리를 지르며 잠바를 벗어서 불길을 덮었다. 불은 꺼졌다.

흩어져가던 노동자들과 길 가던 행인들까지도 갑자기 일어난 불길을 보고 와서 웅성거렸고, 뒤늦게 평화시장에 나타났던 기자들도 뛰어와서 수첩을 꺼내들고 취재를 하기 시작했다.

"내 죽음을 헛되이 말라!……!……!"

그것은 지옥 끝에서도 볼 수 없을 것 같은 실로 참혹한 풍경이었다. 그의 몸은 옷의 엉덩이 부분을 제외하고는 전신이 숯처럼 시커멓게 타고, 온 살결은 화상으로 터지고, 그의 눈꺼풀은 뒤집히고, 입술은 퉁퉁 부르터서 그를 낳고 22년 동안 기른 어머니라 할지라도 누구인지를 식별할 수 없을 정도의 모습이었다. 인간의 모습이라고는 할 수 없는 그 참혹한 몰골로, 그는 마지막 남은 생명의 힘을 다

짜내는 듯 야차(夜叉)처럼 울부짖었는데, "내 죽음을 헛되이 말라!"
는 외마디소리를 제외하고는 도저히 알아들을 수가 없었다.

기자들이 그의 곁으로 다가섰다. 인터뷰였다. 참혹한 인터뷰였다.

그들은 아마 "동기가 무엇이냐"고 묻는 듯했다. 전태일은 무어라
고 입술을 움직거렸는데 발음이 잘 이루어지지 않았다. 그는 까맣
게 탄 얼굴 근육을 실룩거렸는데, 우는 것인지 웃는 것인지 분간할
수가 없었다. 잠시 후 그는 또다시 길바닥 위에 쓰러졌다.

앰뷸런스가 왔다. 친구 두 사람이 그를 들어 차에 올려놓았다. 그
는 인근의 한 병원(메디컬센터)으로 옮겨졌다. 이때가 오후 2시경.

한 재단사가 분신했다는 소문은 순식간에 평화시장 일대에 퍼졌
다. 그러나 대부분의 노동자들은 무엇 때문에 그런 일이 일어났는
지 알지 못하고 있었다. 국민은행 앞길 부근의 행상들이나 길 가던
행인들은 분신 현장으로 몰려들어 구경을 하고 있다가 참혹한 광경
에 낯을 찌푸리고 하나둘 돌아서고 있었다.

소식을 듣고 여기저기 흩어져 있던 재단사들과 그밖에도 그들이
하는 일을 알고 있었던 수십 명의 노동자들이 달려왔다. 그들만은
이 죽음이 무엇을 뜻하는지를 알 수 있었던 사람들이었다.

2시 30분경.

그들은 미친 듯이 울부짖으며 데모를 벌이기 시작했다.

"우리는 기계가 아니다!"

"누가 전태일을 죽였는가?"

"우리도 사람이다. 16시간 노동이 웬 말이냐?"

플래카드가 없었다. 빼앗기고 없었다. 빼앗긴 플래카드 대신, 최

종인을 비롯한 몇몇 삼동회원들이 손가락을 깨물어 혈서를 썼다. 피로 쓴 플래카드를 펼쳐 들고 분노에 미친 젊은 노동자들은 긴급 출동한 기동경찰과 혈투를 벌이면서 동대문 쪽으로 밀려갔다.

잠시 후 그들은 경찰의 곤봉 아래 머리가 깨어지고 구둣발에 짓밟히면서 경찰서로 개처럼 끌려갔다.

병원으로 옮겨진 전태일은 응급치료를 받았는데, 온몸을 붕대로 감아 사람을 알아볼 수 없을 지경이었다. 그가 병원으로 실려 갈 때, 그의 친구 하나가 쌍문동 태일이네 집으로 달려가서 어머니를 모시고 왔다. 그 친구는 태일의 어머니 이소선 씨에게 사건 경위를 약간 이야기하고, 그러나 생명에는 아무 지장이 없을 것 같으니 크게 염려하실 것 없다고 하였는데, 이소선 씨는 헐떡거리고 달려와서 전갈을 해주고 있는 아들 친구의 얼굴이 백지장처럼 하얗게 질려 있는 것을 보고는 모든 것을 각오했다.

그녀가 병원 안으로 뛰어들어가니 어디가 어딘지 정신을 차릴 수 없었다. 어디선가 "선생님! 물 좀 주시오!" 하는 고함소리가 들려왔다. 그녀는 즉각적으로 그것이 아들의 음성임을 알았다.

소리가 나는 곳으로 달려가서 "태일아!" 하고 불렀다. 태일은 어머니가 오신 것을 알고는 어머니와 함께 병실 문을 들어서는 친구를 향하여, "엄마한테 연락하지 말지……" 하면서도 무척이나 반가운 듯하였다.

"어머니, 놀라시면 안 됩니다."

태일이 어머니에게 한 첫마디는 이것이었다. 어머니가 말없이 고개를 끄덕이고 나서 아들의 얼굴을 만져보니 이미 다 굳어 있었다.

팔과 다리도 굳어서 펴지지가 않았다. 그러나 화기(火氣)는 약간 가신 듯, 말소리만은 또랑또랑한 것을 보고 어머니는 외상이 심할 뿐 죽지 않을 수도 있지 않을까 하는 실낱같은 희망을 가져보려 애썼다. 그러나 역시 죽을 것 같았다.

마음을 가라앉히려고 애쓰면서 어머니는 죽어가는 아들의 가슴에 손을 얹고 기도했다.

"근로자를 위하여 애쓰는 태일이의 뜻이 이 모양으로 해서만 이루어질 수 있다면, 하나님 뜻대로 하옵소서. 참새 한 마리도 당신의 뜻이 아니고는 떨어질 수 없다고 하였으니, 이 가엾은 목숨도 당신 뜻대로 하소서."

기독교 신자인 어머니는 가슴에 품고 온 성경책을 아들의 머리맡에 놓아주었다. 그러는 어머니의 얼굴을 쳐다보며 전태일은 말했다.

"어머니 담대하세요. 마음을 굳게 가지세요. 그래야 내가 말을 하겠습니다……"

어머니는 고개를 끄덕였다. 그것을 보고 아들은 말을 계속했다.

"어머니, 우리 어머니만은 나를 이해할 수 있지요? 나는 만인을 위해 죽습니다. 이 세상의 어두운 곳에서 버림받은 목숨들, 불쌍한 근로자들을 위해 죽어가는 나에게 반드시 하나님의 은총이 있을 것입니다. 어머니, 걱정 마세요. 조금도 슬퍼 마세요. 두고두고 더 깊이 생각해보시면 어머니도 이 불효자식을 원망하지 않을 것입니다. 어머니, 저를 원망하십니까?"

어머니는 웬일인지 마음이 착 가라앉았다. 흉하게 탄 아들의 얼

전태일의 장례식
(1970년 11월 18일)

굴에서 눈도 돌리지 않고 태연하게 말했다.

"나는 너를 이해한다. 어찌 원망하겠니? 원망하지 않는다."

아들은 빙그레 웃었다.

"역시…… 우리 어머니는 나를 이해해."

한마디를 하고는 손을 내밀려는 듯 몸을 움칫하다가 되레 잠잠해지며, "어머니, 내가 못다 이룬 일 어머니가 꼭 이루어주십시오" 하였다.

못다 이룬 일 어머니가 꼭 이루어달라는 아들의 이 한마디는 어머니의 가슴에 깊이 파고들어 박혔다. 입술을 깨물어 그 말을 되새기면서 어머니는 아들에게 약속했다.

"그래, 아무 걱정 마라. 내 목숨이 붙어 있는 한 기어코 내가 너의 뜻을 이룰게."

태일은 "어머니, 정말 할 수 있습니까?" 하고 세 차례나 되물었다. "그래, 기필코 하고 말겠다"는 어머니의 대답을 듣고 나자, "약속합니다!" 하고 소리치며 움직이지도 않는 몸을 움직이려고 하였다. 그러는 아들을 가만있으라고 제지하고 나서, 어머니는 그때서야 이대로 얘기만 하고 있을 것이 아니라, 의사를 만나 어떻게 될 것인지를 물어보고 치료를 부탁해야 되겠다는 정신이 들었다.

그때 전태일은 어머니에게 친구들을 좀 불러달라고 부탁하였다. 병원에 와 있던 서너 명의 친구들이 그의 머리맡으로 다가섰다.

"……자네들, 부모에게 효도해야 하네. 뭐니뭐니 해도 사람이란 부모에게 잘못하면 안 돼. ……너희 부모들께 효도하고, 그러고 조금 시간이 남으면 우리 어머님께도 날 대신해서 효도를 해주게.

……우리가 하려던 일, 내가 죽고 나서라도 꼭 이루어주게. 아무리 어렵더라도, 절대로 포기해서는 안 되네. 쉽다면 누군들 안 하겠나? 어려울 때 어려운 일 하는 것이 진짜 사람일세. 내 말 분명히 듣고 잊지 말게. 내 죽음을 헛되이 말라!"

이렇게 당부하면서 전태일은 친구들에게 대답을 요구했다. 친구들은 잠시 아무 말도 나오지 않았다. 전태일은 벌떡 일어나려고 하면서 큰소리로, "왜 대답하지 않는가!" 하고 외쳤다. 놀란 친구들이 급히 그를 제지하여 그대로 누워 있게 하고는, 북받치는 울음을 삼키며 "네 말대로 꼭 하겠다"고 대답하였다. 그러자 전태일은 다시 친구들에게 "큰소리로 맹세하라"고 요구하였다.

"맹세한다!"

전태일의 친구들은 큰소리로 외쳤다. 그때서야 전태일은 눈을 감으며 잠잠해졌다.

전태일의 어머니는 추워서 떨고 있는 아들에게 치마를 벗어 덮어주고는 의사에게로 갔다. 의사의 말로는 15,000원짜리 주사 두 대만 맞으면 우선 화기는 가시게 할 수 있다고 하였다. 어머니는 훗날 집을 팔아서라도 갚을 터이니 그 주사를 맞게 해달라고 의사에게 매달렸다. 의사는 한동안 말이 없다가, 그러면 근로감독관에게 가서 보증을 받아오라고 했다. 분신 소식을 듣고 노동청에서 평화시장으로 급히 파견되었던 근로감독관 한 사람이 병원에까지 전태일을 따라와 있었다.

어머니는 근로감독관에게로 가서 보증을 서줄 것을 부탁했다. 그

러나 그는 "내가 무엇 때문에 보증을 서요?" 하고 통명스레 내뱉고
는 도망치듯 그 자리를 피해버렸다. 이 악착같은 말썽꾼이 미워서
였을까, 아니면 노동청으로부터 전태일을 살릴 것 없다는 무슨 지
시라도 받고 있었던 것일까?

어머니가 다시 의사에게로 가서 애원을 하니 의사는 고개를 흔들
며, "그 약이 지금 여기에는 없으니 성모병원으로 옮기도록 하라"고
했다. 이때까지 전태일은 간단한 응급치료만 받았을 뿐 서너 시간
그대로 방치되어 있었다.

하는 수 없이 명동 성모병원으로 옮기기로 했다. 이때 근로감독관
이 다시 나타나 전태일들과 같은 차를 타고 성모병원으로 갔다. 차
안에서 전태일은 근로감독관이 어머니와 하는 소리를 듣고 나서는,
"사람이 그럴 수가 있습니까? 감사가 끝났다고 그렇게 배신할 수가
있소? 내가 죽어서라도 기준법이 준수되나 안 되나 지켜볼 것이오"
하면서 차를 타고 가는 동안 내내 조금도 가만히 있지를 않았다.

성모병원에서는 그를 응급실에 얼마간 두었다가 입원실로 옮겼
는데, 이미 의사의 진단은 회생할 가망이 없다는 것이었다. 입원실
에서도 별다른 치료를 해보지 못하고 거의 환자를 방치해두다시피
하였다.

어머니는 내내 옆에 서서 죽어가는 아들의 모습을 지켜보고 있었
다. 전태일은 목이 마르다면서 물을 달라고 수없이 졸라대었다. 그
러나 어머니는 물을 마시면 화기가 입속으로 들어가서 영영 살릴
수 없게 된다는 생각에 물을 줄 수가 없었다. 나중에는 차마 눈을 뜨
고 볼 수가 없어서 갈증이라도 면하게 해주려고 가제에 물을 적셔

서 입을 축여주었다.

저녁이 되면서부터 전태일은 기력이 탈진해가는 듯 잠잠하게 누워 있었다. 한동안 혼수상태에 빠진 듯하더니 눈을 떠서 힘없는 소리로 "배가 고프다……"라고 하였다. 12일 아침 집에서 라면 한 그릇 먹고 나간 후로 이틀 동안 아무것도 안 먹고 굶었던 그였다. 아니, 평생을 굶주림으로부터 벗어나보지 못했던 그였다. 이 한마디, 그의 스물두 해의 고통을 말해주는 이 한마디가 그의 마지막 말이었다.

밤 10시가 조금 지나 간호원이 침대를 옮기려는 순간, 그는 고개에 힘을 주려고 하다가 숨이 막혀 운명하였다.

청옥 시절의 동창들에게 보내는 편지의 형식으로 그가 우리 모두에게 남긴 유서의 전문은 다음과 같았다.

사랑하는 친우(親友)여, 받아 읽어주게.

친우여, 나를 아는 모든 나여.

나를 모르는 모든 나여.

부탁이 있네. 나를, 지금 이 순간의 나를 영원히 잊지 말아주게.

그리고 바라네. 그대들 소중한 추억의 서재에 간직하여주게.

뇌성 번개가 이 작은 육신을 태우고 꺾어버린다고 해도,

하늘이 나에게만 꺼져 내려온다 해도,

그대 소중한 추억에 간직된 나는 조금도 두렵지 않을 걸세.

그리고 만약 또 두려움이 남는다면 나는 나를 영원히 버릴 걸세.

그대들이 아는, 그대 영역(領域)의 일부인 나.

그대들의 앉은 좌석에 보이지 않게 참석했네.

미안하네. 용서하게. 테이블 중간에 나의 좌석을 마련하여주게.

원섭이와 재철이 중간이면 더욱 좋겠네.

좌석을 마련했으면 내 말을 들어주게.

그대들이 아는, 그대들의 전체의 일부인 나.

힘에 겨워 힘에 겨워 굴리다 다 못 굴린,

그리고 또 굴려야 할 덩이를 나의 나인 그대들에게 맡긴 채.

잠시 다니러 간다네. 잠시 쉬러 간다네.

어쩌면 반지(指環, 金力을 뜻함)의 무게와 총칼의 질타에

구애되지 않을지도 모르는, 않기를 바라는

이 순간 이후의 세계에서,

내 생애 다 못 굴린 덩이를, 덩이를,

목적지까지 굴리려 하네.

이 순간 이후의 세계에서 또다시 추방당한다 하더라도

굴리는 데, 굴리는 데, 도울 수만 있다면,

이룰 수만 있다면……

전태일의 묘
(경기도 마석 모란공원)

부록

전태일은 횃불이었다.

우리 사회의 감추어진 얼굴을 들추어낸 횃불이었다.

그리고 수많은 사람들의 가슴속에 살아 있는 횃불이다.

그러나 우리는 스스로에게 물어보아야 한다.

"우리는 전태일을 옳게 읽고 있는가?"

저마다의 작은 욕망을 위해 읽고 있지는 않은가?

『전태일평전』은 우리가 전태일을 어떻게 읽어야

하는가를 지시한다.

우리는 그의 죽음보다 그의 삶을 먼저 읽어야 한다.

그의 삶 속에 점철되어 있는 고뇌와 사랑을 읽어야 한다.

이 평전의 필자인 조영래 변호사의 삶도 함께 읽어야 한다.

그리고 전태일을 우리들의 가슴속으로 옮겨와야 한다.

이것이 전태일을 밝은 얼굴로 다시 돌아오게 하는 일이다.

— 신영복(전 성공회대 석좌교수)

전태일투쟁은 끝나지 않는다

1

1970년 11월 13일 평화시장 앞길에서 일어난 사건은 단순히 한 젊은 노동자가 죽어갔다는 것일 뿐이다. 한국 사회에서 한 노동자의 죽음은 전혀 중요한 사건이 되지 아니한다. 먼 나라의 어떤 유명한 영화배우가 손가락을 다치는 것은 하나의 사건이 될 수 있어도, 노동자가 죽어간 사연은 세상에 알려지지 아니한다.

매일매일 수많은 노동자들이 죽어간다. 직업병이 숱한 젊은 목숨들을 갉아먹고, 때로는 인간 이하의 가혹한 노동환경이 불운한 노동자들을 비명에 죽게 하고, 해마다 수백 수천 명의 광부들이 무너진 갱도 속에 생매장되어도, 세상은 눈 하나 깜짝하지 아니한다. 가난에 못 박혀 스스로 목숨을 끊는 수많은 밑바닥 인간들의 죽음의 사연은 세상의 관심 밖의 일이다. 그래서 사람들은 '파리 목숨'이라고 말한다.

노동자의 죽음은 이름이 없다. 그러나 전태일의 경우는 달랐다.

그는 초등학교도 제대로 다니지 못하였고, 평생을 주린 창자가 차도록 밥 한 끼 포식해본 일이 드물었으며 죽을 때까지도 무허가 판자촌에서 살았지만, 비록 그는 아무도 알아주지 아니하고 누구에게도 존경을 받아보지 못하고 이름 없이 살아온 핫빠리 인생이었지만, "내 죽음을 헛되이 말라!"고 외치며 죽어간 그의 죽음만은 세상에 알려졌고, 세상에 충격을 주었고, 마침내 얼음처럼 굳고 차디찬 현실을 뚫는 불꽃이 되어 하나의 사건으로, 역사적인 사건으로 기록되게 되었다. 그의 죽음이 세상에 던진 충격, 그의 죽음이 우리 민중의 역사에 끼친 영향은 오늘 이 시점까지도 충분히 측량할 수가 없다.

2

노동운동을 하던 한 젊은이가 근로기준법 책을 불태우고 그와 함께 스스로를 불태워 죽었다는 이 보기 드문 사연이 세상에 알려지자, 우리 사회에 하나의 놀라운 변화가 일어났다. 그의 죽음과 함께 평화시장 어두운 골방 속의 참혹한 노동에 관한 소식이 세상에 알려졌고, 그것이 발단이 되어 전체 한국 노동자들이 겪고 있는 인간 이하의 고통에 대한 관심이 새로이 일어나기 시작했다. 사람들은 이제껏 아무도 발음하려고 하지 않던 '노동자'니 '노동운동'이니 하는 어휘들을 입에 올리기 시작했다. 영원한 침묵의 그늘 속에 덮여 있던 노동문제가 신문·잡지·지식인들의 대화, 학생과 노동자들의 항의의 목소리 속에 공공연히 나타나게 되었다. 이러한 사태의 변화·발전은 물론 그 당시의 정치·사회적 조건 아래에서 가능하게 되었던 것이지만, 그럼에도 불구하고 전태일이라는 한 인간의 육성(肉聲)이, 그 처절한 사랑과 분노와 항의로 불타는 육탄(肉彈)이 우리 사회에 던진 충격의 결과였다.

그가 죽은 지 사흘째 되던 날, 즉 1970년 11월 16일, 서울대학교 법과대학에서는 학생 100여 명이 모임을 갖고 가칭 '민권수호학생연맹 준비위원회'를 발족, 전태일의 시신을 인수하여 서울법대 학생장(葬)으로 장례식을 거행하겠다고 하였다. 그들은 전태일의 시신이 안치되어 있는 성모병원 영안실로 몰려가서 전태일의 어머니를 만나 시신 인수의 뜻을 밝히고 허락을 얻었다. 전태일의 어머니 이소선(李小仙) 씨는 그때까지도, 아들의 뜻이 관철되지 않는 한 병원 측으로부터 시신을 인수하지 않겠다고 버티고 있던 참이었다.

이때를 시발점으로 하여 정치·사회 정세는 격동하기 시작했다. 정부는 아연 긴장, 노동청을 통하여 전태일의 유족들과 노동자들을 무마하려 하였다.

11월 16일 오후, 서울대학교 상과대학생 400여 명이 집회를 열고 정부의 정책에 대해 비판을 가하며 무기한 단식투쟁에 돌입하였다. 11월 20일에는 서울대학교 법과대학생 200여 명, 문리과대학생 100여 명, 이화여자대학생 30여 명이 법과대학 구내에서 '전태일 추도식'을 갖고, 전태일을 죽인 기업주·어용노총·지식인·모든 사회인들을 고발하며 항의시위에 나서 기동경찰과 충돌하였다. 같은 날, 연세대학생 200여 명, 고려대학생 300여 명도 항의집회를 열고 "모순된 경제질서, 극단화된 계층화…… 현 정권의 개발독재를 전 민중에게 고발"하는 내용의 '국민권리 선언문'을 채택하였다. 이날을 기하여 서울대학교에 무기한 휴교령이 떨어졌다.

그러나 대학생들의 소요사태는 날이 갈수록 격렬하게 전개되었고, 드디어는 종교계까지도 이에 합류하게 되었다. 11월 21일, 휴교령이 내려진 서울대학교에서는 학생들의 철야농성이 벌어졌으며 이날 밤 법대생 1명이 한강물에 뛰어들어 투신자살을 기도하였고, 문리대생 1명이 휘발유통을 가방 속에 넣고 교정에 들어가 분신자살을 하려다 경찰에 체포되었다. 11월 22일에는 새문안교회 대학생부 학생들이 교회 안에서 전태일의 죽음에 대해 항의하고 참회하는 금식 기도회를 가졌다. 11월 23일에는 연세대생 200여 명이, 11월 24일에는 한국외국어대학생들이 성토대회를 가졌다. 11월 25일에는 기독교인들이 신·구교 합동으로 전태일 추도 예배를 가졌다. 이날 추도사에서 김재준(金在俊) 목사는, "……우리 기독교도들은 여기에 전태일의 죽음을 애도하기 위해 모인 것이 아니라, 한국 기독교의 나태와 안일과 위선을 애도하기 위해 모였다"고 말하였다.

이러한 움직임은 전국 각지의 학생들과 각처의 종교단체들에 확산되어 대체로 학생들이 겨울방학에 들어갈 무렵까지 계속되었고, 이때 결집된 학생들과 종교계 인사들의 각성과 투쟁은 1970년대의 박정희 정권 비판세력으로 그대로 연결·성장하였다고 해도 과언이 아니다.

전태일투쟁은 현실의 질곡 아래 짓눌려 인간다운 삶을 빼앗기고 있었던 모든 민중들, 특히 젊은 노동자들에게 비상한 충격을 주어 빈사상태에 있던 한국 노동운동에 새로운 활력을 불어넣었다. 곳곳에서 노동자들의 항의가 종래에 볼 수 없을 정도로 격렬하게, 그리고 빈번하게 일어났으며, 한국노총 아래서의 무기력한 어용 노동운동에 대한 비판이 활발하게 제기되었다. 신문보도를 통하여 세상에 알려진 몇 가지 경우만 보더라도 그러한 사정을 짐작할 수 있다.

11월 20일, 청주의 여공 50명이 상경, 체불노임 청산 등을 요구하며 노동청 앞에서 농성을 벌였는데, 이러한 투쟁 양상은 거의 전례 없는 것이었다.

11월 25일, 한미합작투자업체인 조선호텔에서는 그동안 노동조합(철도노조 관광지부 조선호텔 분회)을 결성했다가 분회장이 납치당하여 행방불명됨으로써 노조를 해산당하였던 호텔 종업원들이, 노동조합을 재건하려다 회사 측에 발각되어 주동자 5명이 해고당한 데 반발, 그중 한 명(李三燦, 30)이 호텔 구내에서 휘발유병을 들고 분신자살을 기도한 사건이 발생했다.

11월 27일에는 의정부 외기노조원 21명이 사용자 측의 노조운동 방해에 항의하여 농성투쟁을 벌이면서 전원 분신자살을 기도하여 사용자와 경찰을 공포에 떨게 하였다.

12월 21일에는 평화시장에서 전태일의 동료 12명과 어머니 이소선 씨가 노조 결성을 방해하는 경찰 처사에 항의하여, 평화시장 건물의 옥상에서 농성하면서 출동한 기동경찰을 향하여 노조 방해책동을 그만두지 않으면 전원 분신항거하겠다고 위협, 마침내 그들을 굴복시켰다.

다음 해인 1971년 2월 2일에는 서울 중구 북창동에 있는 한식음식점 한국회관의 종업원 김차호(金且湖, 20) 씨가 "월급 4,500원을 받으면서 하루 18시간씩 노동할 수 없다", "평화시장 전태일 선배의 뜻을 따라 우리같이 딱한 전국 요식업체 종업원들의 근로조건 개선을 죽음으로 호소하겠다"고 하면서 50여 명의 동료 종업원들이 지켜보는 가운데에서, 동 회관의 한 방에서 프로판가스 통을 풀어놓고 약 2시간 정도 경찰과 대치하며 농성하다가 성냥불을 켜대어 분신항거를 하려 하였으나 경찰관이 달려들어 불을 꺼버린 사건이 발생했다.

이와 같은 몇 가지 사건들은 한국 노동자들의 고통과 분노가 목숨을 거는 항쟁에 서슴없이 나설 정도로 극한적인 데까지 다다르고 있었다는 것을 웅변으로 증명해주는 것이다. 그리고 종래에 볼 수 없었던 노동자들의 이러한 격렬한 쟁의의 폭발도, 바로 전태일이라는 한 청년노동자가 육탄으로 던진 '인간선언'에 바치는 전체 노동자들의 공감과 환호와 분노의 갈채였다.

전태일의 죽음, 그리고 그에 잇따른 학생·노동자·종교인들의 궐기는 노동문제를 사회여론의 제1차적 관심사로 등장시켰다. 종전에는 노동문제라면 사실보도조차 기피하던 신문, 방송, 잡지 등의 보도기관은 날이면 날마다 달이면 달마다 노동문제에 관한 보도·특집기사·논설을 실었다. 마치 전태일이 죽음으로써 여태껏 존재하지 않았던 노동문제가 갑자기 폭발적으로 생겨나기나 한 듯했다. 『동아일보』1971년 신년호는, 6·25가 1950년대를 상징하듯, 4·19가 1960년대를 상징하듯, 전태일의 항거는 1970년대의 한국의 문제를 상징하는 가장 뜻깊은 사건이라고 평가했다. 11월 13일 직후 한동안은 애매한 태도를 취하던 언론기관들의 논설은, 학생·노동자·종교인을 주축으로 한 전태일투쟁이 격화되면서부터는 태도를 바꾸어 노동자들의 참상을 폭로하고 노동행정의 실태에 비판을 가하며 '노동정책의 일대 전환'을 요구하기에 이르렀다.

지금까지는 오로지 경제개발을 위하여 근로자에게 저임금과 열악한 근로조건을 강요해왔던 것인데, 그러한 정책이 점차 한계점에 도달했음을 드러냈기 때문도 있다. 전태일 씨 사건이란 비극을 다시 들먹일 필요도 없다. 지금의 전반적인 노동환경은 매우 한심스러운 것이고 산업재해는 빈도와 규모가 늘어가고 있으며, 분배에 대한 노동자들의 불만은 커져가고 있는 것이다. …… 종래의 노동정책도 일대 전환을 해야겠다는 것이다. 이제까지 노동 당국은 자율적인 노동운동을 보장하고 권장하는 역할도 했다고 하기 어렵고, 때로는 오히려 그 반대의 역할을 하지 않았나 하는 인상마저 주었던 것이다.……

— 「노동행정에 대한 관심」, 『조선일보』, 1970년 12월 15일

전태일의 죽음으로부터 일주일 후인 11월 21일, 당시의 신민당 대통령 후보였던 김대중 씨는 전태일 사건에 관련하여 성명을 발표, "현 정권의 반(反)근로자적 노동정책에 대하여 항의"한다고 하였다. 이 날짜로 신민당은 전태일 사건을 '정치문제화할 방침'임을 밝혔다. 전태일사건의 이른바 '정치문제화'가 시작되었다.

1971년 1월 23일, 김대중 후보는 연두기자회견에서 일곱 번째 문항으로 "전태일 정신의 구현"을 선거공약으로 내놓고, "노동3법의 전면 개정, 자유로운 노동운동 보장, 근로기준법상의 맹점 시정, 각급 노동 위원회에 대한 강력한 집행명령 및 제재권의 부여"를 주장했다. 한편 1971년 1월 17일, 공화당의 박정희 후보도 1971년도 대통령 연두기자회견에서 일곱 번째 문항을 노동문제로 하여, "첫째는 근로자의 노동환경과 복지향상의 문제이고, 둘째는 노동환경·복지향상도 중요시하면서 경제발전 문제를 고려하는 것이다. …… 근로자의 복지를 기업의 생산과 함께 점진적으로 향상시켜 나아갈 작정……"이라고 말하였다. 1969년도 회견에서 열두 번째 문항으로 등장했다가 1970년대에는 아예 언급조차 없었던 노사문제가 1971년도에 이르러 일약 일곱 번째 문항으로 등장한 것 자체만으로도, 대통령 선거를 앞두고 전태일 사건이 던진 충격에 전 사회가 얼마나 동요되었던가를 우리는 짐작할 수 있다.

3

1970년 겨울부터 1971년 봄에 이르는 기간 동안 '전태일'이라는 이제껏 듣도 보도 못했던 낯선 이름 석 자는 사회여론의 움직임 속에, 신문과 잡지들의 보도와 논설 속에, 정치인들의 구호와 선전 속에, 종교인들의 참회와 기도 속에, 그리고 노동자들과 학생들의 부르짖음과 가슴 속에 쉴 새 없이 떠올랐다 가라앉으며 이상한 충격을 전파하였다. 어떤 시민들은 전태일의 유가족에게 조위금을 보내면서 부끄러운 이름을 밝히지 않겠다고 하였다. 어떤 노동자단체들은 전태일의 기념비와 동상을 건립하겠다고 모금을 추진하였다. 어떤 독지가들은 전태일기념회관을 짓겠다고 하였다. 어떤 젊은이들은 가까운 사람들끼리 전태일 추도모임을 갖고 전태일의 수기를 유인물로 찍어 서로 돌려보거나 노동자들에게 돌리기도 했다.

그로부터 6년 남짓한 세월이 흐른 지금, 과연 전태일은 어디에 있는 것일까? 우리들이 더더욱 캄캄한 어둠에 싸여 있는 이 시각에 전태일의 몰골은 어디서 우리를 향하여 소리치고 있는 것인가? 아니면 죽어 버렸는가?

전태일의 죽음과 그다음 해인 1971년의 선거를 전후하여 한때 활기를 띠던 노동운동은, 1971년 10월 위수령이 발동되고 뒤이어 12월 '국가 비상사태'가 선포된 이후 다시금 고난의 시기를 맞이하였다. 또 그 이후 제정된 '국가보위에 관한 특별조치법'은 노동운동의 주요 무기인 단체교섭권과 단체행동권을 노동자들의 손에서 사실상 완전히 박탈해 버렸다.

이와 동시에 죽은 전태일의 새로운 수난이 시작되었다. 몸을 불사르는 불꽃 속에서 "우리는 기계가 아니다!"라며 울부짖던 그의 인간선언은 다시금 무거운 침묵의 장벽에 가려졌고, 그의 의지를 대변하던 많은 젊은이들은 학원에서 쫓겨나 어디엔가로 끌려갔으며, 학생단체는 해산당하고, 노동·언론·종교계는 새로운 형태로 강화된 감시와 통제하에 놓여졌다. 그가 목숨을 바쳤고, 그의 어머니와 동료들이 온갖 유혹과 탄압을 이겨냄으로써 결성한 평화시장 일대의 노동자들의 노동조합인 '전국연합노동조합 청계피복지부'에서는 전태일 사진이 철거당하였다. 이 시기를 지나면서 전태일의 목소리는 점점 사람들에게서 멀어져 갔다. 공포의 역사 속에서 고통받는 사이에 사람들은 전태일의 불꽃을 잊고 만 듯이 보인다. 전태일은 죽어 영원한 침묵의 흙 속으로 사라져 버린 듯하다. 사람들은 더 이상 전태일을 이야기하려 하지 않는다. 모든 기억은 흐려졌다.

그러나 참으로 전태일은 죽었는가? 전태일의 죽음을 뚫은 불꽃은 환상이었던가? 전태일투쟁은 패배하고 끝났는가? 이러한 물음들에 대하여 "그렇다!"라고 대답한다면, 그것은 속단이다. 천만에! 전태일은 죽지 않았다. 전태일의 불꽃은 결코 환상이 아니었다. 전태일투쟁은 절대로 패배하지 않으며 절대로 끝나지 않는다. 이것이 우리의 대답이다.

전태일의 몸을 불사른 불꽃은 '인간선언'의 불꽃이었다. 그것은, 불의의 힘이 아무리 강성하여도, 아무리 인간을 짓누르고 무력화하고 파괴하여도, 인간은 끝내 노예일 수 없음을, 그 폭탄적인 진실을 온몸으로 증명한 인간 역사의 영원한 승리의 기념비였다. 그리고 이 땅 위에 '인간'이 죽어 모두 없어지지 아니하는 한, 전태일의 불꽃도 결코 죽지 않는다. 인간을 불구로 만드는 권력이 존재하는 한, 억압과 착취가 인류사에서 완전히 사라져버리지 않는 한, 전태일투쟁은 결코 끝나지 않는다.

1976년 여름

조영래

이 아픔, 이 진실, 이 사랑

"인생은 짧고 예술은 길다"는 그럴듯한 말이 있지만, 참다운 인생, 참되기 때문에 가슴 찢어지게 아프고 목메어 슬픈 인생, 죽음이 무덤이 아니고 무덤 속 어둠을 솟구치는 불길로 타오르는 인생은 예술보다 길다는 것, 아니 영원이라는 걸 우리는 압니다.

그 죽음 앞에서는 모든 사람이 죄인이 되어, 부끄러운 부끄러운 죄인이 되어 고꾸라질 수밖에 없는 그런 인생, 생명의 소멸이 아니라 사랑으로 목숨을 불살라버리는 인생, 죽음에 몸을 던져 죽음을 폭발시켜버리고 새 희망으로 햇살쳐오는 인생이 부활이라는 걸 우리는 믿습니다.

젊은 노동자 전태일의 이야기는 6천만 겨레의 눈물이 되어야 합니다. 눈물로 풀어져 흐르는 맑은 강이 되어야 합니다. 앞을 죽음처럼 가로막는 절벽을 무너뜨리며 흐르는 민족사의 물줄기가 되어야 합니다.

아직은 땅속을 흐르는 이 물줄기 속 한 방울로서……

1983년 3월 1일
서울 무너미에서
전태일기념관건립위원회 회장 문익환

태일의 진실이 알려진다니

태일의 생애에 대한 책이 나온다는 말을 들은 날 밤, 저는 여러 가지 생각에 잠을 이룰 수가 없었습니다. "내 죽음을 헛되이 말라"고 소리치며 숯덩이가 되어 쓰러진 태일이, 저의 손을 꼭 잡고 "어머니 담대해지세요. …… 어머니, 내가 못다 이룬 일 어머니가 꼭 이루어주세요"하고 또렷이 부탁하던 음성이 귓전을 빙빙 맴돌아 가슴이 답답해서였습니다.

태일이 죽은 지 올해로 꼭 14년째. 10년이 한 바퀴 돌면 강산이 변한다는데 정말 너무너무 세상이 변한 것 같습니다. 그러나 아직도 저는 그때 생각을 하면 억누를 수 없는 게 목구멍으로 치밀어올라 참을 수가 없습니다. 더구나 태일이 그토록 제 한 목숨까지 내던져가며 노동자들의 당연한 권리를 찾고자 했는데 지금 과연 그것이 얼마만큼이나 찾아졌는가 생각해 볼 때, 또 10여 년을 평화시장 노동자들과 함께 웃고 함께 울던 노동조합마저 이제 사라져버리고 조합활동을 열심히 했던 노동자들도 열심히 한 그 대가로 이루 말로 다 표현할 수 없는 수모와 고통을 겪고 있는 지금 형편을 생각해볼 때 만약 태일이가 다시 살아 나타나 "어머니, 지금 무얼 하고 계세요?"라며 안타까운 모습으로 묻는다면, 무슨 말을 할 것인가 괴롭기만 할 뿐입니다.

저는 태일의 진실된 삶이 얼마만이라도 담긴 책이라면 그저 고맙고 내심으로는 반가울 따름입니다. 왜냐하면 태일은 사람답게 살고자 제 온 힘을 들여 발버둥쳤었기 때문입니다. 태일이의 그 안타까운 삶의 집착과 그리고 그러한 끈질긴 집착마저 끊고 마침내 제 목숨을 불사르지 않을 수 없었던 이유가 어떤 사람들에 의해 단순하게 곡해되어 이야기되는 것을 들으면 저는 참을 수가 없기 때문입니다.

그날 밤 저는 하나님께 이야기하고 또 기도하고, 태일에게 이야기하고 또 기도하며, 태일의 진실된 모습이 십수년이 지나서야 비로소 어느 정도 세상 사람들에게 바르게 전달되는구나 감사의 기도를 드렸습니다.

태일이 때문에 고생하신 분들이 숱하게 많습니다. 무식한 저 때문에 물심양면으로 고초를 겪으신 고마운 분들도 참 많습니다. 저는 하나님의 말씀대로 태일이의 참 목숨은 영원히 살아 있다고 믿습니다. 그동안 음으로 양으로 도와주신 분들과 평화시장 노동자들의 가슴속에 태일이는 영원히 살아 있으리라고 믿습니다. 고난받고 있는 모든 노동자들의 무언의 발걸음 속에 태일의 뜨거운 절규는 기어이 살아 있으리라고 믿습니다.

그렇게도 열심히 사람답게 살고자 했기 때문에 자신의 몸을 바쳤던 태일의 죽음이 아무쪼록 진실되게 밝혀지고, 그것이 노동자들을 보다 인간답게 살게 하기 위한 자그마한 거름이 될 수 있다면 이 못난 어미의 힘없는 가슴도 조금은 펴질 수 있겠습니다.

책이 나오기까지 고생해주신 분들, 특히 기념관건립위원회 여러

분들께는 무어라 말할 수 없는 고마운 마음뿐입니다. 아무쪼록 태일의 염원인 노동자들의 인간적인 삶이 하루라도 빨리 보장되기를 간절히 빕니다.

1983년 5월 20일
이소선

개정판을 내면서

우리가 이 책의 원고를 처음 접한 것은 1980년 '서울의 봄'을 광주 학살의 피로 물들이고 집권한 전두환 군부독재의 기세가 살기등등 했던 1982년이 저물어갈 무렵이었다. 청계피복노조의 전 간부였던 민종덕 씨가 대학노트에 깨알 같은 잔글씨로 씌어진 원고의 복사물 을 들고 와 출판을 제의했다. 시절이 시절인 만큼 고심하지 않을 수 없었고 출판할 경우 출판사가 박살이 날 거라는 주위의 우려도 있 었다. 그러나 원고는 우리를 울게 만들었고 또 용기를 주었다. 우리 는 작업을 서둘렀고 이듬해 6월 '전태일기념관건립위원회'를 엮은 이로 하여 책이 나왔다. 당시로써는 저자가 누구인지 묻는다는 것 은 금기에 속하였고 안다는 것 자체가 부담스러운 상황이었다.

책이 나오자 예상하고 우려했던 당국의 탄압은 그 어느 경우보다 도 '신속'했다. 문공부는 즉각 '판매금지'조치(정확하게는 '시판 중지 종 용'이라는 점잖고 다소 덜 강압적인 것처럼 보이는 표현을 쓰고 있었지만)를 내 렸다. 또 출간 직후 출판기념회가 예정되어 있었는데 경찰이 장소 를 원천봉쇄하고 이소선 어머니를 비롯한 주요 인사들을 연금하는 한편 출판사에서 책을 출고하는 것을 막아 행사를 무산시켰다. 이 책의 발간 자체가 하나의 사건이었던 셈이다.

이러한 탄압에도 불구하고 독자들의 호응 또한 '신속'했다. 그리고 탄압이 거세어질수록 독자들의 사랑은 더욱 뜨거워지면서 이 책은 당대의 고전으로 자리 잡게 되었다. 밤새워 눈물 흘리며 읽었다는 독자들의 편지와 전화가 끊이지 않았다.

평화시장 어린 동심들의 고통에 항상 가슴 저려 하며 시들어가는 그들의 생명을 적시는 한 방울의 이슬이 되고자 스물둘의 젊음을 불길 속에 내던졌던 청년노동자 전태일. 이 책은 그의 삶과 투쟁 그리고 죽음을 거의 완벽하게 복원시켜냄으로써 그의 죽음을 노동운동의 불꽃으로 부활시켰을 뿐만 아니라 무관심에 길들여진 세대의 잠자는 양심을 흔들어 깨우는 전태일의 살아 있는 육성이 되었던 것이다.

이 책의 발간은 돌베개의 출판 방향에도 커다란 영향을 미쳤다. 우리 노동운동의 발전에 도움이 되는 책들을 펴내려는 돌베개의 노력은 이 책의 발간을 계기로 시작되어 발전하는 우리 노동운동의 대열과 함께하며 오늘까지 이어지고 있는 것이다.

1987년 6월항쟁과 7·8월 노동자대투쟁을 거친 이후 이제 새로운 단계로 발전하고 있는 노동운동의 대열 속에서 전태일의 불꽃은 더욱 세차게 타오르고 있음을 보면서 초판을 펴낸 지 7년여 만에 개정판을 내게 되었다. 초판의 활자가 너무 작고 조판이 조밀하여 많은 사람이 쉽게 읽기 어려운 점을 해소하려는 것이 개정판을 준비하게 된 가장 큰 이유지만, 개정판에서 새로워진 부분이 없지 않다.

첫째, 초판 발간 당시 원고의 일부 유실로 빠졌거나 정치적 상황 때문에 표현을 바꿨던 부분을 원문에 충실하도록 바로잡았다.

둘째, 초판에서 부록으로 실었던 자료들을 빼고 열사의 사진 자료들을 본문 속에 넣었다. 부록의 자료들 중 열사의 수기 등은 『내 죽음을 헛되이 말라! — 전태일 전집』에 담겨 있고, 다른 자료들은 지금으로서는 커다란 의미가 없다고 여겨져서이다. 새로이 넣은 열사의 사진들은 자료적으로도 귀중한 의미가 있을 뿐 아니라 내용 이해에도 도움을 주리라 여겨진다.

셋째, 책 제목을 '전태일평전'으로 바꾸었다. 7년간의 상황 변화는 '어느 청년노동자'의 우회를 거칠 필요 없이 곧바로 '전태일'로 나아 가게끔 하였고, 독자들 또한 이미 그렇게 불러왔기 때문이다.

넷째, 개정판을 내기에 이르러서야 저자를 최초로 밝히게 되었 다. 이 책의 저자는, '전태일기념건립위원회 엮음' 대신에 '조영래 지 음'으로 되어 있듯이 며칠 전 타계한 변호사 조영래 씨이다.

이 책의 저자가 누구인가에 관한 추측이나 풍문은 이전부터 있어 왔지만 그것이 정확하게 밝혀진 것은 이 개정판을 준비하는 과정에 서 싣게 된 장기표 씨의 글을 통해서였다(이 책에 실린 장기표 씨의 글은 1995년에 새로 집필한 것이다). 장기표 씨는 그가 이 책을 쓰게 된 과정 에서부터 지금에 이르기까지 저자임을 드러내지 않았던 곡절 등에 관해서 이 글을 통해 자세히 밝히고 있다. 전태일 열사의 죽음을 노 동운동을 부활시키는 불꽃으로 타오르게 하는 데 기여했을 뿐 아니 라 저자의 막역한 친구로서 이 책의 저술작업과도 밀접한 관련이 있 었던 장기표 씨는, 조영래 씨가 불치의 중병에 시달리고 있는 상황 속에서 자신이 '증언'하지 않으면 안 된다고 여겼던 듯하다. 그러나 이 책의 저자는 자신의 생전에 그 같은 사실이 알려지기를 끝내 거부 하기라도 했던 듯, 이 개정판 발간을 며칠 앞두고 우리 곁을 떠났다.

저자는 평소에 전태일 열사의 분신 이후 연이어졌던 이 땅의 숱한 죽음들을 보면서 행여 이 책이 그러한 죽음들에 어떤 영향을 주지 않았나 자책하는 말을 되뇌이곤 했다고 한다. 전태일의 삶과 투쟁을 깊이 이해하고 그리하여 그의 죽음을 누구보다도 가슴 아파했던 그였기에 더욱 그러했으리라.

아직 우리는 그의 갑작스럽고도 어이없는 죽음이 가져다준 충격과 슬픔에 젖어 있다. 그러나 그는 갔지만 그가 전태일의 삶과 사랑과 투쟁을 통하여 투영했던 그 자신의 삶과 사랑과 투쟁은 우리들의 혈관 속에서 전태일과 함께 뜨겁게 맥박칠 것이라 믿는다.

1990년 12월 15일
도서출판 돌베개 편집부

가장 인간적인 사람들의 가장 비범한 삶

『전태일평전』의 개정판을 내면서 그 발문을 써달라는 청탁을 받고 깊은 상념에 잠긴다. 전태일을 노동운동의 불꽃으로 부활시킴으로 노동운동뿐만 아니라 학생운동·농민운동·재야 민주화운동의 발전에 크게 기여한 이 책에, 저자인 조영래의 서문도 발문도 없는 것이 안타깝고 서글프다. 세계사적 대격변의 와중에서 표류하는 오늘의 참담한 민족 현실을 볼 때, 조영래가 살아 있었더라면 하는 생각이 간절하기에 안타까움이 더욱 크다.

사실 전태일은 그의 위대한 희생으로 그의 삶이 더욱더 빛나는 것이지만, 조영래는 그의 빛나는 삶으로 전태일의 뜻과 더불어 우리 모두의 꿈과 희망을 이룰 인물이었다. '전태일 사건'을 계기로 운동의 새로운 차원을 열었고 조영래와의 어울림으로 운동을 힘 있게 전개할 수 있었던 나로서는, 조영래 없는 세상이 싫기도 하거니와 조영래가 직접 이 글을 썼으면 하는 아쉬움이 너무 커, 이 글의 집필을 몇 번이나 거절했으나 숙명적 인연 때문인지 끝내 거절할 수 없었다.

그러나 내가 어찌 전태일에 대해, 조영래에 대해, 이소선 어머니와 평화시장 노동형제들에 대해, 그리고 노동운동을 비롯한 인간해방운동에 위대한 길잡이가 된 『전태일평전』에 대해 할 말이 없겠는

가. 더욱이 '영화 전태일'의 제작을 계기로 '투사'로만 비춰져온 그의 모습을 바로잡아, 그의 참으로 인간적인 모습을 보여주기 위해 이 평전의 개정작업에 착수한다고 하니, 전태일의 비범한 투쟁에서보다 그 밑바탕에 흐르고 있는 그의 사랑과 열정과 지혜와 성실에서 더 큰 교훈을 얻어온 나로서는 몇 마디 말을 보태지 않을 수 없다.

전태일은 한마디로 성자(聖者)의 인품과 조건을 두루 갖춘 인물이다. 전태일은 단순한 투사가 아니다. 본래 단순한 투사가 있을까마는 전태일의 경우는 투사로만 인식되는 것이 너무나 억울할 정도로 그의 따뜻하고도 고결한 인품이 돋보이는 사람이다. 가히 성자의 인품을 그대로 갖추고 있었다.

전태일은 넉넉지 못한 가정에서 자랐으면서도, 스스로 "과거가 불우했다고 지금 과거를 원망한다면 불우했던 과거는 영원히 너의 영역의 사생아가 되는 것이 아니냐?"라고 반문할 정도로 불우한 환경 때문에 좌절하거나 타락하지 않고, 오히려 불우한 사람들에 대한 사랑을 키우고 그들의 처지를 개선하려고 집요하게 노력했다.

전태일은 구두닦이, 신문팔이와 같은 밑바닥 생활을 하면서도 인간해방과 사회개혁의 높은 이상을 잃지 않았다. 인간해방과 사회개혁이 중요해서만이 아니라, 한 인간이 엄청난 고난과 시련에도 불구하고 그와 같은 높은 이상과 아름다운 꿈을 잃지 않는다는 것은 더없이 소중한 일이 아닐 수 없다. 전태일은 버림받고 실패하고 고뇌하면서도 절망하거나 포기하지 아니하고 자기의 뜻을 이루기 위해 끝까지 도전하였고, 마침내 그의 뜻을 이루기 위해 온몸을 내던졌다. 전태일만큼 자기의 뜻을 이룬 사람이 어디에 또 있겠는가.

전태일은 온갖 가난과 질병과 시련을 겪으면서도 인생을 항상 낙관했다.

전태일은 공부하고 싶은 간절한 열망으로 온갖 노력을 다 기울였지만 학교 교육을 받을 기회는 거의 갖지 못했다. 그러나 그는 몇 푼되지도 않는 석유곤로와 입던 바지를 팔아 통신강의록을 받아볼 정도로 향학열이 대단하였다. 마침내 청옥고등공민학교에 입학하여 길지 않은 기간이나마 학창생활을 보낸 그는 "정말 하루하루가 나를 위해서 존재하는 것만 같았다"고 토로할 만큼 '한없는 행복감'에 젖기도 하였다. 이런 그의 모습에서 우리는 배움의 열정을 잃어버린 채 살아가는 우리 자신의 무감각한 일상을 반성하게 되며 인생을 어떻게 살아가야 할 것인지에 대한 귀중한 교훈을 얻게 된다.

전태일은 학교 교육을 거의 받지 못했어도 사물을 정확하게 통찰하는 명석함을 지녔을 뿐만 아니라 그의 사상과 행적을 예술적으로 표현하는 문장력을 지니고 있었다. 전태일뿐만 아니라 이소선 어머니와 평화시장의 노동형제들 또한 하나같이 명석하다. 여기에서 우리는 인간의 명석함이란 선천적으로 주어지는 것이라기보다 인간에 대한 사랑에서 얻어지는 것임을 깨닫게 된다. 그리하여 나는 내나름대로, '사랑의 철학'을 정립하기도 하였다. 사랑이야말로 지식과 지혜의 원천으로서 무한한 힘을 발휘할 수 있게 해준다는 것은 전태일의 삶에서 우리가 배우는 최대의 교훈이 될 것이다. 이런 의미에서 전태일은 우리에게 투쟁을 가르치기에 앞서 인간에 대한 사랑과 그 실천을 가르치고 있음을 알게 된다. 그래서 우리는 전태일에게서 '가장 인간적일 때 가장 진보적이 된다'는 명제를 배우게 된다.

인간해방과 사회개혁을 위한 전태일의 투쟁이 참으로 위대하지만, 투쟁 이전에 그의 진실되고 아름답고 성스럽기까지 한 삶이 더욱더 감동적임을 우리는 토로하지 않을 수 없다. 우리가 전태일을 이처럼 사랑하고 존경하고 경탄하는 것은 그의 비범한 투쟁 때문이라기보다, 역경을 이겨온 그의 강인한 정신력과 고난 속에서도 꿈과 사랑을 키워온 그의 원대한 이상 때문일 것이다. 이러한 의미에서 전태일은 우리에게 과거만을 일깨워주는 것이 아니라 꿈과 사랑으로 미래를 창조할 수 있도록 인도해준다고 할 수 있다.

전태일은 스스로 뛰어나기도 했지만 그가 성자가 될 수 있었던 것은 아들을 성자로 키운 이소선 어머니와 그의 뜻을 끝까지 따른 평화시장의 친구들, 그리고 『전태일평전』의 집필로 전태일 사상을 정리하고 전파한 조영래 변호사가 있었기 때문이다.

예수가 인간구원을 위해 생명까지 바치는 큰 사랑을 실천한 것은 예수의 어머니 마리아 때문임을 성경은 시사하고 있다. 가난한 이웃집의 혼인잔치에서 포도주가 떨어졌을 때, 예수는 그의 어머니의 요청 때문에 아직 '제 때'가 오지 않았음에도 불구하고 물로 포도주를 만드는 기적을 행한다. 예수의 인간사랑은 그의 어머니 마리아의 인간사랑에서 연유하고 있음을 시사하는 것이라 하겠다. 아들이 십자가에 못 박히는 아픔을 안아야 했고, 나아가 아들의 뜻을 펴는 일에 평생을 바쳤으니 예수의 어머니가 성모로 추앙받는 것은 너무나 당연한 일이다.

전태일의 경우도 이와 조금도 다를 것이 없다. 전태일이 쓴 수기를 보거나 이소선 어머니의 회고를 들어보면 전태일이 가난하고 억눌린 사람들을 그토록 사랑하도록 만든 것은 이소선 어머니임을 알 수 있거니와, 아들이 못다 이룬 뜻을 이루고자 한평생 생명을 건 투쟁을 해왔던 점을 상기할 때 이소선 어머니는 성모일 수밖에 없다는 점을 확신하게 된다. 전태일도 대단한 사람이지만 이소선 어머니도 참으로 대단한 사람이다. 이소선 어머니의 헌신적인 투쟁은 이미 세상에 널리 알려진 일이지만, 그 밑바탕에 깔린 인간에 대한 무한한 사랑과 날카로운 통찰력과 지칠 줄 모르는 투쟁정신은 전태일이 어떤 인물이었는지를 알 수 있게 하는 요인이다. '전태일 사건'이 있은 후, "그 어머니에 그 아들"이란 말이 나왔던 것도 결코 우연이 아니다.

전태일의 뜻을 세상에 펴는 데 전태일의 평화시장 친구들은 마치 성경의 사도들처럼 끝까지 훌륭한 역할을 하였다. 그러나 "내 죽음을 헛되이 말라"고 한 전태일의 유지를 세상에 전파하는 데 가히 결정적인 역할을 한 사람은 역시 이 시대의 성전(聖典)이라 할 『전태일평전』을 집필한 조영래 씨이다. 흔히 바울이 없었다면 예수가 없었을 것이라고 말하기도 하는데, 전태일의 경우 조영래가 있었기에 전태일의 뜻이 보다 더 힘차게 펼쳐질 수 있었다.

『전태일평전』은 조영래가 민청학련 사건 이후 수배상태에서 3년여에 걸쳐 그야말로 혼신의 힘을 다해 집필한 '전태일 복음서'이다. 그런 의미에서 이 책은 전태일의 삶과 사상만을 담고 있는 것이 아니라, 저자인 조영래의 사랑과 지혜와 투쟁을 아울러 담고 있다고 보아도 조금도 틀리지 않을 것이다. 전태일의 삶과 사상을 알고 전태일의 수기·일기 등을 깊이 알면 알수록, 저자가 얼마나 심혈을 기울여 이 평전을 썼는가를 알 수 있게 된다. 또한 이 책을 읽고 나면, 조영래가 전태일의 삶과 사상, 그리고 전태일이 쓴 기록을 얼마나 잘 알고 깊이 연구했는가를 알 수 있다. 조영래가 요절한 것도 따지고 보면 이 책의 집필에 혼신의 정열을 다 바쳤기 때문일 것이다. 나는 이 『전태일평전』을 4복음서와 서한집을 합한 신약성서와 흡사한 성서라고 말하기에 주저하지 않는다. 우리는 이 책에서 엄청난 교훈을 얻을 수 있기 때문이다.

조영래는 우리 모두가 잘 알고 있듯이 탁월한 사회개혁가요 인권변호사였다. 그는 1960년대 중반 이후부터 1970년대 말까지의 학생운동과 재야 민주화운동에서 가장 중요한 역할을 하였으며, 1980년대에는 인권변호사로서 망원동 수재사건, 부천서 성고문사건 등을 도맡아 우리나라 인권변호의 새 장을 열었다. 이처럼 탁월한 능력과 훌륭한 업적은 그의 천재성과 무관하지 않다. 조영래는 서울대학교 입학시험에서 전체 수석을 했다. 수석도 수석 나름이겠지만 조영래의 수석은 타의 추종을 불허하는 것이었다. 조영래의 천재적 업적으로 학생운동과 노동운동 및 재야 민주화운동은 새로운 차원으로 나아갈 수 있었다. 그의 천재성으로 말미암아 학생운동과 재야 민주화운동이 국민 대중 속에서 자부심과 긍지를 드높일 수 있었다.

굳이 이 글에서 조영래의 천재성을 되새기는 것은 그의 위대한 천재성은 바로 인간에 대한 그의 남다른 사랑에서 비롯된 것임을 지적하고 싶어서이다. 조금만 불쌍한 사람을 보아도 마음 아파하는 조영래의 심성은 전태일의 심성과 꼭 같았던 것이다. 전태일도 조영래도 그리고 이소선 어머니도 하나같이 천재이고, 그 천재성은 모두가 인간에 대한 열렬한 사랑에서 비롯되었다는 것은 우리 모두에게 사랑의 중요성을 거듭 인식하지 않을 수 없게 만든다.

『전태일평전』은 이러한 조영래의 사랑에 기초한 천재성으로 전태일의 위대한 삶과 사상을 표현한 것이다. 나는 전태일과 조영래와 이소선 어머니를 높이 평가하는 것만큼이나 이 『전태일평전』을 높이 평가한다. 『전태일평전』은 전태일에 대한 깊은 연구와 더불어 전태일의 뜻을 이루고자 하는 강렬한 사명감 못지않게, 전태일을 열렬히 사랑할 뿐만 아니라 민중을 뜨겁게 사랑할 때만이 내놓을 수 있는 작품이기 때문이다.

한 사람이 다른 사람을 제대로 이해하려면 그 사람의 입장에 설 줄 알아야 하고 그 사람과 똑같이 되지는 못할지라도 그 사람과 비슷하게는 되어야 한다. 그래서 성인의 경지를 제대로 이해하려면 스스로 성인의 경지에 다다라야 한다. 구체적으로 말하면 전태일의 삶과 죽음, 나아가 전태일의 사랑과 사상을 제대로 이해하려면 전태일과 같이 살고, 전태일과 같이 희생할 수 있는 결의를 다져보아야 한다. 조영래는 이러한 결의를 다지며 살아왔고 이런 결의에 충만해서 이 책을 썼기 때문에 이렇게 훌륭한 책을 쓸 수 있었던 것이다.

전태일도 가고 조영래도 갔지만, 그들이 남긴 이 『전태일평전』에서 우리는 오늘을 살고 내일을 개척하는 지혜와 용기와 사상을 배우게 된다. 이 평전이 단순히 투쟁의 지침서가 아니라, 시련을 극복하는 강렬한 의지를 심어줄 뿐만 아니라 청소년들로 하여금 꿈과 희망을 키울 수 있게 하며, 나아가 인생을 밝고 아름답게 살게 하는 큰 교훈서가 되기를 바라는 마음 간절하다.

마침 이 책의 개정판이 전태일이 산화한 지 25년째가 되는 해에 나오게 되니 그 의미가 더욱더 각별할 수밖에 없다. 10년이면 강산도 변한다는데 강산이 두 번 반이나 변한 4반세기가 지났다. 더욱이 올해는 해방 50주년을 맞아 민족의 도약을 위한 새로운 비전이 요구되고 있다. 이러한 시점에서 '전태일'의 의미도 새로운 차원으로 승화되어야 할 것이다.『전태일평전』이 우리 사회를 서로 사랑하면서 살 수 있는 사회가 되게 하는 데 크게 기여하기를 바란다.

1995년
장기표

연표

- 1925년 1월 1일(음력 1924년 12월 7일) **아버지 전상수(全相洙) 태어남**

- 1929년 12월 9일(음력 11월 9일) **어머니 이소선(李小仙) 태어남**

- 1931년 **만주사변(일제가 만주를 침략)**

- 1933년 **독립운동에 나선 외할아버지 이성조(李聖祚), 일제에 의해 학살 당함**

- 1937년 **중일전쟁 발발**

- 1944~1945년 **어머니 이소선, 정신대에 끌려가 대구 방직공장에서 강제 노동을 당하다 탈출**

- 1945년 8월 10일~15일 **미국 국방성, 한반도 38선 분할점령안 확정**

- 1945년 8월 15일 **일제 패망**

- 1945년 9월 8일 **미 육군 24군단(군단장 하지), 인천에 상륙, 미군정 시작**

- 1945년 12월 **모스크바 3상회의(미국-소련-영국), "코리아민주임시정부 수립" 합의**

- 1945년 12월 16일 **미국, UN 주도하의 신탁통치안 제출**

- 1945년 12월~1946년 1월 신탁통치반대운동(반탁운동) 일어남

- 1946년 3월 제1차 미소공동위원회 개회

- 1946~1947년 아버지 전상수, 대구에서 파업에 가담했다가 일터에서 쫓겨남

- 1946년 6월 이승만, 전북 정읍에서 남한 단독정부 수립 주장

- 1947년 3월 미국 대통령 트루만, 의회에서 공산주의 저지 표명(트루만 독트린)

- 1947년 7월 19일 좌우합작운동을 주도하던 여운형 암살당함

- 1947년 9월 한반도 문제, UN 상정

- 1947년 10월 미소공동위원회 해산

- 1947년 11월 2일 아버지 전상수와 어머니 이소선 결혼

- 1948년 4월 3일 제주도에서 민중항쟁 일어남(제주 4·3항쟁)

- 1948년 5월 10일 UN 감시하에 남한에서 국회의원선거 실시

- 1948년 8월 15일 대한민국 정부 수립

- 1948년 9월 28일(음력 8월 26일) 전태일(全泰壹) 태어남

- 1949년 6월 26일 백범 김구 암살

- 1950년 5~6월(1세) 아버지의 사업 실패로 가족이 대구에서 부산 자갈치 시장으로 야반도주

- 1950년 6월 25일 한국전쟁 발발

- 1954년 여름(5세) 만들어 놓은 옷들을 장마철 폭우로 버리고 빚만 잔뜩 지게 된 아버지를 따라 가족이 서울로 무작정 상경(서울역 근처 염천교에서 노숙)

- 1956년(8세) 남대문초등공민학교 2학년 편입

- 1959년 청계천 복개공사 기공

- 1960년(11세) 남대문초등학교 편입

- 1960년 4월 19일 4월혁명 일어남

- 1960년 봄(11세) 동업자의 농간으로 아버지가 또다시 사업에 실패함, 이태원 판잣집 셋방에 살며 신문팔이 시작

- 1961년(12세) 용두동 개천가 판잣집으로 이사(동생 태삼과 동대문시장에서 삼발이 장사)

- 1961년 5월 16일 5·16 군사쿠데타

- 1961년 봄(12세) 첫 번째 가출(서울에서 1년간 구두닦이 생활)

- 1961년 평화시장 완공(1968년 10월 통일상가, 1969년 8월 동화시장)

- 1961년 11월 국가재건최고회의 의장 박정희, 미국 대통령 케네디를 만나 베트남 파병 의사 전달

- 1962년 제1차 경제개발5개년계획 시행

- 1962년 여름(13세) 서울의 유리걸식 생활이 너무 고되어 어릴 적 살았던

부산 자갈치시장으로 정처 없이 내려감. 배가 너무 고파서 바닷물에 뜬 양배추잎을 집으려다 익사 직전 상황까지 몰림. 대구에서 가족과 재회하고, 아버지의 재봉일을 도움

- 1963년 5월(14세) 대구 청옥고등공민학교 입학

- 1963년 겨울(15세) 청옥고등공민학교 중퇴. 학교를 그만두라는 아버지의 강요에 반항해 고학의 꿈을 이루고자 동생 태삼을 데리고 두 번째 가출

- 1964년 2월(설 전날) 어머니 이소선, 식모살이하러 서울로 올라감

- 1964년 2월(15세) 어머니를 찾아 막내동생 순덕을 데리고 세 번째 가출, 동생을 고아원에 맡기고 리어카 뒤밀이, 구두닦이, 신문팔이 등을 하며 필사적으로 배움의 길을 찾음

- 1964년 봄(15세) 평화시장에서 시다로 취직

- 1964년 6월 3일 박정희 정권의 굴욕적인 한일수교에 반대해 대학생들이 대규모 시위에 나섰고, 계엄령이 선포됨(6·3사태)

- 1965년 10월 베트남전쟁 파병(1차 맹호부대)

- 1965년(17세) 가족이 서울에서 재회하고, 남산동 판잣집으로 이사

- 1966년 가을(18세) 평화시장 뒷골목 통일사에 미싱사로 취직했으나, 여공과 시다들을 돕기 위해 재단사가 되기로 마음먹고, 한미사에 재단보조로 들어감(이때부터 자신의 버스값으로 시다들에게 풀빵을 사주고, 집에까지 걸어감).

- 1967년 제2차 경제개발5개년계획 시행

- 1967년 2월(18세) 재단사가 됨. 헌책방에서 연합 중고등 통신강의록 〈중

학I)을 구입하며 진학의 꿈을 포기하지 않으려 했으나, 여공들을 감싸다가 해고당함

• 1967년 봄~여름(18세) 피를 토하고 죽은 여공의 모습을 보며 각성, 평화시장의 근로조건 개선에 나서겠다고 결심. 이 무렵 아버지로부터 근로기준법이 있다는 사실을 알게 됨

• 1968년(19세) 재단사로 일하면서 근로기준법을 달달 외우다시피 하며, 친구인 재단사 김개남(가명)과 함께 평화시장의 근로조건 개선을 도모할 동료들을 모으기 시작함

• 1969년 6월(20세) 아버지 전상수 별세

• 1969년 6월 말(20세) 쌍문동 집에서 동료들과 함께 바보회를 창립하고, 회장에 선출됨. 바보회를 조직한 지 얼마 후 어머니를 졸라 근로기준법 해설서를 구입

• 1969년 8~9월(21세) 평화시장의 근로조건 실태 조사에 나섬

• 1969년 9월 공화당, 3선개헌안을 날치기 통과시킴

• 1969년 가을~1970년 봄(21세) '불순분자'로 낙인찍혀 평화시장으로 돌아가지 못한 채 공사판을 전전하면서 번민과 성찰을 반복함(《전태일의 수기》는 이 기간에 쓰였다). 1970년 4월부터 넉 달 동안 서울 삼각산의 임마뉴엘수도원 건설 현장에서 막노동을 하며, 《전태일의 수기》에 쓰인 대로 "평화시장의 상처받은 어린 동심과 함께하고자 완전에 가까운 결단을 내린다."

• 1970년 9월(22세) 평화시장으로 돌아와 왕성사에 재단사로 취직하고, 동료들을 다시 규합함

• 1970년 9월 16일 바보회 회원 중 남은 6명과 새로 합류한 6명의 재단사

와 함께 삼동친목회를 창립하고, 회장에 선출됨. 삼동친목회는 "평화시장의 불법적이고 비인간적인 노동현실을 세상에 폭로하고, 그것을 발판으로 공동으로 투쟁"을 결의한 본격적인 노동운동 조직이었음

- 1970년 10월 다시 해고되었으나, 삼동친목회 회원들과 함께 걷은 근로조건 설문지 126장을 바탕으로 〈평화시장 피복제품상 종업원 근로개선 진정서〉를 작성, 노동자 90여 명의 서명을 받아 노동청장에게 보내고, 신문기자들에게도 돌림

- 1970년 10월 7일 〈경향신문〉이 사회면 톱기사로 평화시장의 노동 현실을 고발하는 기사를 내보냄

- 1970년 10월 8일 전태일·김영문·이승철 3인이 삼동친목회 대표 자격으로 8개항의 건의 사항을 평화시장주식회사에 제출하였으나 받아들여지지 않았고, 이에 10월 20일 노동청 정문 앞에서 시위를 계획했으나 근로감독관과 업주들의 회유 및 농간으로 무산

- 1970년 10월 24일 평화시장 앞 인간시장에서 시위를 벌이려 했으나 업주와 경찰이 막아 실패함. 업주들은 11월 7일까지 문제를 해결하겠다고 약속했지만 지켜지지 않았고, 이에 격분한 삼동친목회 회원들은 전태일의 주도로 11월 13일 근로기준법 화형식을 거행하기로 결의

- 1970년 11월 13일 오후 2시 최후의 결단을 내린 전태일은 온몸에 석유를 끼얹은 채 경찰과 평화시장 경비원들이 진을 친 인간시장 한복판으로 뛰어들어 "근로기준법을 준수하라!", "우리는 기계가 아니다!", "일요일은 쉬게 하라!", "노동자들을 혹사하지 말라!", "내 죽음을 헛되어 말라!"고 외치며 자신의 몸에 불을 댕김

- 1970년 11월 13일 밤 10시(22세) 온몸이 숯덩이처럼 그을린 전태일은 명동 성모병원으로 옮겨졌으나, 끝내 회생하지 못하고 운명. 그는 어머니 이소선에게 "어머니, 내가 못다 이룬 일 어머니가 꼭 이루어주십시오"라는 유언을 남겼고, 그의 마지막 말은 "배가 고프다…"였다.

- 1970년 11월 18일 유족과 삼동친목회 동료들이 전태일 장례식을 치름 (경기도 마석 모란공원 안장)

- 1970년 11월 27일 청계피복노조 결성(이소선 어머니, 노조 고문에 추대)

- 1972년 10월 17일 대통령 박정희, 10월 유신 선포

- 1979년 10월 16일~20일 부산과 마산에서 반독재 민중항쟁 일어남(부마항쟁)

- 1979년 10월 26일 정보부장 김재규, 대통령 박정희를 저격

- 1980년 4월 청계피복노조, 퇴직금 확대적용 등 단체협약 갱신 체결

- 1980년 5월 17일 신군부, 확대비상계엄 선포(5·17 쿠데타)

- 1980년 5월 18일~27일 광주민중항쟁

- 1981년 1월 6일 서울시, 청계피복노조 해산 명령

- 1981년 11월 13일 전태일기념관건립위원회(전태일기념사업회의 전신) 발족

- 1983년 6월 20일 『전태일평전』초판 발간

- 1984년 8월 28일 전태일기념관건립위원회, 전태일기념사업회로 명칭 변경

- 1984년 9월~10월 청계피복노조 합법성 쟁취 투쟁

- 1985년 11월 청계피복노조에 또 다시 해산 명령

- 1986년 3월 17일 청년노동자 박영진 열사 분신(이소선 어머니, 유언 청취)

- 1986년 8월 12일 전국민주화운동유가족협의회 창립(초대 회장 이소선 어머니)

- 1987년 6월 6월민주항쟁

- 1987년 여름 노동자대투쟁

- 1988년 5월 2일 청계피복노조 합법성 쟁취

- 1988년 11월 11일 제1회 전태일노동상·전태일문학상 시상

- 1990년 1월 22일 전국노동조합협의회(전노협) 창립

- 1995년 11월 11일 전국민주노동조합총연맹(민주노총) 결성대회

- 1995년 11월 18일 영화 〈아름다운 전태일〉(감독 박광수) 개봉

- 1997년 10월 외환위기(IMF 사태)

- 1998년 4월 26일 청계피복노동조합, 서울의류노동조합로 통합

- 2005년 11월 10일 전태일다리·거리에 동판 제작 준공식

- 2009년 7월 17일 전태일재단 설립

- 2010년 11월 13일 청계천 전태일다리 명명식

- 2011년 9월 3일 이소선 어머니 운명(경기도 마석 모란공원 안장)

- 2019년 4월 30일 아름다운청년 전태일기념관 개관

[*] 위 연표에 기재된 전태일의 나이는 만으로 계산했습니다.

전태일평전

2020년 9월 7일 개정판 1쇄 펴냄
2024년 3월 8일 개정판 11쇄 펴냄

1983년 6월 20일 초판(도서출판 돌베개)
1991년 1월 10일 1차 개정판(도서출판 돌베개)
2001년 9월 1일 2차 개정판(도서출판 돌베개)
2009년 4월 15일 3차 개정판(아름다운전태일)

지은이 | 조영래
펴낸이 | 이덕우
편집 | 박미경
디자인 | 오필민

펴낸곳 | 재단법인 전태일재단
등록 | 2008년 7월 21일 제300-2008-65호
주소 | (03101) 서울시 종로구 창신길 39-10
전화 | 02-3672-4138 팩스 | 02-3672-4139
홈페이지 | www.chuntaeil.org

인쇄·제본 | (주)갑우문화사

도서주문·영업대행 | 책의미래
주소 | 서울시 마포구 월드컵로 65, 302호 (망원동, 양경회관)
전화 | 02-332-0815 팩스 | 02-6003-1958

ⓒ (재) 전태일재단, 2020

ISBN 978-89-961874-5-5 03990

아름다운전태일은 전태일재단이 운영하는 출판사입니다.